"新时期文学"代表作家作品选

航鹰文集

卷八·长篇传记

商 旅

航鹰 著

文匯出版社

图书在版编目（CIP）数据

商旅／航鹰著. —上海：文汇出版社，2017. 7
　（航鹰文集；卷八）
　ISBN 978－7－5496－1964－1

　Ⅰ. ①商…　Ⅱ. ①航…　Ⅲ. ①王克昌—传记　Ⅳ.
①K825. 38
　中国版本图书馆 CIP 数据核字（2017）第 061665 号

“新时期文学”代表作家作品选
航鹰文集（卷八）

商　旅

作　　者／航　鹰
特约编辑／马津海
责任编辑／苏　菲
封面装帧／航　鹰　张　晋

出 版 人／桂国强

出版发行／文汇出版社
　　　　　　上海市威海路 755 号
　　　　　　（邮政编码 200041）
经　　销／全国新华书店
排　　版／南京展望文化发展有限公司
印刷装订／启东市人民印刷有限公司
版　　次／2017 年 11 月第 1 版
印　　次／2017 年 11 月第 1 次印刷
开　　本／787×1092　1/16
字　　数／240 千字
印　　张／17

ISBN 978－7－5496－1964－1
定　　价／42.00 元

目　　录

自　序

　　作家纷纷出文集那年头我未跟风，自觉还没到火候。如今老之已至，多亏汤吉夫、盛英、李玉林诸友提醒催促，我这才下决心在有生之年把这事办了。

　　搜罗旧作，重读下来竟很吃惊——我并不用功，从来不熬夜，带大一双儿女，过日子琐事哪样都没耽误，近十几年来又忙于创办博物馆，以至文学作品不多，这辈子怎么会写出那么多字儿来呢？上世纪八九十年代散发于报章的短文已无从查找，大致找到的文学作品已近二百万字了。若是再加上拍摄的电影电视剧本、电视片广播剧脚本、公演的话剧歌剧本，还得再出版二三百万字的剧本集呢！

　　不只是字数超出预计，手捧旧作竟有陌生感，真的想不起来自己当年怎么会有精力有能力写出那么多五花八门的作品。莫非年高健忘到了一个母亲认不出自己儿女的程度？更可笑的是重读鄙作竟然沾沾自喜，很是崇拜年轻时的自己，文字之生动，叙述之流畅，心理刻画之细腻，想象力之丰富，涉猎题材之广泛，尤其是一些作品中那种对生活的诗意的理解及孩童般纯真的表达方式，那是我吗？我曾经活得那样精彩吗？

　　如今虽未到风烛残年却也迈入切实思考生死的岁数，朝花夕拾，犹如回眸翻越过来的山峰。心底唯有感谢命运，感谢文学艺术，是文学艺术给了我两度青春——生命的青春与创作的青春。从我15岁进入天津人民艺术剧院起始，再过两年就是我的文学艺术生命甲子之庆了，可以说比别人多活了一辈子。

当然这只是自我感觉，文人多为狂徒，不足为凭的。客观评价又该是怎样的呢？我是属于"新时期文学"的作家，在"新时期"我又处于什么位置呢？回首往事，有幸运也有尴尬，有温暖也有愤懑，有欢笑也有泪水。回首往事是晚年的消遣，实话实说再无顾忌则是晚年的"红利"了。

回眸"新时期文学"那一道风景线

文学界所称"新时期文学"之发轫与我国的改革开放同步，清算"四人帮"，"文革"结束不久，一些压抑多年的文学青年早已骨鲠在喉，一遇开闸便如洪水般喷涌，迸发出以"伤痕文学"为潮头的一大批颇具批判现实主义深度的佳作。

那道文学胜景的前提是中国历经长期的文化荒漠，十几亿中国人十年的光阴只能看八个"样板戏"，文化饥渴烧灼着每个人的心。忽然有了几篇敢于说实话的小说，一下子成了压力锅的出气阀，全民都以读小说为宣泄的渠道了。报纸杂志的发行量飞涨，社会人心捧出了文学的盛花期。

各省市的刊物太多了，而广大读者总是想看到最好的小说。于是，《小说选刊》《小说月报》《中篇小说选刊》《长篇小说选粹》等转载性期刊应运而生，跃升为全国级文学展台。每逢佳作问世，亿万读者口碑推荐争相传阅的速度不亚于如今的电子微信。鄙作《东方女性》发表于名刊《上海文学》（1983 年第 8 期），经发行量高达 160 多万份的《小说月报》转载其影响迅速扩大。据资深编辑邓元惠大姐说，那一期《小说月报》除了邮局固定订户，全国各地报刊亭零售的刊物十天之内脱销，许多书商打电话要求增订。如今的青年人或许无法想象，那时候没有电子信息全靠纸媒传播呀！

在那难忘的万众阅读的黄金时期，每年一度的全国评奖，烈火烹油一般助推炸响的轰动效应。全国优秀中篇小说、短篇小说发奖大会儿乎成了全民的节日，绝不像如今沦为一种行业活动。最初几年的评奖最为公正，获奖作者大多是无名之辈，其中许多人是从农村、山沟、边疆走出来的。选票附在中国作协主办的《小说选刊》《人民文学》《中国作家》等期刊里寄出，票面含有邮资，每位读者选出自己喜欢的本年度20篇作品寄回北京。那时候的人们很淳朴，还不大懂得贿选、雇佣"水军"等伎俩。

我自诩为"民选作家"，是全国读者投票把我推向文坛的。1981、1982两年我在毫不知情的状态下忽然接到通知去北京领奖，真跟天上掉馅饼似的。那年我女儿12岁，儿子10岁，家里穷得连一件出门穿的体面衣服都没有，我这个孩儿妈妈蓬头垢面地走上了全国领奖台。

家人亲友为我的金榜题名而庆贺，但到了北京我很快就发现自己只是身处光圈的边缘。聚光灯打在舞台上会形成耀眼的光圈，你或者站在光圈里风风光光，或者躲在光圈外的暗处不被人注意为好。最怕的是身处明暗交接线之反差最为强烈的临界点，半张脸锃亮半张脸黢黑，那是一种多么尴尬的处境啊！在北京领奖大会上，我糊里糊涂地扮演了两回"陪衬人"角色：1982年我和王安忆同住一屋，1983年和铁凝同室。记者们编辑们蜂拥围堵两位"超级女生"，我被挤到屋角无所适从，只好躲到别的房间去找那些从农村、山沟来的获奖者作伴。据悉在评委会讨论时某权威人士不喜欢我的作品，只是碍于我得到的读者投票太多（《金鹿儿》获票第四、《明姑娘》获票第一），不好把我踢出去罢了。也正是读者捧场与权威摇头之间的反差，使我痛切地感受到了名利场中的人情淡薄。从此我始终和北京文学圈保持距离，后来又因得罪了天津文坛霸主而被驱逐。远离了是非漩涡，日子过得反倒心安理得，清静遂意，无人喝彩总比横遭冷眼强多了。幸运的是读者始终未忘记我，让我心里感到无比温暖。

小说家是用故事来思维的

回顾创作历程，我总是在想当年自己是出于什么动力写了那么多五花八门的小说呢？出名说？我写的话剧、影视剧本得过七项全国奖，并非只靠小说成名；赚钱说？当年稿酬很低，全国优秀短篇小说奖的奖金只有300元；忧国忧民说？我的题材离政治很远，没有那么高大。那么，当年的写作迸发期又该做何解释呢?

我很欣赏莫言在诺贝尔领奖台上说的话:"我是个讲故事的人。"其实作家写作的动力很纯粹,那就是由喜欢听故事发展到喜欢讲故事。19世纪英国作家毛姆有一句名言:"听故事的欲望在人类身上就像对财富的欲望一样根深蒂固。有史以来人们就一直聚集在篝火旁或者市井处互听讲故事。"因为大家都想听故事,后来就有了讲故事人的行当,这跟大家需要理发于是就有了理发师行当是一样的供求关系。我想这就是我写作的初心,既然干了这一行就必须把它干好,我把讲故事看作是乐趣,事情就是这么简单。

山东自古盛产思想和故事,孔子孟子曾子墨子董子……水浒聊斋金瓶梅……莫言问鼎诺贝尔奖毫不奇怪。今夏我回到阔别66年的德州、临清,站在运河旧道大堤上,儿时的生活记忆早已模糊了,唯独外婆讲的那些鬼怪故事犹在耳畔……我自幼是个故事迷,6岁来到天津以后把零花钱都用去租"小人书",上世纪五六十年代出版的所有的"小人书"我几乎都看过,连环画不仅让我爱上了文学也爱上了美术。12岁上初中我参加了学校美术社,同时几乎读遍了中国古典名著,三国、红楼囫囵吞枣,爱看西游水浒聊斋说岳全传杨家将演义封神演义唐宋传奇三言二拍……15岁考入天津人艺舞台美术班,剧院藏书丰富,我由古转洋通读了18、19世纪俄、英、法文学名著和戏剧名作。身处剧院看戏方便,看遍了天津人艺北京人艺上演的剧目。剧院自己的剧场白天演电影,我又有机会看了那个时代几乎所有的电影,遇上根据世界名著改编的影片会看上许多遍,剧中台词都会背。可以说,我是在听(看)故事中泡大的,在讲(写)故事中变老的。

孔子《论语》曰:知之者不如好之者,好之者不如乐之者。人的幸福不在于赚了多少钱,而在于其职业与兴趣的高度契合,苍天赐予我这样的幸运。自幼生活在书籍、戏剧、电影、绘画汇成的梦幻世界,便觉得生活本身过于平淡。我需要虚构另一个文学世界来增添人生的精彩,写作已经成为一种精神需要,而不仅仅是谋生的手段。讲故事既是职业又是乐趣,乐此不疲,我想这就是写作的动力。

形象思维是长着翅膀的

当初有几位评论家可能出于打抱不平的侠肝义胆垂顾过鄙作，但他们抱怨不好评说，发现我的小说题材飘忽不定，不入流，很难归类。诸如"伤痕文学"呀，"知青文学"呀，"寻根小说"呀，"意识流"呀，"后现代"呀什么的，都没有我的份儿，只能是不伦不类的个例。他们好心地试图帮助我归纳出条理来，把鄙作分为"青春题材""伦理道德系列""市井小说""幽默小说"等，但那些作品并不能以时段划分，而是呈花搭交叉的混乱状态。例如有评论文章说《明姑娘》是我的早期作品，失之浅薄单色；《前妻》苍凉深刻，是我后来趋向成熟之作。殊不知两篇小说都是在 1981 年秋季完成的。至于一个作家怎么能同时写出如此悬殊的两篇小说来，那是因为两个截然不同的故事需要不同的讲述语境呀！

小说中的人物、情节为什么那样设置？其实我"设置"的权力有限，只能粗略"设置"个框架。多数情况下"构思"源于灵感，而灵感由某个精彩细节激发，顺着那个"中心细节"向"开头""结尾"两端铺衍故事，还有很多时候是"倒着想的"，先设置故事的结尾，然后往前捯情节。用剧作家的话来说叫作"从高潮看全剧的统一性"。

具体动笔时我是个跟着感觉走的人，故事框架一旦立了起来是有它自己的逻辑的，不是都能由着作家的性子来。很多时候故事的走向是"写"出来的，不是事先想出来的，而"写"是跟着感觉走的。所谓笔下生花，下笔时才能生花；笔走龙蛇，情节的"龙蛇"是随着"笔走"而一路蜿蜒的，尤其是电光石火般的精彩语言更是"下笔"和"笔走"时才会随时迸发的。人物关系"设置"好了以后，每个角色都会按照其性格逻辑行动，沿着各自的"贯穿动作"去完成其"最高任务"。作家若是强行写乱，故事本身的逻辑、故事框架也就倾斜或干脆坍塌了。不让每个人物按照他自己的贯穿动作那样说话那样做事，整个故事就无法向前递进了。尤其像《东方女性》这类内心冲突激烈的故事，所有相互冲突的人物都必须合乎情理合乎逻辑。往往作家写着写着就跟着人物"跑"了，"跑"远的那一段若是离题了只好删去，若是比预先"设置"的精彩，那就割舍别的情节别的人物，顺着精彩的这一段"伸腰"。

我是个十分随性，自由散漫的人，很容易心血来潮忽然对某个题材感兴趣，并无理性的写作计划。又给自己立了个规矩：既不能重复别人，也决不重复自己，于是总是寻求新的题材领域。所幸捕捉素材挺敏感，一旦获得生动的细节即能编织故事，也打下了文学知识和语言的童子功，于是写出了那么多五花八门的作品。

事情就是这么简单，这么随性。我只是个自幼在艺术氛围熏大的人，没有受过高等教育，对文学创作知其然不知其所以然，甚至写出一篇小说自己也掂不出其分量。当初资深编辑崔道怡先生问我："为什么不把《宝匣》给《人民文学》？"我问："《宝匣》有那么好吗？"他惋惜地说："那可是获奖的苗子呀！"果然，它被收入多家"1984年小说遗珠"选集。

评论界说我"形象大于思想"，看来并不冤枉。形象思维是长着翅膀的，无法框定。

作家的本心与政治的本性

我以为鄙作与政治关联不大，但政治却没有放过我。

1983年发表的《东方女性》不巧赶上了"批（精神）污染"，竟被扣上了"（汉奸文人）张资平之流的艳情小说"大帽子，上海、北京多家报刊都登载了批判文章。荒诞的是那些高论从左、中、右三个方面围剿我，分别批我"封建主义"、主张"性解放"、同情"第三者"，令人无所适从。

文友们替我捏了一把汗，嗔怪我本来以"青春题材"开局好好的，为什么要写这么一篇"艳情小说"惹来事端？其实写那篇小说的起因很简单，那年我生病住院，医生不允许写作，只好看书。恰巧读了奥地利作家茨威格的《一个女人的二十四小时》《一个陌生女人的来信》，很喜欢他那种以紧张的心理描写推动情节发展的手法，也想尝试一下"心理情节"。我自少年时就在剧院生活，后来又常住北影厂写剧本，知道许多演艺界的绯闻，好歹虚构一下就是一篇茨威格式的好故事。一气呵成自己先读了一遍，既像茨威格又无抄袭之嫌，很高兴尝试成功。

本来只是一种文学手法的尝试，不料却被拖入政治斗争的漩涡。当时虽然"文革"已经结束七年了，但"左"爷们的文章从思维逻辑到批判用语仍为"文革"遗风。一篇无足轻重的写婚姻爱情的小说，竟然害得天津首脑们开会研究如何应对，市委书记表态"保护天津自己的作家，北京上海批判批他们的，天津不发文章"（大意）。我和那位陈书记并不熟，至今感激他的开明善良。那件事情竟然严重到须得天津市委保护我，试想若是那位官员也是"左"爷呢……不敢想下去了，后怕。

还有一种貌似沾政治光的"被拖入"，也叫人受不了。

我写《明姑娘》的缘由只是受广播电台之托去写盲人听众，因涉及残障人士用笔便温情悲悯，以浪漫主义的诗情画意去慰藉他们生活的残缺。小说发表于1982年1月《青年文学》创刊号，2月《小说选刊》《小说月报》同时转载。做梦也没想到迎头碰上3月全国掀起的"五讲四美三热爱"精神文明宣传高潮，不由分说被绑上了那趟政治列车。沾政治的光大大提高了《明姑娘》的知名度，但也大大地造成了文学圈对《明姑娘》的误解。

有一例证说明我写的是全人类的主题：比利时一位盲姑娘在火车上听了一位老先生念法文《明姑娘》，激动得哭了，为此错过了该下车的车站。一篇好的小说是会跨越国家民族意识形态，博得各种肤色的读者共鸣的。

时过境迁，时间是最好的清洗剂和还原剂，当初被外力强加的抹黑也罢炫彩也罢都会褪去，能够留下来的作品是经得起时间考验的。

说到底《明姑娘》是有福之作，直到2008年广州画家李鸿飞将其绘成同名连环画，不仅荣获全国奖，还带火了他的美术公司。彼时社会政治环境早已改变了，但是读者还是喜欢那个故事。我从网上竟然还发现另外四种连环画版的《明姑娘》，不由得忆起幼时流连忘返的"小人书"摊儿，谁能说《明姑娘》跟那些琳琅满目的"小人书"没有关系呢？

不厌其烦地介绍写作实况，我不是写"创作谈"，而是剖白作家的本心，想说：真正的文学创作其实是遵循文学艺术自身规律产生的，没有那么多的政治考量政治目的，起码我这等家庭主妇式的作家没有。但是，在文学艺术面前政治总是很强势，总是喜欢按政治需要或政治眼光去审查、框定文学作品。或许这就是政治的本性。

"社会小说"之回顾

编文集时我问年轻的责任编辑："你们这一代人读我的作品有疏离感吗？"

她说："那倒没有，老作家写作很贴近当时的社会生活，我可以当作历史资料来读。"

历史资料？此话乍一听令人失望，略作思考便又聊以自慰了。经过岁月的沉淀、筛选、漂洗，如果文学作品在不乏文学性的同时还能兼具珍贵的史料价值，不也是一种独特的历史贡献么！

"新时期文学"涌现了大批"社会小说"，无论是作者还是读者，文化官员还是编辑出版家，全民关心的都是社会问题。中国社会处于大变革大转折时期——官方宣布不再搞阶级斗争了，重心转向经济建设。那是个仅次于新中国建立的重大历史拐点，亿万人民关心国家命运，期盼社会变革。那时候没有电脑、手机，电视剧尚在起步期，电影生产周期太长，只有纸媒承担了传导社会信息主力军的重任。

"社会小说"的万民阅读，当然看重其文学性故事性，但是更看重其反映社会问题的深刻性尖锐性。作者搜寻题材，编辑遴选作品，也都秉持相同标准。

当年的"社会小说"中，兼美社会意义与文学价值的佳作有之，属上乘之作。但也有引起轰动效应的作品是由于其"切中时弊"，其社会意义大于文学价值。当时的社会人心把文学举到能够立言安邦定乾坤的位置上，夸大了文学的作用。

在任何时代任何国家那种图解政治式的时令文章都没有久远的生命力。

斗转星移，沧海桑田，那些红极一时的应景之作总会随着岁月季节的变换褪尽铅华，还原其干瘪乃至投机的本来面貌。毛姆早在一百多年前就指出："小说被看作传播思想的方便讲坛，有不少小说家愿意把自己看作是思想的领袖。他们写小说与其说是小说，毋宁说是报章文字，具有一种新闻价值。缺点是过了一段时期以后，它们和上星期的报纸一样令人看不下去。"

凡是读过"新时期文学"某一类名作的人，看了这段话都会忍俊不禁。

"社会小说"中虽然库存一些"上星期的报纸"，但也留下了一大批"兼美"之作，无论是思想价值还是文学价值都沉甸甸的有分量，一望而知出自作家严肃的社会责任感，不像如今的"私人写作"那样轻飘。

我只是个不入流的边缘作家，旧作虽属"社会小说"范畴，也没有多么深刻的社会意义。尚能有些文学性，也够不上阳春白雪，不过是见长于故事性，供人消遣而已。晚年出版自选文集，只是想给过往人生一个交代。

我生怕当今年轻读者看不下去，如果有人浏览一二看得下去，发现还有几个耐读的故事，我就心满意足了。

决不重复自己

近年来有文友偶见我的新作，不止一人且贺且劝：你的文思如旧并未枯竭，怎么不写小说了呢？还是要写呀！

去年《天津日报》文艺周刊主办"津味小说大赛"，主编宋曙光催我写小说，还限了命题——老天津、租界、侨民生活题材。以我的年龄早该"挂靴"了，还掺和什么大赛呢！《天津日报》文艺周刊是孙犁大师创办的，至今荫泽津沽大地，各地报纸的副刊大都缩版了，只有《天津日报》仍然坚持给副刊很大的版面。为了表示对曙光老弟和他的前任孙犁前辈的尊敬，我专门"做作业"写了小说《洋老乡》。"文艺周刊"整版容纳八千字，分两期发完，大概这是空前的篇幅待遇了。感谢评论家黄桂元在其大作中给予好评。前年我还在"文艺周刊"发了一组幽默小说《批示》《酒局》《红包》《求生有方》，谐谑故伎，逗人开心而已。此番一并收入文集，算是填补近作小说之空白罢！

在小说创作中我下功夫最多的是 90 年代写的长篇《普爱山庄》，却只是事倍功半的收获。自 1988 年我就趁出访奥地利之机去了维也纳儿童村采访，后来又跑遍了天津、烟台、南昌、东北多地的儿童村、福利院、荣军疗养院……《普爱山庄》细致地写了十几位单身女子和十几个孤儿之人物形象，人道主义主题，人像展览式结构，浪漫主义风格，几易其稿，前后写了近十年。初稿先以五部中篇同时在几大名刊上发表，几年后又归于长篇成书。反思事倍功半的主观原因，或许是仍然写女性、儿童、伦理道德、家庭悲剧，笔力虽未滑坡却也难以再登新峰。客观上社会生活趋于商业化物质化多元化，文学则日渐边缘化了，我这等以轰动效应起家的幸运儿，再难重铸昔日辉煌。

世界文学史上不乏高龄作家笔耕不辍之先例，但像杜拉斯那样以七旬之躯写出爱情佳作《情人》再鸣惊人者范例不多。上了岁数写不出大部头小说了，有人开玩笑归罪于"荷尔蒙少了"。体力、心力影响笔力，也不是无稽之谈。

小说创作时断时续还有一个原因，我总是喜欢挑战，对不同门类不同体裁不同题材的尝试总是兴趣盎然，讨厌重复。在文学和影视两个"法门"之间转来转去，结果对文学界若即若离，也未能真正投身影视界。

新世纪以来我仍然难以舍弃老本行剧本创作，和儿子刘悦又花了好几年功夫写了 55 集电视系列喜剧《火凤凰》，剧中以 15 个不同层面的婚礼展现社会百态市井民俗，一并收入文集。

早年我曾发表文章放过大话：我不敢说能够超越别人，但是要超越自己；我不敢说总能超越自己，但是绝不重复自己。至今未敢食言，不愿借名气发些平庸之作。春花绽放时灿若云霞，转瞬间便落英为泥，引得古今多少文人墨客伤春惜春。比起那些吃青春饭的行当来，画家、作家还算是"宝刀不老"的职业，但也不是越老越值钱。古诗曰：自古美人如名将，不许人间见白头。如果你不能攀越新的高度，那就宁缺毋滥，让读者记住你巅峰时期的最佳力作，定格春花烂漫时，也不失为一种明智选择。

敬畏文字与文字自律

我未敢忘记幼时外祖母的教诲："敬圣人书"。或许因为山东是孔孟之乡，姥姥不识字，却能说出许多"圣人曰"。凡是有字的纸，她老人家都不许家人当手纸使，一定要等识字的人来辨认，即使没用了，也把"字纸"叠好了压在炕席底下。姥姥说我躺在铺满了"字纸"的炕上睡觉，夜里做梦有那么多字儿陪伴我，长大了识文断字。果然就应验啦！

这就是对文字的敬畏！我们吃文字饭的人更应该敬畏文字，还要懂得文字自律。

冯骥才曾经对我说：咱千万要保持文字的洁净，在文章里骂人只能弄脏了自己的文字，日后出全集的时候收进去不好、不收进去也不好。此乃至理名言。有的名人写文章泄私愤，甚至动粗口，殊不知文如其人，恰恰暴露其粗鄙根底。

还有一些名家在报上连篇累牍地絮叨些庸常琐事，寡淡无味。名家更需要文字自律，敬畏文字，不能因为你发作品容易，就连洗脚水都敢往字里行间滥泼。

西方古典名著不乏以"忏悔""救赎"为主题的传统，诸如卢梭的《忏悔录》、托尔斯泰的《复活》，我以为文字自律的最高境界是为自己的过失公开忏悔。

这次出文集为了找到小说《房梁上的红布包》，我老伴翻箱倒柜找出了1985年第一期《文汇月刊》（停刊号）。封面上周扬的整身相满头白发，一身灰色中山装，挂着拐杖，稍稍歪着头微笑着观望这个世界。

我对这位前辈的敬重之情，源于他的道歉和忏悔。

"五四"时期他是上海左翼作家代表人物，却被鲁迅骂为"四条汉子"之一；五六十年代任中宣部部长，整过不少人；"文革"中他又被整为"文艺黑线"头目，九死一生；到了80年代似乎又成了"右"的代表人物……他的事情，我们这辈人很难说清，但他却得到了"新时期文学"大多数作家的尊重，只因"文革"后他为自己曾经推行极"左"路线向好几位被整过的人道歉。在漫长的"阶级斗争""政治运动"年代，特别是"文革"十年，有那么多"左"派借整人而飞黄腾达，试问，有几人站出来承担责任公开道歉呢？几乎人人都把自己说成是受害者，谁是加害者呢？

这一荒诞现象突显中国的国民劣根性，我们缺乏担责精神、忏悔意识和道歉的勇气。

我自己也做过亏心事，暗自悔恨多年而没有勇气公开承担责任。

1988年天津作协换届改选时，我迈入文学圈不久，幼稚浮浅。某人打电话露骨地希望我为他拉选票，出于中青年作家之间的"哥们义气"我加入了他们"倒孙犁"的串联。老主席孙犁先生是个极为自尊、清高的人，本来是坚辞连任的。天津市委为了平衡老中青三代作家、新闻出版各方意见，多次派员恳请人家参选。结果，给老先生的晚年生活造成了很大伤害。"倒孙犁"的后果也伤害了整个天津文学界，失去了"南巴（金）北孙（犁）"大好格局。孙老在任时很超脱，从不过问作协机关日常事务。他懂得文学规律，善待同行，文学出版新闻各方人士相安无事。我们原先期盼文学界新生力量团结共迎创作繁荣的局面，不料迎来的是"春秋战国"之乱，28年不换届，未开过一次主席团会、理事会的黑暗期。

当我认识到自己的愚蠢行为铸成大错以后，多少次想向孙犁老前辈道歉，却总是怯懦。他病重住院，我曾想去探望并当面道歉，又怕遭到人家家属的唾骂。直到传来孙犁先生逝世的噩耗，我才意识到自己已陷入了永久的遗憾。

痛定思痛，我终于鼓起勇气在《天津日报》发了悼文《大师往生》，向文学大师做了迟到的公开道歉。如今我把那篇悼文也收入文集，留下我真诚的永久的忏悔，见诸报章，又收入自选集，告白天下，这也是敬畏文字与文字自律。

"转身"何须"华丽"

2000年，也就是我56岁的时候，事业突然出现了一个拐点。当时我并未觉察那是一次转身，以为自己仍然是沿着文学之路前行的。不料，那一个拐点竟然转身了 17 年，直到如今决心出文集了才重新拾回纯文学写作。

事情的起始只是为了寻找新的写作素材。

我一向信奉"题材决定论"，题材选对了作品就成功了一半。追求"冷门"堪称诀窍，抢先占领题材高地，"人无我有"，以新取胜；步人后尘，要想做到"人有我优"，写起来可就难了。偶然听朋友说起天津旧租界的洋楼往事，我立即捕捉到这是一块尚未开垦的处女地。天津城市的一大特色是历史上曾有"九国租界"，西方列强把一座城市割裂成九个"国中之国"，各有其市政厅、驻军、法院、税收……是世界城市史的唯一现象。"九国租界"风格各异的洋楼又把天津变成了"万国建筑博览会"，因此有了"北京四合院，天津小洋楼"之说。我是自幼在旧租界长大的，学美术时就对那些千姿百态的洋楼感兴趣。"昔人已乘黄鹤去"，那些洋楼里都发生过什么故事呢……

不料，收集旧租界的第一手素材十分困难，尤其是外国侨民的生活史料几乎是空白。当初在"阶级斗争"年代，即使有的市民家里敢保留那些东西也早被抄家"扫四旧""砸烂"了！于是，我下决心出国去寻访。

资深外交官杨成绪老大使帮助我们取得德国方面的资助，我和老伴带着一架傻瓜照相机一台粗笨的录音机就出发了。这一走不要紧，被记者称为"洋长征"的跨国采访断断续续坚持了十几年。我们走访了德国、奥地利、荷兰、比利时、英国、法国、美国，找到了 50 多位在天津出生或生活过的老侨民，或其后人。那些老人散居于欧美各地，其中很多人住在偏僻的小城，翻译和交通工具都很困难。我们还是坚持入户采访，从外国人家藏的私人相册中找到大量关于天津的历史老照片，记录下了众多老侨民的"口述历史"谈话。我着迷地做那些事情时，没有意识到那已经偏离了作家做文学采访的思维轨道，不知不觉"坠入历史的隧道"出不来了。

其实再转几次身也丢不下文学，多年来我积累了几大本采访笔记，也有不少写作计划。可惜，馆里的事务缠身，总是坐不下来。近两年好了，新馆运转踏入正轨，我忙里偷闲开写历史报告文学《洋楼故事》。这是个系列故事的架式，今后如果健康状况允许，趁着尚未老年痴呆，我会陆续写出一个又一个独具天津味儿的故事。

"转身"何须"华丽"，甘守朴素人生。

我"写"了一座博物馆

本套文集的散文卷有一册书名取自其中的篇名《误攀穹顶》，评家认为是我最重要的一篇散文，说的是在梵蒂冈由于语言不通我于毫不知情的状态下被人群挤上了大教堂穹顶。我患有40多年的风湿性心脏病，根本不能登高，但甬道越来越窄人流拥挤没有退路，最高处的旋转楼梯仅容一人走，只能伏在狭小的窗台上喘息歇脚，让来自世界各地的游人从我背上跃过去……事后深有感慨，因为那次险遇就是我人生事业的真实写照，多少事情我都没有预见，更谈不上预谋，却一次又一次地误攀"穹顶"。

17年前当我为了寻找"冷门"题材出国采访时，纯粹是作家的文学行为，不料却一脚跨入了历史文化保护领域。随着天津经济开发城市建设，许多历史建筑被拆毁了，昔日国人贫穷，拥有照相机的人很少，许多见证城市历史的老房子甚至连一张照片都没留下来就消逝了，取而代之的是高楼大厦。如果我们这一代文化人不能挽留住城市记忆，子孙后代将完全不了解曾经那样丰富多彩的"天津卫"了。我采访的外国老人最高龄的101岁，听到他用中国话喊出"海河""天津"时，我切实地意识到时间的紧迫性。如今，我们采访的老侨民中已有十几人作古，这是一项刻不容缓的文化抢救工作。面对文化毁灭而尽绵薄之力的悲壮感，使我忘记了自己是个作家，变成了一个行动者，相比之下为自己发表作品而写作已经不重要了。

这件事情一旦干起来就收不了工了，如同滚雪球一般越滚越大，让你力不从心，误攀穹顶。我们远赴欧美从外国一家一户搜集来了关于天津的历史老照片，没有地方展示成了新的难题。于是，募集资金找房子，修房子，布置展览，耗去了七八年的时间，终于创办了"近代天津博物馆"。好容易喘一口气了，我也做了重返书斋的素材准备，不想馆舍鉴定成危房，又要为落地重建工程而奔忙了。我馆地处天津原英租界"五大道"黄金地段，小洋楼林立，若想在历史街区交通干线一侧盖房子，谈何容易！又一轮的写申请报告、求首长批示、找钱、规划审批、找建筑设计师、找有资质的国企工程队，光是"走程序"就盖了近百个公章……派年轻人去办事总是遇到冷脸，为了加快速度我只好大事小事亲自出马，时年65岁了，而且刚刚做了心脏换瓣大手术，我又一次九死一生误攀穿顶了！

新楼落成，面临新的布置展览，又遇到一桩事先难以预料的困难：新楼位于历史建筑街区，必须和周边老洋楼风格统一，因此设计了许多窗子，而一般博物馆展厅不设窗子，该如何处理窗口强光"破坏历史氛围"的问题呢？我想起了西方教堂的彩色玻璃镶嵌窗，如果把那种艺术移植来设计成以天津各种小洋楼为主题的彩色玻璃窗，古香古色又突出天津历史建筑特色该有多好呀！经上网查询，我们和上海魏清公司合作"教堂玻璃"工艺品，并培训了自己的工艺师和技术力量。如今展厅拥有60扇彩色玻璃镶嵌工艺窗，阳光照耀下晶莹绚丽，美轮美奂，成为一种古董式展品，参观的人无不称奇。

津津乐道于这些远离了文学的琐事，因为它们毕竟未出大文化的范畴。

有的文友为我的壮年搁笔感到惋惜，一个作家牺牲了写作，耗费十几年光阴只干了这么一件事，值吗？就个人而言既耽误了时间又没有稿酬，当然太亏了！但是就天津这座城市来说，少了一个只擅长写女性、儿童的作家，多了一座填补空白的博物馆，是很有历史文化价值的好事。海河哺育了我，能够为城市留下一部分记忆，也算是我对故乡热土的报答。

一路遇天使

人越老越珍视友情，想念老朋友，值得欣慰的是我在国内外结识了许多朋友，没有众多朋友的后援绝对完不成几次"转身"的事业。

我并不相信占卜，但到各地寺庙道观喜欢凑趣抽签，签上总是写着"有贵人相助"。说来奇妙，每当我想做一件大事而起步艰难时，上苍总是派来一位甚至几位高人鼎力相助，事后他们也不图回报，再说一介文人又能给人家什么回报呢？有朋友说我是文坛福将，幸运之神频频叩门，真不知道几辈子修来的福气。

2010年8月，我赴台湾收集史料，台湾女作家、老朋友张典婉帮忙寻找上世纪初比利时人雷鸣远在天津活动的记载资料。我们在完全没有线索的情况下，经台北、桃园、台中一路热心人士的辗转介绍，获得了大批的翔实史料。典婉驾车在高速公路上飞驰，我俩兴奋地高喊："一路遇天使！一路遇天使——"

一路遇天使，确实是我人生经历的神奇体验。

在文学圈我有幸交下了一群几十年如一日的莫逆老友，诸如鄙作获奖小说《金鹿儿》的伯乐编辑刘品青，获奖小说《明姑娘》的伯乐编辑、中青社原总编王维玲，资深编辑褚建民，学者型作家汤吉夫，评论家盛英、张春生，《今晚报》著名记者杜仲华，天津人艺"发小"高长德、许瑞生，雕塑家刘鑫……每当我心灰意冷时，他们是永远的"供暖系统"。我身边还有一位不善言辞的全天候挚友，和我共同创办《慈善》杂志的作家李玉林，连我老伴都为此感叹："咱能有这么讲义气的老朋友，真是太幸运了！"

我并非纯粹的书斋文人，很多时候都是"行动者"。没有那么多热爱天津历史文化的政界朋友支持，我不可能完成一件又一件文化项目。不论他们年轻还是年迈，在位还是退休，升迁还是丢官，健在还是谢世，我都会牢记他们善待文人的风度，后人将会记住所有的为城市留住记忆的人的历史功德。

我馆展厅"结束语"前面设有"本馆史料收集的国际支持"专栏，陈列了近50位国际友人的照片。他们是我们漫长的"洋长征"一路上结识的"洋老乡"或其后人，没有他们的帮助，近代天津博物馆不可能拥有这么多珍贵的独家史料。

一路遇天使！

朋友的意义不仅在于助你事业成功，更在于友情烘暖你的心房，让你少有孤独沮丧，生活充满阳光。回忆当年呼朋唤友欢聚一堂海阔天空侃大山的乐子，更是一大精神享受。

2016生肖为猴年，是我72岁"本命年"，年初开始了本文集的整理工作。春节一高兴写了一首自嘲诗在手机上发给朋友们。为了表示对朋友的尊重，不是"群发"，写了不同的贺岁词一一发出的，录于此作为我晚年生活的写照，逗君一笑。

老猴本命年，
随俗穿红衫。
走路迟跚跚，
上楼气喘喘。
旧友忘不了，
新事记住难。
幸未用人搀，
顾影不自怜。
古稀已不稀，
童心胜当年。
自得乐陶陶，
淡泊名利圈。
金箍量力舞，
筋斗勿再翻。
秋实已累累，
笑坐花果山。

2017 年 7 月 28 日
写于结婚 49 周年纪念日

序

冯骥才

人生在世，最有兴味的事莫过于对人的认识。当然你所要认识的人，必有一种吸引着你去关注、去理解、去追寻的魅力。

初识王克昌先生是在津门，那时我心中已然盈满关于他亮闪闪的传闻。知道他是老一代成就斐然的旅日华人，知道他孝敬母亲的许多感人细节，还知道他心系津沽故土，在津郊大郑村捐修正心小学而造福桑梓，并在南开大学设立巨额的"王克昌奖学基金会"以养育后人……在世人通常的印象里，经商者以营利为目的，重钱财而轻公益，王克昌先生何以有此义举？那次约王克昌先生一见，每将心里的问号托出，他便摇着一双手，笑而不答，神气谦逊又真挚，好像羞说此事。他虽不答，我却深为感动。当一种令人尊敬的想法已经变为一种切实的行动，何必再叫它还原到当初的想法中去？奉献者的辉煌，都在于它的累累成果，而不是空空的念头。

此后我两次赴东瀛，一次是文化性访问，一次是办画展。都见到王克昌先生，亲眼得见他创办的天津饭店遍及日本，规模宏大，管理严格，颇负盛名。但他并无私家汽车，远道皆乘计程车，衣衫俭朴，鞋子也旧。交谈间才知道他至今仍是辛苦非常。辛苦之外，极少享受。那些可以拿来尽其奢华的钱都节省下来，放在故乡兴学育才的大业中去了。他在日本给我最深的印象是，从一辆寻常的计程车猫腰出来，抬手往后一捋满头白发，好似去拂一片轻软如银的荻花。这印象宛如一幅画。

正当我无从对他深入认识之时，他送我一本薄薄的小书，只有五十页，叫做《一个小商人的奋斗》，是他一本自传。我回到所住东京的霞友宾馆，倒床便读，几乎一口气读完这书。没有华美的描述和情绪的渲染，只是真真切切又老老实实讲着自己的事，却透着一种动人的精神，那就是在充满商业欲望的奋斗与竞争中，怎样恪守着传统的做人准则。这样，他在我眼前变得立体起来。那些在故乡所做的非凡的义举，也有了根由。当你在一个崇高的举动下找到的是一个普普通通的人时，你会更加感动……遗憾的是，也许还是由于他羞于谈自己，这小书就过于简略，过于梗概，留下太多的空白。

仿佛是与王克昌先生有一种特殊的缘分吧！昨日，航鹰托朋友送来一大包即将付梓的书的校样，嘱我代序。开包翻看，《商旅》二字煌然入目，竟是我期待已久的王克昌的传记。洋洋二十余万言！凭着航鹰细腻而厚实的笔触，闳阔展开了王克昌先生独有的生命世界与奋斗的天地。他珍藏心底的情感生活，恩恩怨怨的世间纠结，铿铿锵锵的人生进取，以及安妥灵魂的种种理想。航鹰的高明，在于她不是写一个成功的商人，而是写一个成功的人。王克昌先生作为商界中人是位名人，作为一个人却极普通。这样，本书便昭然揭示出一个人的人格中的宝藏。

世界上有两种财富，一是钱财物品，一是精神品德。世人对商人有种成见，认为商人只有前者而无后者；世人对襄助社会事业的商人还有一种更偏颇的成见，即他们不过有了钱财再来收买名声罢了。《商旅》却叫我们信服地认识到一个人可以同时拥有两种财富，精明与宽厚，竞争与信用，盈利与正派，富有与奉献，并行不悖，毫不冲突。一个财富的拥有者，又具有正直的为人和高尚的品德，应该说是现代文明社会理想的典范。这个典范现在航鹰笔下活生生又不失真实地树立起来。在当今商潮漫卷、物欲陡增的国人之中，肯定会有深刻并深远教益意义的。

读罢此书，心中不由得产生一句话：

一个成功的人，比一个成功的商人重要得多。

航鹰的文学主张一直是重教化和重美育的。也许为此之故，她才选中这一题材。航鹰以往的成就主要表现在小说和影视创作上，然而这次兴动如此浩大的传记工程，也是得心应手。她以情感化的文字避免了大段叙述的单调，并聪明地将对王克昌先生的深入理解藏在生动的事件后边，作品极具教益却无说教之嫌。这无疑是一部成功和感人之作。作为同行同道，当欣然祝贺也。是为序。

写于 1994 年 12 月

贫瘠的地平线

　　七十年前的天津东郊，可不像现在这么热闹，那时的大郑村周围是一望无际的盐碱荒滩。上游九条河汇成的海河流淌到这里，变得舒缓宽阔，再往东几十里就是入海口了。不过。站在大郑村的河岸上还望不见大海，四野寥廓，人烟稀少，目极之处是苍黄的地平线。只有一簇簇红荆子草在泛着白碱的洼地里顽强生长，为这块贫瘠单调的土地增添少许色彩。

　　洼地深处，常常跃动着一个男孩瘦小的身影，打草拾粪摸鱼捞蟹忙个不停。他就是农户王家的长子克昌，村里人都叫他的乳名大喜。这孩子圆圆的脸膛，眉清目秀，善模笑样，见了乡亲们恭顺有礼，很讨人喜欢。常言说，穷人的孩子早当家，大喜只有十来岁，就懂得不再贪玩，过早地承担起贴补家用的繁重劳动了。王家几乎是赤贫，全家老少三辈全靠祖父大福公开的小水铺赖以生存。供应水铺烧开水的煤不够用，只好把牛粪马粪晒干了烧火，不分烈日炎炎还是寒风怒吼，大喜都得背着粪筐去寻找这些宝贝。

　　日复一日，年复一年，大喜劳作在这块连树都不肯扎根的裸土上，小小心灵便生出一种渴望，要是能够冲出去该有多好哇！冲出这个穷地方，冲出一贫如洗的命运，外面的世界是什么样子呢……他扔下粪筐跑过，漫洼野地朝哪个方向都跑过。他跑呀跑呀，不管跑多远，那条苍黄的地平线永远往远处伸延，眼前能够看见的永远是泛着白碱的盐碱滩。他以为自己离家很远了，不免心生依恋驻足回首，却见大郑村仍然没有越过那条无时不在的地平线。爷爷的小水铺房顶上冒出比谁家都粗的烟缕，如同伸出了温柔的手臂，召唤着孙儿回家。于是，他又顺着小路跑了回来，找到自己的粪筐接着去拾粪了。

从此，爷爷的小水铺冒出的烟缕永远在他心中冉冉缠绕。他拾粪拾得更勤快了，每当他那瘦小的肩背上驮着满筐回村时，额头上沁出了汗珠，圆圆的小脸上却为完成了今天养家糊口的责任而露出了笑意。不过，久埋于心的莫名的渴望并没有熄灭，他常常伫立在田野上出神，倾听天那边传来的声响。听啊，听啊，除了风声什么也没有，他仍然敏感到了什么，侧起耳朵仔细聆听。村童们笑话他："什么声响也没有呀！你的耳朵出了毛病了吧？"

他还是朝着自己隐约感觉到了的声音跑去了，像是追踪断了线的风筝。跑了很远，他爬上了铁路路基，两条闪着寒光的铁轨箭一样射向远方，消失在蓝天黄野交接之际时仍然闪闪发光，勾起他对神秘的远方生出种种遐想。他趴在铁轨上把耳朵贴了上去，呀，真的有声音！开始，从那闪闪发光的远方传来似有似无的音波，身子底下的铁轨有些微微振动，就像他的年轻的脉搏。渐渐地，自远而近出现一种有节奏的轰鸣，轰鸣越来越响，到后来连大地都跟着颤抖起来了。

呜——一声穿透苍穹的汽笛拖着长长的尾音，一列火车隆隆地冲过来了。他急忙跳下路基，站在田边等候火车驶过。

火车头挟带着列车的长龙，风驰电掣般地呼啸而过，以不可遏止的热情奔向远方，永远不肯停留在原处。

呜——火车为自己能够奔向远方而欢呼。

呼哧呼哧——车头冒着白烟为了远方而高兴地喘息。

铿当当铿当当——涂着红漆的铁臂肘拉拽着车轮一齐为了远方而欢唱。

火车头上的司机、司炉和列车上的旅客中，一定有人看见了站在田边的小小人儿，一定有人朝着他微笑，一定也还有人随便地向他招招手。对于旅途中的过客来说，这只是即刻淡忘的一瞬，在田边静立的小人儿无异于一棵在路旁静立的小树。然而，对于小小的静立的孩子来说，却永远记住了火车上的招手和微笑。他把这些看作是神秘远方的符号，奔突的火车以巨大的热情招呼他：来吧，孩子，外面的世界大得很哪，大得很哪……

大喜爱上了火车，早就梦想当一名火车司机。村里有个人当火车司机，回来休假时总给他讲外面的世界，天津卫、北京城、山海关、济南府、黄河、泰山……只有开着火车才能跑那么多地方，要是能当上火车司机去走南闯北，那该有多好哇！他常常不顾路远跑来等候火车，望着火车呼啸而过，他的心已经跳上火车跑远了，跑远了……

这个梦想跟随了他一辈子，直到他流落异国，直到他成了富翁老板，直到他满头白发，仍然为自己这辈子没有能够当上火车司机而觉得遗憾呢！

人生晨钟的回响，往往会伴随人们一生。

六十多年之后的大喜早已成为华人富商王克昌先生，在日本拥有三十多家饭店，从二十岁就当上老板，早该淡忘了贫穷。然而，半个多世纪里过手的银钱似乎在他心中没有留下声响，贫穷的童年生活却使他终生难忘。至今，他回忆起早年家境时仍然谈虎色变："小时候家里太穷啦！受穷的滋味太难过啦，一辈子也忘不了……"

是啊，那种滋味怎么能忘记呢……

家里穷得没有钱买盐，只能到大开洼里去"刮盐土"。大喜还是个孩童时就懂得去找泛着白碱的盐土，用铁片使劲地刮地皮，然后把这些宝贵的土坷垃装入口袋背回家，把土泡在水里制作成盐水。妈妈把盐水倒入锅里，煮啊烧啊，直到熬出一点点又咸又苦的盐来，用它去腌些咸菜，就是全家人的口福了。

孩子哪有不馋嘴的，大喜却从小舍不得吃一口好东西，哪怕有这样的机会，他也宁肯饿肚子。有一段时间，爸爸搭上小火轮上天津卖食品，卖剩下来的东西叫大喜吃。他看到爸爸妈妈都吃粗粮，自己肚子饿得咕咕叫，怎么忍心吞下这些卖钱养家用的好东西呢？他懂事地让父母先吃，爸爸望着正在贪长的骨瘦如柴的儿子，心疼地催促："吃吧！吃饱了长力气，家里还指望你呢！"

大喜知道父母是不会吃的，平时妈妈只在给爷爷送饭时才烙饼给他老人家吃，有时还摊个鸡蛋饼送到水铺去，因为爷爷辛苦挣钱养活全家。除了爷爷外，全家人只能吃棒子面窝头，饥荒时连窝头都没有了，大人孩子只能喝些用小米和野菜煮的咸饭。所以，大喜知道推让劝说都没有用，默默地接过小食品转身走了。

他走街串巷吆喝着，把这些小食品卖掉第一次赚回钱，他攒着少得可怜的几个铜子高兴地蹦啊跳啊，跑回家交给了妈妈。妈妈接过钱忍不住眼圈红了：这才是多大点儿的孩子啊，就懂得省下好吃的给家里换钱了……

做小买卖旗开得胜，大喜心里又有了主意：去卖火油！那时乡下还没有电灯，村民们管点煤油灯用的煤油叫作火油，是家家户户都要用的常备品。他找三姑妈借了十块大洋做本钱，先买了两桶火油挑着去兜售，到各乡各村沿街叫卖。

乡亲们很喜欢这个小卖油郎，他们发现他心眼儿好，脸皮儿薄，做买卖规矩，不仅戥油时份量给得足，给足了以后你要求"再饶点儿"，他也总是用小戥子再舀些油"饶一点儿"。初做商贩的孩子没有想到，卖火油本来就是个本小利薄的小营生，哪里经得起这样"饶"来"饶"去的？心慈面软，就无利好赚了。他走东乡串西乡苦干了一冬，只赚了两只铁桶钱。这件事，看上去他是吃了亏，但是连他自己也没料到，他做买卖厚道的名声不胫而走传遍乡里，周围几个村庄的人家都等着他去了才打油，这倒是个意外的收获。

小小的煤油灯，为漆黑的农庄带来点点金光和温暖。人们哪里知道，小小的卖油郎忍受了怎样的辛苦和饥寒。本钱少，不能大量囤积煤油，卖完一两桶就要去几十里地以外的咸水沽去趸油。数九严寒，冰雪覆盖了大地，他得冒着西北风在封冻的海河上坐冰排子去咸水沽，一路忍饥挨饿趸了油回来，冻僵的身体已经失去了知觉，从冰排子上下不来了。家里人把他扶了下来，送到小水铺里。爷爷烧旺了灶火让他暖暖身子，老人家长叹了一声又一声。

大喜一天的时间总是安排得满满的，别说没闲空儿玩耍，就是连歇口气的时间都没有。

一早儿起来，他去给爷爷的水铺挑水，等到从河里挑回六十桶水，灌满四大缸，已经累得腰酸腿疼了。

他擦几把汗，担起煤油挑子又去卖煤油，量起铁脚板走了一乡又一乡。

农家小户的一次只买一点煤油，等到卖完两桶煤油，太阳已经西斜了。

他赶回家胡乱吃几口饭，急忙往学校里跑。村里的私塾分为早班和晚班，他为了不耽误家务活，上的是晚班，要赶在下午四点钟去上课。

小小年纪一天忙碌下来，到了晚上就很困乏了，他仍然不能休息。为了学会算账好出去做小买卖，他还要到孙伯伯家学习珠算。孙伯伯看这个孩子勤奋好学，热心地教他口诀，出题演算，加减乘除，噼里啪啦，算盘珠子拨拉得脆响。大喜为了答谢孙伯伯，总是主动帮助他家烧火。有了珠算基础，大喜再出去卖煤油时就能很快地算账找钱了。

腊月一到，便是大喜去军粮城卖窗花的忙季了。北方农村过年时有贴红窗花的习俗，每到春节前家家户户都要买窗花剪纸，图的是来年红火吉利。于是，大郑村便有了刻窗花的手工艺传统，人们忙里抽空随时操起刻刀在蜡盘上细致地刻呀剪呀，春耕一完就忙上了。他们把这些精巧的作品积存起来，只等着腊月拿出来换几个零钱好过年了。大喜挨门挨户找乡亲们收购，然后挎着小篮到军粮城镇上去卖。

农历年关，是北方最冷的季节，大喜在寒风中抖瑟着叫卖窗花，大街小巷都能听到他那稚嫩的嗓音："贴窗花儿过年来——婶子大娘来看窗花儿样儿呀——喜鹊登枝、聚宝盆——财神叫门！福猪拱门！双喜临门！倒福，福到啦——"

沉沉暮色给隆冬腊月增添了寒冷，街巷里飘出的炊香加深了大喜的饥饿，他还在叫卖着，徘徊着。如同必须完成当天功课一样，他给自己规定的任务是不卖完今天带出来的窗花不回家。

天色越来越黑了，他终于卖完了篮子里的窗花，换回少得可怜的几个零钱。从军粮城回到大郑村要走一个多钟头，虽然饥肠辘辘腿脚酸疼，他还是高高兴兴走着夜路。天上没有月亮，也没有星星，伸手不见五指，他迷了路走进一片坟地绕不出来了。他想起了爷爷讲的故事，海盗啦，鬼神啦，狐仙啦，不禁毛骨悚然。心里越紧张越出事，他糊里糊涂爬上了一个大坟尖。当他发现自己是站到了坟头上时，哇哇叫着跌了下去，吓出了一身冷汗……

这些经历，便是大喜最初的"经商"了。卖小食品，卖煤油，卖窗花，收入微薄的小买卖，却逼着他小小年纪就学会了珠算，打下了当一个商人必备的数学基础。或许，正是初为货郎时的心软厚道薄利多销，形成了他一生讲究信誉的经商风格；或许，正是少年时磨炼出的坚忍毅力，推动他在商海拼搏，几经失败破产几经东山再起，终于取得了辉煌的成功；或许，正是幼年时饥饿寒冷的烙印，驱使他去追求金钱与财富，以勤奋节俭换得富足，日后成为一位拥有亿万家财的老板。

困在小水铺里的航海家

大郑村有一间专门卖开水的小水铺，乡下柴草缺乏，花不了几个钱随时可以打开水喝，自然受到村民们的欢迎。

小水铺是大福公开的，他以此维持全家生计。他的老伴早已离世，一个孤老头子终日困守在烟熏火燎的灶台旁，心里常觉憋闷。

大福公闷闷不乐的原因，并不完全因为他是个鳏夫，而是由于他见过大世面。当年，他不但是一位叱咤风云的船长，还当过由七条木帆船组成的航海船队的老板呢！瞅着铁锅里沸腾的开水，常常叫他想起汹涌沸腾的大海。然而，毕竟两者之间相差太大了。命运的捉弄，逼着一位航海家困守在小水铺里，简直就像是把一头雄狮关入铁笼了。纵然是"老骥伏枥，志在千里"，却也是力不从心了。

提起大郑村王家，祖祖辈辈都过着朴实淳厚的庄户生活。他们一代复一代地在这块贫瘠的盐碱地辛勤劳作，却没有得到过富足温饱。到了大福公这一代，邻近的天津城已发展为繁华的水旱码头，地处九河下梢汇合之利，舟车云集，往来如梭，交通十分便利。天津又靠临渤海湾，随着外国船队的频频造访，海运事业也与日俱兴了。自咸丰十年依中英中法北京条约把天津辟为商埠之后，这里又成为外国货物分销黄河流域的中心地，而洋货大都是舶来品，是一队队洋船送来了外部世界的信息。最先感受到现代工业信息的是天津周围几个县的青年农民，从静海、南皮、沧州、大城走来了一批又一批粗壮结实的庄稼汉。他们凭着坚韧苦干的精神来到城市闯码头，开拓新的生活天地。

大郑村恰巧位于天津城与渤海湾之间，或许是水陆各方传来新讯息的影响，大福公从小就异于乡人，总想到外面去闯荡。他不再甘于封闭停滞的农家日子了，携家带小迁居到天津城里，在靠近码头的地方租了一间平房安顿下来。

创业初期，大福公用所有的积蓄勉强买进了一条半新半旧的木帆船，顺着内河航道为客户搬运货品，开始了他的水上运输事业。他做事认真，守时守信，爱护货品，再加上收费低廉，得到了客户们的信任。赚了一点钱，他省吃俭用，一个子儿一个子儿地存着，攒足了就再买一条新船。后来，他把弟弟也带了出来，兄弟二人不分昼夜地干啊干啊，辛辛苦苦攒啊攒，风风雨雨，来来往往，装装卸卸，搬搬扛扛，几年以后，从一条小船创业竟然增加到七条新船了。他不再甘心内河运输，带领船队威风凛凛地向海上进发了。

波涛汹涌的渤海湾，到处有这支船队的帆影，大沽口、山海关、营口、大连，到处留下了大福公的足迹。眼看着海运事业蒸蒸日上，大福公饱经风霜的脸上露出了笑容，照这样突飞猛进发展下去，他那颗永不安于现状的心又在憧憬远洋航程了。他要率领子孙们冲出贫穷的桎梏，开创富足美好的新生活。

又一次的满载而归，七条大船停泊在大沽口外忙着卸货。大福公站在码头上望着充满生机的船队，越看越高兴，暗暗庆幸自己的福气，说不定"大福"这个名字叫得好，从今往后儿孙们再也不愁吃不愁喝，王家真的要大富大贵了。

然而，命运对这对第一代出来创业的农民兄弟实在是太残酷了。历史已经发展到1900年，但对于中国平民来说并未料到这一年将要发生的悲剧。当他们刚刚直起腰身满心欢喜地眺望大海时，甚至没有注意到大沽口外聚集了飘扬着八国国旗的军舰。他们也听说了朝廷的无能，列强的威逼，义和团的兴起，天津卫的焚烧望海楼洋教案……但是他们还没有来得及把这些事情和自己的命运直接联系起来，八国联军的军舰就打出了罪恶的炮火，从军舰上运来一批又一批洋兵登陆进犯了。大福公兄弟的船队慌忙避到一旁停泊躲闪，但是，外国军舰为了防止他们为清军效力，先朝着这些手无寸铁的民船射来狂风暴雨般的炮弹，顷刻间所有的木船化为灰烬……

　　大福公视如生命的七条大船，就这样一只一只地被联军炮舰击沉了，他的身心也跟着沉没到海底深渊，软瘫而破碎了。白发苍苍的老人号啕大哭，哭自己多年的心血，哭庄户人的噩运难逃，哭儿孙们今后生活无着……

　　八国联军攻占了北京城，烧杀掳掠无所不为，侵略战争以清朝廷的屈辱投降而告胜，天津卫也成了洋人盘踞的兵营。市民们仓皇逃难，商店倒闭，百业俱废，进城谋生的农民们只好又回到了乡下。大福公的破产使全家陷入困境，无可奈何，唯有重返故里，再作打算。

　　回到大郑村，不能眼看着全家人饿肚子，大福公只好在村里开了这间卖热水的小铺。这样，曾经扬帆万里的闯海英雄被困在了烟熏火燎的土灶旁，其沮丧的心情可想而知了。

　　民国四年（公元 1915 年）12 月 2 日，大喜诞生了。他遇到的已是破败赤贫的家境。祖父的创业史，乘风破浪的帆船队，在他听起来已经是古老的神话了。几年以后，母亲又给他生了两个弟弟一个妹妹，家里穷得几乎揭不开锅了。他的父亲王雅轩到天津一间米铺帮工，收入极微。一大家子人的生计都依赖祖父承担，而这时的祖父已经是一位古稀老人了。

　　唯一使大福公感到欣慰的是孙子的成长，大喜小小年纪却懂得自己生为长孙，理当为祖父分忧分愁，早早地挑起了生活的重担。

　　水铺里有一口大铁锅，应了那句俗语"水铺锅盖两拿着"，锅上照例有两扇半月形的木盖，有人来打开水，只要掀开半个锅盖就可以舀水了。房间不大，灶台、屋顶、房檩、门窗都被烟熏得黢黑，蒸腾的热气夹杂着呛人的烧牛粪马粪的气味。灶台旁一溜排开五口大水缸，要到半公里以外的海河挑回十六桶水才能灌满一缸，每天必须挑满三四缸水才能供得上烧开水卖。河水浑黄，得往缸里放些明矾沉淀沉淀才能陆续饮用。淤泥在缸底积多了，还要时常淘缸。这些繁重的劳动落在了年仅十二三岁的大喜身上，每天他还要去开洼里拾粪打草，把牛粪马粪摊在水铺外面晒干充当柴烧。

　　别的活计先不提，单说挑水这一项，对于一个本应该开心玩耍的孩子来说是多么重的担子啊！试想一下，水铺距离海河边半公里，往返一次要走一公里，挑回十六桶水往返要走八里地才能灌满一缸水，而每天必须挑上六十桶水，往返得走三十多里地，需用四五个钟头才能完成这项苦工。一个孩子稚嫩的肩膀挑着满满两桶水，咬紧牙关挑啊，挑啊……三伏酷暑，烈日当头，热土炙脚，气喘吁吁流了多少汗水？寒冬腊月，北风怒吼，河堤上下结满冰凌滑了多少筋斗？一年三百六十五天从不间断，每年都要负重而行一万多里地啊！

妈妈看着年幼的儿子如此劳累，只有伤心哭泣。爷爷望着孙子挑水的身影安慰儿媳："这孩子日后有出息。"

老祖父并非不心疼孩子，家里没帮手，自己年迈体衰，实在是没法子。他老人家也有心磨炼孙子的心志筋骨，他从这孩子身上看到了重振自己当年雄风的希望。晚上，劳累了一天的祖孙二人躺在土炕上，爷爷总是对孙子念叨："人总是要活下去，老人们总是盼着儿孙们一辈比一辈好。我老啦，恐怕不能东山再起了，盼望你们将来再创一番事业，重振家门。"

听了爷爷的叮嘱，大喜总是懂事地点头应承。但是，他的小脑瓜里对于如何再创事业，如何重振家门还想不大清楚，他只是催爷爷快讲海上的故事。他知道有了这几句开场白，就能听到大海的神奇故事，海上的天气如何变化快啦，惊涛骇浪扑过来时比大树还高啦，船队出海之前要拜海神娘娘啦，海盗如何伤人命夺钱财啦……这些故事祖父和二祖父讲了多少遍了，他还是爱听，还是觉得新鲜，还是有着提不完的问题。

为了早些听到爷爷讲故事，吃罢晚饭他就会主动给爷爷捉虱子。他知道只要一捉虱子，爷爷的话匣子就打开啦！水铺里很热，又有牛粪马粪柴草什么的，成了虱子的乐园。爷爷的破棉袄里长了虱子，总说身上咬，晚上脱下衣服来总说："来，大喜，你眼尖，逮！"于是，孙子捉虱子，爷爷讲故事，一老一小各得其乐。大喜真是个捉虱子能手，一晚晌能捉到半烟灰缸，然后倒上煤油烧死，小屋里到处弥漫着一种怪怪的臭味。就这样捉呀逮呀，讲呀听呀，说也奇怪，虱子总也捉不尽烧不光，故事总也讲不完听不厌。

"爷爷，您是说，到了海上，周围没边儿没沿儿全是蓝色的大水吗？"

"是呀！天也蓝，海也蓝，船开出去几天也见不着陆地，那才叫大海呢!"

"那……大海连着哪儿呢?"

"连着全世界!近处的营口、大连,远处的高丽、日本,再远处还有美国、英国、法国……"

"嗯……大连,比咱军粮城还大吗?"

"大多啦!大连可好啦!外面的好地界儿多的是,你长大了出去看看就知道啦!"

大喜怀着对外面的世界朦胧的向往睡着了,做了一个朦胧的梦,梦见开洼里的盐碱地不再是灰黄色的了,不再泛着白碱,变成了一望无际的蓝色的大水……自己呢,也不再挑水,不再拾粪,站在一条扬满风帆的大船上飞呀飘呀,可美呢……

第二天天刚亮,他就不得不爬起来扛起扁担去挑水了。腰酸腿疼挑满几大缸水,他又不得不背起粪筐来到泛着白碱的大开洼拾粪了。四野望去,天地之际仍然是那条苍黄的贫瘠的地平线。但是,他不认为那条永远朝前伸延的线冲不出去了,他知道了外面还有更大更好的世界,于是,他时时倾听外面世界传递来的声息,有朝一日他要冲出去。

当他长成一个英俊青年的时候,真的冲出去了。当他真的乘坐轮船漂洋过海时,内心充满了对老祖父的怀念和感激。

躲在庙墙后面哭泣的少年

有人问哲人："幸福是什么？"

哲人答曰："幸福是你最为渴求而得到了的东西。"

这人又问："痛苦是什么？"

哲人答曰："痛苦是你最不愿失去但却失去了的东西。"

这样的回答很有道理。王克昌先生家财万贯，但他认为最大的幸福是受过高等教育，上学的渴求终生没有机会实现，所以他设立了"王克昌奖学金"，愿给下一代青年带来幸福。

这位年近耄耋的富翁说："回忆往事，最大的痛苦是少年失学。"

当年的大喜是个爱读书的好学生，尽管家务劳动繁重，依然坚持上学。

大郑村的私塾设在村边庙内，教书先生遵照老规矩办事，学生背不下课文来就要罚跪打板子。或许因为学堂是庙里的厢房吧，罚跪叫作"跪香"，点上一支香，受罚的孩子要跪到香点完才能起来。

大喜的课余时间活计太多了，有时背不下来书，挨先生一顿好打。他一声不哭，拍拍屁股站起来就去给先生烧火做饭，为的是求先生帮他补习功课。后来，他干脆搬到老师的邻房住宿，借着侍奉老师多学习一些文字。先生对这个好学的孩子要求很严，并不因为他给自己烧火做饭而姑息他。读下这四五年私塾来可真不容易啊，白天的时间排得满满的，只有到了晚上才有点空闲温习功课，但这时他已经睡眼朦胧了。上炕以后，他把书本立在炕席靠墙的地方，脑袋歪在枕头上看啊看啊，直到书上的字一片模糊……

最叫大喜感到痛苦的，是每当学堂考试的时候，也是爷爷的水铺生意最忙的时候，销水量大约要增加三分之一，他每天挑水的时间也要加倍，实在没有空闲温习功课，照这样下去怎么完成学业呢？即使勉强读完小学，以家里的经济条件看，要想实现自己继续求学的梦想也是不可能的……想到这些，他鼻子一酸再也忍不住满眼的热泪了，多么想扑到亲人怀里诉说自己满腔的委屈啊！

满腔委屈想向爷爷倾诉，但是不能，满头银发的爷爷还在滚烫的大锅旁一舀水一舀水地辛劳着，为的是维持全家人活命……

满腔委屈想向爸爸倾诉，还是不能，爸爸长年不在家，去给人家当长工，拼上力气赚不回几个钱，不可能供儿子去深造……

满腔委屈想向妈妈倾诉，更是不能够，更是不忍心啊……

提起大喜的母亲，那可是大郑村有名的贤妻良母孝顺媳妇。她嫁到王家时婆婆已经去世，丈夫又常年出门去打工，她承担了主妇全部的重任，侍奉公爹照料孩子，克勤克俭维持家计。她在娘家是长女，因婆家出了名的贫穷，娘家人称她为"穷大姑家"，而她自己在半饥半饱的境况下却从无怨言。平日不管多么艰难，她都要设法给老公爹做些细粮吃。家中一文不名的时候，她就背着公爹去店铺赊来一斤半斤的面粉，烙几张饼送到水铺里给老爷子补养补养。有一阵子公爹病重，人们都说不行了，她日夜照顾硬是把老爷子从黄泉路上拉了回来。公爹躺久了大便干燥，她不嫌脏臭用手给公爹抠大便。乡亲们啧啧夸赞：别说是儿媳妇侍候公公，就是闺女侍候亲爹做到这样也是难得的了！

她生了四个孩子，除了大喜能帮着干活，三个小的还都像嗷嗷待哺的雏鸟。眼看着公爹年迈多病，小铺活计难再支撑，而孩子们一天天成长饭量越来越大……泡在无边苦水里的她，从不唠叨埋怨，乡亲们看到的永远是一位温和贤淑的主妇，甚至从未听见过她厉声厉色责打孩子。她的自尊心很强，内心的愁苦从不外露，家里再穷也要保持体面。深夜，全家人熟睡了，她凑在小煤油灯前缝补衣衫纳鞋底做鞋子，让公爹丈夫孩子们出去都穿得整齐干净。

可能是受了公爹影响，她虔诚地信奉神佛。公爹说当年船队出海之前都要拜神，乞求神佛保佑船员们一路平安。每天一早一晚，她都烧香供奉菩萨，心中的忧愁和祝愿，只有向菩萨才低低念祷……

对这样一位吃苦耐劳坚贞隐忍的好妈妈，大喜怎么能够有半句怨言，怎么忍心再给她增添烦恼呢？早熟的大喜已经觉得自己是个男子汉了，男子汉就要替妈妈分担忧愁啊！

满腔委屈如同雨季涨满了的海河水，无处倾泻也倒流不回去，他独自一人躲到庙墙后面的角落大哭一场，哭声传到了庙堂里，连冷眼端坐的佛像都为之动容。他毕竟还是个稚嫩的孩子，他挑得起一桶又一桶河水，却挑不起两行积郁许久的热泪，那就痛痛快快哭一场吧，好让重压的心里轻松一些，或许神佛听见了苦命孩子的哭诉心生悲悯，保佑你时来运转呢……

大喜十四岁了，在人生道路上面临一次新的选择。他的叔父很早就去天津谋生，听说侄子在家乡会做小生意，推荐他到天津一家杂货店去做学徒。妈妈有些舍不得，孩子还小，独自一人离开家，当学徒又是个苦差事。早有出去闯世界之心的大喜，却觉得这是个改变生活的好机会，高兴地答应下来。

儿子要出门了，妈妈含着眼泪缝啊补啊拆啊洗呀，尽了最大的努力才凑齐了一条棉被，一条褥子，一个枕头，一条薄毯和一身衣服，这些就是大喜的全部行李了。

临行前，妈妈做了一顿细粮为儿子饯行，老祖父慈祥地抚摸着孙子的肩膀再三叮嘱："孩子，要牢牢记住，在外面学生意，得记住几点要诀：一、对店东要忠诚。二、干事情要做到底，认真努力，不可以偷懒。三、除了推销商品不得已作宣传以外，对任何人不得说瞎话撒谎。四、不管遇到多大难处，要能忍耐不可灰心。五、做人讲信义，不可背信。六、凡事抱必定成功信心，失败了重新再干。孩子啊，好好奔个前程去吧，咱王家日后再起来全靠你啦！"

大喜郑重地点头答应着，背起小小行装出发了。全家人送到村口，亲人们一步一嘱咐，出门人一步一回首，直到他走了老远老远，直到望不见他的身影……

少年的心总是飞向明天，依依不舍的乡情很快就被对未来的向往替代了。

他走在这片熟悉的田野上，苍黄的地平线依然往远处伸延着，伸延着，但是他从心里欢呼自己这一次是冲出去了。驻足回望，大郑村已经越来越小了，爷爷的水铺房顶上冒出的炊烟，依然如同伸出的温软的手臂，舍不得孙儿远去。但是，它已经越来越纤细飘逸，羁绊不住高飞的鸟儿了。故乡的烟缕永远萦绕在游子心头，却只是一丝慰藉旅程的眷眷柔情了。

倏地，他听到天那边传来的声响，脚下的大地有些微微颤动，就像他为了赶路加快的脉搏。他跑上了铁路路基，把耳朵贴在了铁轨上，啊，熟悉的有节奏的轰鸣！

火车风驰电掣般地呼啸而过，以不可遏止的热情奔向远方，车头冒着白烟为了远方而高兴地喘息，涂着红漆的铁臂拉拽着车轮一齐为了远方而欢唱，一齐招呼路边的少年：来吧，孩子！外面的世界大得很，大得很哪……

他追着火车大喊：我来啦——我来啦……

外面的世界，并非人们想象的那样处处精彩，繁华热闹的天津卫也不是一个小学徒的乐土。实际上，他是从一汪苦水跳进了另一汪苦水里，不同的是家乡的苦水犹如一潭老井，而外面则像又咸又苦的海水了。相比之下，他还是愿意在苦海里挣扎拼搏，因为大海毕竟充满了活力和机会。

1929 年夏天，在天津英租界靠近特一区的裕恩永杂货行，多了一个土头土脑的小学徒。这里的人们不知他的乳名叫大喜，也无人称他的正式名字王克昌，听说他在家里排行老大，就喊他"王大"了。按照老规矩，学徒三年没有工钱，只管吃管住，也没有上下班钟点，天天从黎明干到深夜，见了谁都得低眉顺眼听使唤。一早一晚，店里最脏最累的活都落在小学徒身上，倒痰盂、刷尿壶、烧锅炉、运煤灰、打扫店堂、擦拭家具……开门以后，他要整天站在店门口，彬彬有礼地为客人拉门，招待客人落座、倒茶，客人离去时也要拉门送客。稍有空闲，眼里都要有活儿，找活儿，干活儿……

这些罪他都能忍受，让他为难的是在商店做事必须衣履整洁，而他只有一身衣裳。干一天活下来浑身臭汗，晚上洗了衣服第二天早晨干不了，穿什么呢？他只好把洗干净的衣服挂到厨房炉子旁烤干。早晨别人七点钟起床，他六点钟就跳起来去拿衣服，把叠整齐的衣服压在屁股底下，让身子代替熨斗把它"熨"平整。这样，当他站在店门口为客人拉门时，才能保持身上整洁了。后来，一个朋友知道了他的困难，送给他一套衣服，这才有了换洗的余地。

杂货店地处英租界，外国客人多，要随外国的节日供应季节性商品。圣诞节快到了，店里的学徒们多了一项苦活——制作洋铁兵玩具，先把锡和铅烧化了，往模子上倒出小人儿形体，然后再用漆画上颜色，红帽子，黑枪支，绿制服。外国人喜欢买洋铁兵作为圣诞礼物送给孩子。为了趁售货旺季多赚钱，店主叫他们不分昼夜地烧化锡铅合金，描呀画呀，作坊里充满了有毒的气体。王大一边给别的孩子制作玩具，一边想到自己从小没有过一件玩具，为什么人和人的命运这般不同呢……

转眼半年过去了，店主于老板看王大这孩子做事认真努力，调他去给客户送货。他便有机会接触了各家商号和人家，他们都是有钱人，也有不少外国商人。他目睹了一些大洋行的气派和富商的阔绰生活，开阔了眼界，心中暗暗升起了某种憧憬：苦熬苦干学本事，日后也要开店当老板……

不料，转年于老板对他的又一次提拔，却害苦了他。新差事是去当仓库管理，仓库里存放着许多货物，显然这是店东对他的信任。但是那个大仓库在另外一个地方，天黑以后阴森森的好吓人。他独自一人坐在仓库里，高大幽暗的库房里堆着一垛垛货物，每一垛后面的黑影里都像是隐藏着什么，突然会跳出来……小时候，祖父常讲 些鬼怪离奇的故事……那天夜里从军粮城卖完窗花回家迷了路，钻进坟地误上坟尖……昏黄的路灯从仓库高窗射进一道斜光，竟有些像那些在坟地里闪闪跳跳的鬼火……老人们常说：孩子的胆儿还没长全呢！小小的守夜人越坐越害怕，背朝哪个方向都觉得毛骨悚然，一步步退到墙角里，从倚在墙上的后脊梁都能感觉到突突的心跳。莫名的恐惧驱使他跑到仓库门口，在那里等候接班的人赶快来到。

师兄弟们妒羡他受到老板重视，故意气他，问："半夜看仓库，你怕吗？"

他在人前佯装勇敢，故作轻松地回答："怕什么？仓库里可好呢！"

他的兢兢业业得到了报偿，转年于老板又提升他为外勤员，负责到各个客户收账，并将每天店中的现款悉数送存银行。得到这份重要的差事，多亏了他在老家时勤于学习，打下了珠算和心算的底功，又早早地积累了做小买卖的实际经验。日积月累，终有大用，看来，苍天不负有心人。

又一番春风秋雨，大郑村的大福公接到了报喜的家书，老人家三步并作两步来向儿媳妇报喜："大喜他妈，咱家大喜，三年学徒出师啦！"

妈妈高兴得眼睛一亮："哟，孩子可熬到出师啦！东家还留他吗？"

"留！我早就说咱大喜是块好材料！"老船长挺直了腰板，兴高采烈地拍着来信笑道："老板派咱大喜去验关手续部，薪水每月两块大洋！"

"两块大洋啊？"妈妈惊喜得几乎不相信自己的耳朵了，又问："啥叫……验关手续部呀？"

老祖父一边看信一边解释："就是……就是办理欧美各国进口商品的验关手续。"

母亲更加惊喜了："和外国人打交道？我儿好本事啊！"

爷爷看着看着，哽咽着念不下去了。儿媳性急地催促："你老人家可倒是念呀，信上还说些啥？"

老船长流着热泪念着："爷爷，爸爸，妈妈，我头一次领到薪水时，高兴得哭了……平时老板赏的零花钱，我也攒起来了……过几天放出师假，我把钱都捎家去。我要好好报答爷爷和父母的……养育之恩。你们别再担心了，咱家的穷日子就要熬出来了……"

"可熬出来了……"妈妈早已喜泪满面，转身跑到菩萨跟前磕头祈祷。

小小的大郑村沸腾了，人们奔走相告：

出去学买卖的大喜出师回来啦！

大喜给他家里捎回来了银晃晃的现大洋啊！

大喜可不是当年拾粪的可怜样儿啦，穿着长袍儿，可体面啦！大喜给他爷爷捎来了天津卫最好的酱牛肉……

酱牛肉，爷爷自己只是蘸了点渣儿嚼嚼，炫耀地送到乡亲们面前，请这个尝尝，请那个尝尝。老航海家的内心成了欢乐的大海，生命在延续，王家新的"船队"扬帆启航啦！

名师指引雏凤试飞

歌唱家往往出自于优秀音乐教师的传授。

运动员更是出自教练员的严格训练。

无师自通者有之，然而更多的成功者在起步时都曾得益于名师指引。

王克昌很幸运，学徒期间遇见一位好师傅——裕恩永杂货行的老板于经理。

裕恩永店处于天津的英租界，在这片洋楼公馆区独此一家经营从西欧进口的日用百货，客户大多是外国商人和居住在租界里的财阀、军阀、清室遗老遗少。这些大户人家生活奢侈，花钱如流水，崇尚昂贵的高档舶来品。因此，裕恩永商行也就生意兴隆，财源滚滚了。

乡下孩子大喜初来乍到，站在店门口为顾客拉门迎送，师兄们指点他出出进进的客人：这位是曹锟大总统的佣人，那位是少帅张学良的随从，英国领事馆的采购员，开滦煤矿的股东，某大银行家的姨太太，大太监小德张的管家……大喜看花了眼，他们替那些大公馆购买一次用品的钱，够自己全家人在庄子上过一辈子的了。他从贫穷的谷底一下子来到这花花世界，望见城里人富贵的顶端，少年敏感的心受到极大的刺激，夜里时时梦见自己也变成能够坐着汽车去购买心爱物品的阔少。第二天一早，他又得规规矩矩站在店门口，堆出卑微的笑容迎接那些进进出出的客户了。望着忽闪开关的玻璃门，他为自己的未来勾画着一幅朦胧的图景……

于老板在经常性的对徒弟们的训话中，把这一未来的图景加以具体化和强化了。他常常告诫徒弟们："我希望你们出师以后有出息，会做大买卖。日后你们当了大老板，一提当年在谁谁的店里学徒来着，是我的光彩。"

话虽这么说，从十四五岁的小学徒到成为大老板之间还有很遥远的距离呢！这不，襄理来找于掌柜报告："王大他们几个人偷吃罐头，叫我抓住了！"

克昌他们这些穷孩子从来没有见过贴着花花绿绿商标的罐头，每天从仓库里搬运这些洋玩意儿，总是咂着嘴巴揣摩罐头盒上画着的火腿、牛肉、沙丁鱼的美味。有时他用鼻尖触一触那冰凉的铁皮，一点也闻不到里面的香味，是什么好吃的东西封得这么严实呢？听说是道地的法国货呢！终于，他们耐不住舌头的贪馋打开了几盒，正在偷偷品尝，不巧被襄理撞见了。

襄理从老板那里回来，板着面孔说："你们违犯了店规，于掌柜打发人去叫你们的担保人了，几位小爷该卷铺盖了！"

几个少年一听要被开除，吓得哭了起来，把饭碗子砸了，今后可怎么办呢？襄理可不管这一套，把他们押到老板面前听从发落。

偷嘴小馋鬼们战战兢兢垂首而立，于经理生气地训斥："平时我怎么嘱咐你们来着？咱们这个字号是个体面商行，你们在这里学买卖，要先学做人，日后当个正经商人。店里不是舍不得这几听罐头，立的是个规矩！规规矩矩做人才有出息，鼠窃狗偷当不了大老板！"

担保人来了，自然是一番求情。于经理也就宽大为怀作了人情："毕竟还是小孩子，知道改过就好。下回再犯，别怪我不给面子！"

小学徒们吐了吐舌头，一溜烟儿跑去干活了。

可是，用于老板的话说，他们毕竟还是小孩子，不久又惹了大祸，险些把个好端端的商店毁之一炬。

春节来临了，年关的购销热潮终于忙碌过去了，店门上贴上了大红春联和吊钱儿，店堂里摆了香案供果和烛台，供奉了福禄寿喜四方神仙。街上的行人稀少，不时传来爆竹的脆响。人们都回家准备过年去了，店里也打扫干净只等过年了。

小徒弟们干完了活，轻闲下来就要调皮玩耍，看见街上的孩子放鞭放炮，他们也就手心发痒，买了几个"大两响"，几个人就在屋顶阳台上噼噼啪啪放个痛快。不料，他们只顾玩得高兴，却没有发现鞭炮点燃了堆放在阳台上的纸张和干草，顿时火苗蹿起，浓烟滚滚。幸亏人们发现得早，纷纷端水救火，才没有酿成悲剧。

于经理闻讯赶来的时候，火已扑灭，他亲自查了又查，看了又看仍然余悸未定。因为只有当老板的最清楚，挣下这偌大的洋广杂货商行付出了多少年的艰辛，鏖战商场经历了多少风险。店里存放的洋烟洋酒，日用百货多是易燃品，一旦控制不住火势，后果不堪设想。

他又惊又气，朝襄理挥了挥手："请铺保！"

三个闯祸者的举荐人急忙赶来，自然又是一番赔笑作揖，求情请罪。大喜的担保人是他的叔父，又把他叫到外面单独训斥一顿，叔父生气地说："我看你爹妈在老家太苦了，爷爷年纪又大了，才把你拉拔出来。能进于老板这么大的商行学徒，是你的福气，可是你这么不争气！今天虽说于老板没说什么，依我看因为快过年了，人家图个吉利，不肯在年前开除员工，过了年再看吧！我的脸也叫你丢尽了，事不过三，要是再惹祸，甭去叫我，叫，我也不来了！你自个儿家去吧！"

大喜唯唯诺诺送走了叔父，低眉顺眼伺候着老板一家人过年。一想到过年以后可能遭到开除，他连丰盛的年夜饭菜都吃不香了。

正月初二吃面条的风俗，在裕恩永店里多了一层严峻的含义。对于员工来说，每年正月初二吃罢这顿面条，都要面临一个难关。饭后，每个人都不能走，老板一个一个叫上楼去谈话，当场决定升迁与去留。你在这一年中的表现，平时老板看在眼里并不说出来，只等大年初二算总账。

员工们屏声敛气坐在楼下恭候，和老板谈完话下楼来的人，同事们一看他的脸色，就知道是升了，还是降了。如果有人避开大家的目光蔫蔫地溜了，大家明白他是留不住了。

大喜焦急地等候老板传唤自己，按规矩得先由有头有脸的员工谈起，最后才能轮到小学徒。三个"纵火犯"等着宣判今后的命运，紧张的心几乎跳出了嗓子眼。

员工们一个个过了大关走了。最后，他们三人一起被老板叫上楼去……

师兄们不放心，没有上街去玩，出于哥们儿义气，悄悄地坐在楼下听消息。当他们看到三个小师弟燕子般飞下楼来，个个笑逐颜开时，便猜出老板并没有撵走他们。大家互相道喜，高兴地搂作一团。

离开市大吉还有好几天呢，他们要好好玩一玩。商量好去娘娘宫看庙会，他们说说笑笑出了店门。

于老板站在楼上窗子跟前，望着他们蹦蹦跳跳的背影，笑着摇了摇头，自言自语："唉，毕竟是小孩子啊！"

从那以后，大喜处处小心谨慎，埋头苦干，耳边时时响起叔父说的"事不过三"的警告，不敢再有疏忽大意。然而，用于老板的话来说，他毕竟还是个孩子，涉世不深，没有经验，离一个成熟的商人还有很大的距离。不久，他又在外面惹了祸，叫人家找到店门口来质问交涉。

这一天，于老板吩咐他去给客户送货。他骑着脚踏车把货物送到一位老主顾的店铺，顺利完成任务心里很高兴，在回来的路上轻松地东张西望看起街景来了，行至繁华的大沽路，他骑车一不留神撞倒了一个担挑子叫卖的小贩。事情真不凑巧，偏偏这是个卖金鱼的，只见他颤颤悠悠挑着两个大玻璃缸，缸里装满了水，水里有活泼泼的金鱼在游动。当他发现自己朝红灿灿的金鱼冲去时，已经刹不住车了，顿时稀里哗啦来了个人仰马翻。

金鱼挑子这么娇贵的营生哪里经得住碰撞，那情景可就惨了，玻璃缸破碎了，水洒了，一条条可怜的小金鱼在地上跳动，引起街上的人们一阵惊呼。

年仅十五岁的乡下孩子，大喜何曾经历过这种场面，身上又没有带钱，不知如何是好。他吓得心里通通直跳，慌慌张张骑上车子就跑。小贩在后面追着叫骂，他头也不回飞车而逃。

回到店里，他不敢提起此事，悄悄地放好车子，讪讪地找活干去了。

殊不知，路上有行人常来裕恩永店买东西，认识他是店里的小学徒，便给那金鱼贩指路。金鱼贩收拾起残缸死鱼挑到了店门口，找店主要求赔偿。

于经理问明白了事情的原委，叫人拿钱给金鱼贩，好言道歉才把他打发走了。

大喜知道自己这一回闯了大祸，再也得不到饶恕了。上一次偷嘴吃，这一次又肇事逃跑，从这里被开除了，坏名声传出去，哪家店铺也不会收留自己当学徒了。这样灰溜溜地怎么有脸回家去见爷爷、爸爸和妈妈呢？想起爷爷盼望的"咱王家日后再起来全靠你啦"，悔恨的泪水挂满他的双腮。

于经理处理完赔偿的事，并没有派人去找大喜的担保人下逐客令。他见这孩子已经吓黄了小脸，不再多加训斥，和颜悦色地问："惹了事，跑什么呢？"

大喜嗫嚅地回答："……没、没带钱，不、不知得赔多少……"

于老板正色道："没带钱，可以告诉人家你在哪家字号学买卖嘛！咱们店里的人出去办事撞坏了他的东西，我自然负责赔他，这关系到裕恩永字号的名誉。人跟前一站要堂堂正正，不能让人家戳脊梁骨！买卖商家最讲信用义气，犯了错误要勇于承认。只有讲究信用义气，敢于承担责任的商人，才能有出息当大老板！"

大喜一边听一边不住地点头，诚恳地表示记住了。从此，他干活更加吃苦，做事更加勤快。店里哪位上司招呼，他都殷勤答应小心伺候，博得了店员们的喜爱。终于，他盼来了学徒期满，顺利出师的这一天。

于老板早就看出来这个孩子是一块可以造就的好材料，不仅把他留在店里继续做事，还有心提拔他熟悉商务，改派他出外勤去当推销员。

这时已经到了民国二十二年，也就是公元 1933 年了，大喜出师后不再被人呼来唤去喊作"王大"，拥有了正式名字王克昌。出去办事或坐堂站柜，换下了短衣裤，穿上了长袍子，也体体面面被人尊称王先生了。不过，在这位还不到二十岁的小王先生身上，还没有显露出日后会成为于掌柜期望的"大老板"的迹象。首先，这桩充当推销员的差事就把他难住了。在以后的一年里，他都吞咽着"走麦城"的苦滋味。能不能打开商品推销的局面，是考验一个店员做生意能力的关键。裕恩永洋广杂货行的主要财源是做批发，把从国内国外购进的洋广杂货转手批发给中小店铺。因此，商行派出十六名年轻力壮的店员各展所长去争取客户。青年同仁们都喜欢外出跑动，比终日站柜台卖货灵活多了。他们到各家小商店去游说，使用各种手段推销棉织品和日用品，衬衣、手帕、洋袜子、化妆品什么的，别看是些小百货，建立了细水长流的批发业务关系，能够为商行增加许多利润。这项工作颇能体现个人的本事，推销员们便有些暗中较劲，人人逞强好胜不甘示弱，争取好成绩，力求年终评比时老板给予加薪奖赏。

生性腼腆，老实巴交的王克昌，却无法适应这种交际工作。他自幼坚韧耐劳，善于做埋头苦干的活计，虽然在店里学徒三年，也只是起早贪黑干些脏活累活。要说打算盘算账，他的脑瓜很机灵，只是见了生人就变得拙嘴笨腮了。现在要独当一面去联系客户拓展业务，去和各种各样的城里买卖人打交道，对于未脱尽乡土气的小青年来说，真是有些茫然失措了。他硬着头皮推开一家又一家店铺的门，老老实实介绍自己商行的批发商品，人家却以"还有存货，暂不进货"为由把他打发走了。

半年下来，他竟未做成一笔生意。每天他都起早贪黑，不怕跑远路，路上念念有词背熟推销商品的词句，走了一家店铺又一家店铺，业务仍然毫无进展。

眼看同事们揽来一宗又一宗生意，他很自卑，感到抬不起头来。不会赚钱，不好意思白吃店里的饭。一到开饭时，他只是低头吃饭，不敢夹菜，等大家吃完走了，他才把菜汤倒在自己碗里下饭吃。

有一天，于经理召集全体推销员谈话。评定大家的成绩，王克昌名列最后，羞得面红耳赤。大家走了以后，于经理留下他单独谈话。他战战兢兢心里害怕，担心被公司革职。于经理询问："克昌啊，为什么半年了生意还没有开张呢？"

他呆然垂首无法回答。

于经理知道他出去跑得很辛苦，没有责备他，和颜悦色地向他传授一些商业经验："出去跑买卖，见了人家不能一股劲地只谈买卖。先要联络感情，帮人家干活啦，替人家办事啦，不急着谈买卖，先交个朋友。要善于察言观色，弄清这家字号以经营什么货为主，有些什么需要。摸透老板的脾气，投其所好，比如老板喜欢养狗，你就夸狗好，喜欢养猫，你就夸猫好。见了老板娘要有礼貌，帮她抱孩子啦，送些女人家稀罕的小礼物啦，先要混熟，人熟是一宝嘛！说是咱们有多少客户，实际上是交多少朋友。买卖行和气生财义气第一，买卖不成仁义在嘛！至于推销商品，一不能骗人，二又要吹嘘一些，介绍咱们商行如何有实力，拥有哪些大客户，咱们经销的商品如何货真价实。买卖有意做了，主要是谈价了。同样的东西，先要摸清他们从别处进货的底价，咱们大店可以再压低一些，争取客户，这就叫竞争。薄利多销，批发一多，就又赚回来了。定价只要不离谱儿，你只管做主。在外面办事要挺起腰板，添置两件体面衣裳，举止要有气派，不能总像个小力巴儿。人家看出你在商行有地位，在老板跟前受器重，做买卖有经验，人家才信任你，才肯和你谈生意。大胆地去干吧！出点差错也没关系……"

克昌听了老板这一番教导，茅塞顿开，转忧为喜，不住地道谢："多亏了您指教，我明白了，一定好好干。"

第二天天刚亮，他又出发了。经过多少天的辛苦奔走，他遵照老板的指引加上自己的琢磨，果然有了进展。苍天不负有心人，不到一年工夫，他的推销成绩由最后一名上升到第八名。两年以后，一跃而登上第一名宝座。成了于经理麾下一员爱将，同事们都对他刮目相看了。

自从他成为一名能干的推销员，每年都受到老板的加薪奖励，正月初二那顿面条对他来说，是名副其实的喜面了。虽然他有了丰厚的薪水，仍然缩减用度不乱花一文钱。每天出去推销商品，要从英租界走到天津老城区的东马路。商行每个月发给他五块现洋作为车马费，他都节省下来改为步行。他苦中求乐，每日往返沿途还能走访许多店铺，增加推销业务。

1937 年的春节来临了，王克昌已经是个二十二岁的青年。有了八年的商业经验，堪称少年老店员了。他的经济收入，使得全家人的生活逐渐改善。可是，父母刚刚松了一口气，克昌的弟弟妹妹们又一个个长大起来，上学、谋职业、结婚……生活的重担又压在了长兄的肩上。店员的收入虽说高于一般打工的，但只能勉强支撑越来越多的家庭开支，更谈不上在商业上谋求发展了。经过一番思忖，他自信已有了独立经商的经验，兴起了开创自己事业的念头。八年来他克勤克俭积蓄了一千五百六十块银元，可以作为另起炉灶的本钱。爷爷期望他为王家重振门风的嘱托，又在耳畔回响了。

然而，他不好意思向恩师于经理提出这个请求。于经理早已把他视为得力助手，并准备提拔他为高级职员。自己是裕恩永商行从一个乡下孩子培养成才的，怎么好说出脱离商行的薄情话呢？他忍了些日子，但一个风华正茂、雄心勃勃的青年，一旦有了自立门户的冒险意念，就很难压抑下去了。

他鼓足了勇气向于经理提出了辞职的请求，内心觉得十分不安。于经理了解了他的打算之后，不但没有怪罪他，反而热心地为他介绍了两家银号，请他们向王克昌各投资五百元，并主动自任担保。

王克昌被老板的古道热肠深深地感动了，想到自己即将离开这位难得的善良长辈，心中又有些依依难舍。于经理却说："不愧是我的徒弟，有出息！我早就说过，你们日后有人成为大老板，是我的体面！小鸟的翅膀练硬了，自然要放单飞，筑新巢，总呆在老窝里有什么意思？好事，好事！"

话虽这么说，王克昌却发现他伏案为自己给两家银行写贷款担保信时，握笔的手有些颤抖。同时，即将离去的徒弟也发现恩师的双鬓已经出现了银丝，一股酸热的暖流涌向心头……

当年十月，王克昌开始独立经营洋广杂货生意。租不起店铺，他买了一辆自行车，由甲店取货推销给乙店，从中获取薄利。为了节约开支，他借住在一个朋友家中，每月只交三元生活费，一日三餐只吃烧饼油条和豆浆。这样的生活比起他在裕恩永商行的薪金和伙食要差多了，为了艰苦创业，他也只能咬牙坚持。由于本小利薄，风风雨雨骑车送货，奔走了一年，结算下来却只够维持每月开支，几乎无利可图。

秋天到了，他急于赚钱，孤注一掷购进大批冬令商品，期望严冬来临时卖个好价钱。不料，当年各大商行购进同类货物过多，以低价抛出，造成行市落价，把他这点可怜的小本生意堵死了。吃了大亏以后，他才发现自己对市场情况不够了解，盲目投资，造成积存多年的一千多元血汗钱损失了半数。

对于一个初出茅庐的小商人来说，出师不利的惨重打击是致命的。秋风萧瑟，枯叶飘零，寒意袭人，万象肃杀，他失魂落魄地在街头徘徊，徘徊，找不到今后的出路。悔恨自己的粗心冒失，痛惜亏损的钱财，但一切为时已晚，他已经失去了重新冒险的勇气。万般沉痛无可奈何之下，他厚着脸皮回到裕恩永商行，要求老板收留他仍旧当个店员。

不料，一向宽厚温和的于经理却把他严词教训了一顿："既然独立了，就应该独立到底，半途而废算什么呢？商场犹如战场，胜败乃是常事，只有学会利用失败的经验再接再厉，日后才有资格做个出类拔萃的大老板！这会儿我要是收留了你，往后你就永远没有勇气飞出去了。"

王克昌听到恩师在这个时候还在谈"大老板"，十分惊异。这说明经理仍然对自己抱有信心，那么自己也应该争气呀！可是，目前手头拮据，又没有货源，从何处入手重整旗鼓呢……

于经理看透了他的心思，有心栽培他，把本公司代理美国的一种冷油（MENELETE）及小学生玩的玻璃弹球，委托给他来代理。

他看到老板这样无私地帮助自己，竟然把公司的生意转让给自己，眼圈一红，向恩师鞠了个深躬，挥泪而别时说："师傅您放心，我不混出个人样儿来，不回来见您！"

从此，他用笨重的老式自行车吃力地驮着美国冷油或玻璃球去送货。冷油要推销到西药房去，只赚百分之一佣金。玻璃球每箱四十公斤，送到文具店去，每箱才赚五角钱。夏天送一趟货满身大汗，冬天冻得手足皴裂，苦不堪言。代理这两种商品虽然利润甚微，每月收入只有十二元左右，却在关键时刻帮他渡过了难关。

几十年以后，王克昌在日本真的成为一位大老板，应验了于经理当年的预言。知恩必报，他没有忘记恩师，却无法报答了，因为于先生已经仙逝。后来，他帮助于老板的孙子于保田到日本读书。现在，于保田先生是日本女子大学的教授。

倘若当年没有名师指引，就不会有小鸟试飞雏凤凌空；倘若当年不是于老先生独具慧眼，也就不会流传世代为好的佳话。于老先生九泉有知，定会含笑捋须矣……

大水淹城冲来好运

又一个春天来临了，冰雪消融，万木复苏，大地披上了新绿，熏风催动着花蕾。

在天津老城区毗邻东北角的估衣街，人头攒动，热闹非常。这里处于几条河交汇成的海河之端，水路船只穿梭往来，码头上运输繁忙客商如云。街西头连接华北工业摇篮北大关三条石，再往西北方向走是津浦铁路上的天津西站。街东头北靠横跨海河的金刚桥，直通京沈铁路上的天津北站，南靠东马路和娘娘宫。东马路直通最繁华的劝业场商业区，从娘娘宫顺着海河往下游方向走，就是驰名中外的法国桥，过了桥就是铁路天津老站了。法国桥南去的法国中街上大银行林立，是中国北方的金融中心，则又是另一番租界地洋楼街景了。

在估衣街一侧的侯家后，一间小小的新店"东亚贸易公司"开张了，其年轻店主就是王克昌。经过一年多的艰苦努力，他又雄心勃勃独立创业了。因为资金少得可怜，只租了两间房子，设备也很简陋。公司成员只有四名：一位是他的祖父大福公，在家坐镇看守店铺；一位是他在大郑村的同学王友仁，负责管理财务账目；一位是他在裕恩永学徒时的同事老王头，专门出去送货。他自己则总揽进货、推销、外交和资金周转。虽说仍是小本生意，但总算有了自己的公司。常言说，万事开头难，只怕有心人。他要以这块风水宝地为基业，铁路水路四通八达去做生意了。

公司成立以后，最高兴的是祖父大福公。当年他年轻时曾带着弟弟来到天津卫，就在这三岔河口以一条木船创业的，辛辛苦苦好容易发展成由七条大船组成的航海运输队，却无辜地毁于八国联军舰队的炮火下了。现在，虽然他年纪老了，身子骨还硬朗，能亲眼见到长孙重新来天津闯码头，振兴家业取得进展，乐得心里开了花。老人家每天起早贪黑看守店铺，打扫卫生，还给孙子他们熥饭热菜，日子过得越来越兴头。

王克昌在商业界以厚道善良和恪守信用著称，人缘好，朋友多，经友人介绍认识了日本东京市役所产业局天津出张所的日本朋友，"出张所"即是办事处。他很快地以办事效率赢得了所长高桥铁雄的信任，被聘请为"嘱托"。

"嘱托"，是特约人员之意，凡是东京市大小产业厂商对天津市场推销商品，大部分由他介绍给中国商家联络。这份差事每月可拿到十块钱聘金，钱虽不多，却是近水楼台先得月，给他提供了许多做中日商贸生意的便利和机会。在和日本商人来往的过程中，他的日语已经有了长足进步，为后来去日本谋生打下了语言基础。

他当"嘱托"认真负责，热心跑腿，绝对保持信用，深受中日双方商家欢迎和信任。在日本占领时期，出于自卫的考虑，他还注意到只和民间日商做民用物品的生意，回避日本军警方面的牵扯，以免惹是生非。有了历次挫折的教训，他小心谨慎地游刃于中日商界之间，结识了许多讲信用有实力的老板。其中，日本商人高桥铁雄先生，成了他很好的贸易伙伴和私人朋友。

估衣街的商店鳞次栉比，名家字号的招牌、幌子醒目多彩。相比之下，王克昌的公司并不显眼。但是，这里的店主们都知道有个年轻精明，熟谙经商之道的王经理，不敢小看这位商界后生。

天有不测风云。1939 年，天津卫发了大水。

天津城地处九河下梢，地势低洼，汛期河流上游洪峰迅猛，海河入海口排洪缓慢，森森大水可就泛滥成灾了。只见偌大个天津城沦为一片泽国，马路变成河流，只能以舟代步。市区平均水深一米，低洼地区积水深达三米多，许多市民人家被困在楼上，食物、烧柴、药品都严重匮乏。

幸运的是，王克昌居住的河北小关一带地势较高，没有进水，也就没有遭受水淹之苦。发大水的第二天，他听说东京市产业局出张所所在的日租界地势最低，水深足有一丈多高，大批日本人被困在里面了。他想，自己既然是东京市产业局的"嘱托"，不能看着高桥先生他们被洪水围困不管，何况还有日本朋友的妻子孩儿，自己总该尽些人情道义。于是，早晨八点钟他就弄来两扇门板和许多食品饮料，叫了公司的两个人用车先运到马路成河的"河流"边上，用两扇门板权且充当小船，小心地坐上去，再把食品饮料摆平以免倾斜。以竹竿作为撑篙，把"船"缓缓地撑到了日租界。

高桥铁雄和办事处的同事们，正在窗口望着马路上肮脏的洪水发愁，他们已经困在楼上孤岛里一天一夜了。许多生活必需品存放在楼下，洪水漫卷时来不及抢出，全都泡在水里了，煤柴泡湿了，水源污染了，食品昨天已经吃光了。天气炎热，食物存放不住，日本人又极爱清洁，讲究饮食卫生，习惯于每天去买新鲜的鱼肉菜蔬，很少有积存。对于水灾之患全无防备，这可怎么办呢……

"高桥先生——高桥先生——请问高桥先生在楼上吗？"

忽然，高桥铁雄听见外面有人喊自己，推窗往下面一看，只见王克昌颤颤悠悠站在门板上正朝楼上喊话呢！日本人看见驶到门口的两扇门板上满载着食品，个个欢呼起来："王先生来啦！"

"王先生给咱们送吃的来啦！"

"王先生，辛苦啦！"

"太谢谢啦！"

高桥铁雄他们几个日本男人费了好大的劲，才把"船"上的东西从楼上阳台运进屋里。因为门板子在水里很难保持平衡，弄不好就会把食物掉进水里，这可是救命的宝贝呀！

在这样危难的时刻，王克昌敢于冒着没顶之深的洪水来给外国人送东西，这一超国籍的古道热肠，纯朴人情举动，使得受惠者深深感动。两扇门板运来不少食物，如果仅供办事处的职员充饥，够用几天的了。但是，高桥说邻近楼房里还有好几家日本人，有女人，孩子，他们想方设法把食品给他们送过去了。大水不知要多长时间才能退下去，办事处里留下的东西很少，今后的日子如何维持呢……王克昌安慰大家说："没关系，明天我租一条小船来，可以多运一些吃的，请放心好了。"

第二天，他果然租到一条小船，满载了食品、饮料、啤酒、大米送到了出张所，高桥铁雄等人自然又是一番千恩万谢。

王克昌的这一行动，只是出于商家应该恪守的朋友义气，并没有企望对方回报。或许是神灵也赏识他的仁风义举罢，这场水灾却给他冲来了财运。在被水淹了的日商英商的仓库里，存放着大批物资，水灾过后不得不廉价标售。经高桥所长介绍，他大胆地对小五金、毛巾、面粉等投标买进。为此，高桥先生给他办理了出入日租界的通行证，他抢先赶到各家水淹仓库投标，捞到不少好处。

仓库里的物资大都是整箱存放，投标时不准打开查验，从表皮看并不知道里面浸水的程度。他年轻胆壮，敢于碰运气，一看东西实在便宜，是千载难逢的好机会，一不做二不休，倾出公司全部资金去投标，果然获得了大批意外之财，第一次标到小五金锁头一百二十箱，标价仅是好商品的三分之一。等到把货提出来运回公司开箱一看，因为锁头被油纸包着，每个木箱里只有靠外边的一层锁头，略受水浸，内部商品毫无损坏。那时他已经把父母弟妹们接到天津来居住，祖父率领全家老小把被水浸了的锁头拆开擦拭、打油，重新组装，仍然可以降价出售。

旗开得胜，他的胆子更壮了，立刻跑回日租界；又选好商品连中几标。有些机会并非全凭碰运气，仍然得靠吃苦耐劳的精神。棉织品仓库里存放的大批毛巾水浸得湿漉漉的，价钱更便宜，他也大批购进。运回家以后，全家人连夜浆洗、熨烫、晾干后叠好，洁白如新。因为价低质好，深受中小店铺欢迎，很快就批发转手。

他又来到了面粉仓库，这里已经来了几个投标商，大家犹豫地观望着。货主心里焦急，标价越压越低。他在仓库里转来转去，一时也委决不下。整袋整袋的上等洋面码成高垛，两米以下的面袋都遭到了水淹，码在高层的干面袋所剩不多。谁都清楚，面粉受潮就要发霉变质，何况天气这么热，浸在水里好几天，说不定发馊发酵了呢！买回这种湿面疙瘩派什么用场呢……他思忖再三，还是下决心买下了。因为价钱低到不值仨瓜俩枣了，只要肯下辛苦，拉到农村去当饲料卖都有赚头。

他把一车车湿面袋运回公司，拆开袋子一看，啊——同事们都惊喜地叫喊起来。说来他真是交了好运，由于精制洋面颗粒极细，遇水后会迅速板结，形成了一层保护壳，再往里面渗水性能就差了。再加上一层层面袋压得紧紧实实，水也很难完全浸透。外表看上去湿漉漉的袋子，扒开表层的面疙瘩，里头仍然是干燥雪白的上等洋面！

这下子可把大家乐坏了，大福公立刻吩咐人去买些空面袋来，公司和全家的人连夜动手，拆开湿面袋，把好面粉重新装入干净面袋，一一过秤。最后算下来，竟然获得了占总数大半的好面粉。仅这一笔生意，就赚到了相当可观的利润。

经历了这样几次神话般的投标成功，王克昌公司的资金空前雄厚，在天津市洋广杂货行业里已经颇具名声了。

善有善报，锦上添花的盛事接踵而来。日本东京的市民获悉同胞在天津遭受水灾，纷纷捐款表示慰问。高桥铁雄接到东京寄来的捐款之后，拨出一万元送给王克昌以表谢忱。开始，王克昌执意不收，再三表示帮助朋友乃分内之事，决不希图回报。但是，高桥先生诚恳相赠，说："危难时刻的援助，我们日本人终生不忘，何况先生是我们的'嘱托'，水灾中曾为日本侨民奔忙破费，日本方面的救灾捐款理应有先生一份。"

王克昌推辞不过，只得拜收。他利用这笔钱在家乡买了数十亩良田，全家老幼开始安居乐业了。

从此，王克昌与高桥铁雄成为莫逆之交，互相帮助，礼尚往来，携手经商，情同手足。在中日交战的险恶背景下，他们却以彼此的赤诚谱写了中日两国人民友好合作的动人篇章。

历史的大转折总是左右着芸芸众生的命运。1945 年 8 月 15 日，日本天皇宣布无条件投降。在天津的日本侨民听到这个消息，一个个全都惊呆了。一夜之间，天津市民卷起了追打日本人，哄抢日本人财物的风暴。日本军营大门紧闭，军人集中待命，遭到殴打的大多是日本平民。他们从昔日的占领者，优等民族的威风，一下子沦为饥寒交加的丧家之犬，充当了日本军国主义的替罪羊。

高桥铁雄等人在天津苦熬了一个月，终于获准在塘沽登船回国。临走时不准中国人前往送行，王克昌提前一天偷偷地来看望他们，送钱和食物给他们。此时高桥已经一无所有，捧着这些救命钱激动地眼含热泪，鞠了一个深躬又一个深躬。一对好友握手告别，道了一声珍重又一声珍重。从此天各一方，只盼后会有期。

果然，一年以后王克昌在商场惨败，到日本谋生，这对异国朋友又得以时常欢聚了。

高桥回到日本以后，一直找不到工作。国内因战败经济崩溃，失业问题严重，他只能到处打短工养家糊口，他的太太是夏威夷人，实在忍受不了日本战败的恶劣环境和他离婚去了夏威夷，把四个孩子都扔给了他。他苦熬苦捱带大了两儿两女，后半生命运不济，贫困潦倒，不到七十岁就去世了。

那时，王克昌在日本已经成为富商，拿出钱来为老友出殡。曾经在天津共事的老朋友们赶来出席了葬礼，大家追念高桥先生宽厚待人的种种好处，称赞王克昌忠于友情的仁风义举，回首当年，欷歔感叹，祈祷亡灵安息，此为后话。

终生朋友福泽平八郎

　　当王克昌成为百万富翁，回首自己走过的商海航程时，总结出这样一段经验之谈："信用是生意人的第二生命。对商业来说，信用是最大的武器。交往生意，就会遇到人际关系，双方关系，必须使对方相信你，才会有生意做，才有钱可赚，才会有发展。靠假冒伪劣、欺骗奸诈可能一时得逞，但不会成为一个对社会有贡献，受到人们尊重的大老板。"

　　他十四岁告别家乡进城学徒时，祖父谆谆叮嘱他做人的信条，特别强调"要讲信义，不可背信"。当时他还没有商业经验，缺乏切实体会。后来当他独立创业做生意时，才懂得了讲究信誉是一个商人在商场立身的根本。

　　他曾遇到不少宁肯吃亏也要维持信用的贸易伙伴，从中获利不少。在1938年之前，他曾向日本东京商社订购一批价值五十万元的棉织品，还有一批价值二十万元的小五金，双方签订了合同，不料，日本军国主义发动了侵华战争。受战争影响引起物资缺乏，价格上涨。王克昌的公司向日商订购的这两种货品尚未运到，市场价格已经涨了两倍。在这种情况下，日商并没有毁约，仍然维持信用遵照原契约所定价格按期交货。为此，王克昌的公司赚得了两倍以上的利润。

　　他心里十分感动，因为他很清楚地知道，如果那位日本商人倚仗自己国家是占领者，或毁约拒绝交货或要求提高价格，而他只是个沦为亡国奴的小商人，是无处交涉无力反抗的。

　　在日本法西斯铁蹄践踏邻国领土的时候，这位日本商人却以实际行动维护了日本人民善良的美德。人类在漫长的历史发展中，已经形成了保证社会经济秩序的市场文明和商业道德，不分国家民族的商界有识之士都已认识到，只有自觉遵守这些道德与惯例，才能促进经济的繁荣，而社会经济的繁荣才会为商家提供更多的发展机会。

王克昌庆幸自己遇到了正直守信的商人，自己也决心终生做一个正直守信的商人。

信用，总是成为他的守护神，不仅为他在商界带来美誉，也带来滚滚财源。到了1941年，他与友人合作在天津创立义昌商行，他被推任经理。次年又开办大丰橡胶厂。第三年则独资成立了北方实业社，专做樟脑球加工。在这几年中可以说一帆风顺，迅速壮大实力，在商家如林的天津城声名鹊起，越来越受到同行们的尊重。

他早就注意往江南最大商埠上海发展，现在眼看时机成熟，便去上海筹备开设支店。他每年都去一次上海，有时住在朋友的事务所里，经常受到上海同行设宴招待，大家借此联络生意。

在一次聚会上，有位商人说："上海市面眼下急缺纯碱，天津塘沽出产的纯碱很有名，如果能把天津的纯碱运到上海出售，可以赚到百分之十的利润。不知王先生可有此意？"

王克昌当然感兴趣，答应查询一下。他立刻给天津打了电报，北方实业社经过了解回电报说利润确有一成以上。王克昌看了电报很高兴，马上与买家洽谈，订了售出三十吨纯碱的合同。其实他这是卖空，因当时他并无货物在手，一则见有利可图，二则早就知道天津塘沽是纯碱产地，也就没有多想。

几天以后，他让天津北方实业社去买纯碱，这才发觉在天津一般民商市场根本买不到纯碱，他一看电报就慌了。经打听，方知道日本人控制了全部纯碱，因为战争时期纯碱很少，日本军方都拿去制造军用物品了。

这可怎么办呢？合同已经和人家签订了，货源却没有。失信于人，今后还如何在上海滩立足呢……商场重信用，万万不可违约，宁可在金钱上蒙受损失，也要谋求补救之策。于是，他决定以高价在上海买进纯碱交货。不料，在上海可以买到的碱料大多不纯，因市场奇缺，奸商趁机用白石掺假，牟取暴利。一向诚实厚道的王克昌心里想：和人家签的是纯碱合同，怎么能卖假货去欺骗人家呢……为了做到万无一失，他把从几处用高价购买的碱料样品一一做了实验。这个办法是请教行家学来的，检验的方法很简单，将碱料放入水中，纯碱料会全部溶解，而掺入白石的则沉淀到水底。到处奔走不惜重金买来的样品，竟然无一例外全是假货。

他愁得茶不思饭不想，为了维持信用，他放下别的生意日夜兼程赶回了天津。

回到天津到各处打听，得到了确切消息，只有塘沽中日合作的永利碱厂的产品才是纯碱真货。但是，该厂产品大部分供应日方军用，只有极小的部分配给肥皂厂使用，民商很难弄到手。

正在无计可施之际，有人探知美国飞机炸毁了北朝鲜生产阿姆尼亚的工厂，而这家工厂的产品一向作为永利碱厂的制碱原料，永利厂因缺乏阿姆尼亚，面临全部停工的危险。又听说肥田粉可以代替阿姆尼亚，永利厂已委托三菱商事招商标购肥田粉。于是，王克昌想去投标，以求用肥田粉去换些纯碱。可是，难题又来了，肥田粉归日本在天津的米谷统制会管制，只许配给农民种田使用。

费了这么多周折仍然一筹莫展，便有人劝王克昌："咱们已经尽心尽力了，实在买不来，不如向上海客户作个解释，兵荒马乱的，又是日本人说了算，大家都能体谅。"

王克昌却摇了摇头，拿出个主张把大家吓了一跳："咱们还可以再试一试，去乡下找庄户人一家一户收购肥田粉。"

公司的职员们听了都劝道："日本人的管制法令规定，不准任何人私运肥田粉，难道真的为了讲信用去冒掉脑袋的危险么?"

王克昌正色道："公司的名誉要紧，只要能把货收上来，路上见机行事吧!"

他下了决心冒险派人下乡，偷偷地收购农民家里剩余的肥田粉。因为不能公开行动，经历了许多周折和困难，总算收齐了二十吨。装运时不能写明肥田粉，假冒鸡猪饲料之后混过了日本关卡。一路上人人捏了一把汗，也算他们走运，没有被日本人发觉，千辛万苦把肥田粉运回了天津。

岂知好事多磨，当王克昌派去的职员姜伟到塘沽永利碱厂交货时，不知为何厂方硬说这批肥田粉和北方实业社无关，是属于别家交来的货品。姜先生慌忙打电话通知王克昌，这下子可把他给气坏了。这批货物来之不易呀，眼看就要取得成功了，又被厂方生出张冠李戴的事端，岂有此理！

他立即赶往塘沽亲自去交涉，那时交通不便，由天津通往塘沽的火车一天只有两三次，为了争取时间尽快办妥交货手续，他不惜破费租了一部汽车急驰塘沽。

他到了永利碱厂，厂门戒备森严，日本宪兵持枪警卫，一般人不得随便出入。费了一番口舌，才有一个名叫增田有弥的庶务课长会见了他，他百般解释，说明本公司向三菱商事投标的经过，增田课长仍没有明确答复。情急之下，他也不顾和日本人打交道的危险了，义正辞严要求见厂长。增田进去禀报以后，厂长同意会见面谈。

这位厂长名叫福泽平八郎，性情比较温和，待人文雅有礼，耐心听取了王克昌的诉说以后，表示了解一下情况再作商量。看到天色已晚，福泽厂长客气地挽留他在厂里住一夜，明天再听答复。王克昌见他态度和蔼，不像有诈，也就同意留宿了。

不料，夜间他好容易入睡，突然被防空警报惊醒，紧接着传来飞机轰炸的巨响，原来是美国飞机出动轰炸塘沽的军工厂。福泽厂长披着衣服跑来招呼客人们速去安全处藏身，生死关头，大家不分彼此，挤在一处躲避空袭。幸好，美国飞机的炸弹没有命中碱厂。经过一场虚惊，人们全无睡意，彻夜长谈甚为投机。

第二天，王克昌和福泽厂长商洽的结果，令他喜出望外。原先他向三菱商事投标换货，一吨肥田粉只能换一吨纯碱。现在，或许福泽厂长已把他视为患难之交，慷慨地以两吨纯碱换一吨肥田粉，王克昌于无意中占了一半便宜。

这桩艰难曲折的交易终于成功了，北方实业社如期履行了出售给上海客户三十吨纯碱的合同，在京津两地商业界人士之间传为美谈。王克昌的人格和信誉扬名大江南北，找他做生意的客户与日俱增。

好事成双，北方实业社从永利碱厂多换来的三十吨纯碱，成为奇货可居。曾经向三菱商事投标的商行虽多，最后真正把肥田粉弄到手的却只有他们一家，所以也就只有他们能够拥有纯碱了。留在天津的三十吨纯碱，赚回了一笔相当可观的利润，这真是意外的收获。

当初，王克昌不惜损失金钱，不惜冒生命危险，不惜一切手段百折不挠去履行上海合同，只是为了维护公司的信誉，早已作了赔钱的准备。岂料，美名与财富结伴而来，硕果累累，令人喜出望外。

这桩在战争的炮火中结缘的生意，使王克昌和福泽平八郎彼此之间建立了信任。以后，每个月北方实业社都可以用以货易货的方式，从永利碱厂配到十吨纯碱。经常性地拥有这种抢手货，北方社自然利润大增。碱厂需要购进任何材料，也都会通知北方社报价，十有八九获得中标。保持亲密的业务联系，给北方社带来许多利益。

信誉，是友谊的纽带。随着时间的考验，生意上的合作关系不仅带来了金钱，更为可贵的是，还给王克昌带来了一位终生挚友——福泽平八郎。他俩的交情日益深厚，礼尚往来，绵延至今。

当年，福泽平八郎厂长孤身一人来到中国任职，家眷留在日本，塘沽又不似天津市区繁华热闹，工作之余难免寂寞，只得借酒解闷。每逢假日，更没个去处，他时常自配各种洋酒，带到天津来请王克昌品尝。王克昌虽然酒量不大，也总是含笑相陪，二人天南海北地闲聊，甚为投机。有时他打电话来要进城消遣，王克昌便做东道请他吃中国菜。他不但对中国名菜赞不绝口，尤其酷爱高粱酒的浓郁醇香，希望得到一瓶纯正的高粱酒。王克昌差人去寻上好的高粱酒，送给他一大坛子。这位东洋酒仙捧着酒坛子欢喜非常，连声道谢。

这一天，福泽厂长又来市里会友了，王克昌请他在一家名菜馆吃饭，席间说笑十分高兴。福泽提供了一条信息："秦皇岛的玻璃厂，原先是比利时与中国合作的，中日战争爆发以后，比国退出了，日本三菱化学工业株式会社兼并了这个厂子，改组为中日合作的耀华玻璃厂，生产各种平板玻璃和磨砂玻璃，厚度由二毫米到八毫米，规格很多。王先生如果有意经销玻璃，我可以介绍你们公司取得代理权。”

王克昌当然高兴有拓宽业务的机会，敬酒致谢。于是，由福泽厂长穿针引线，他又成了耀华玻璃代理商。

转眼到了1945年，日本天皇一纸无条件投降诏书，日本人在中国的好日子到头了。天津城里掀起了殴打日本侨民，哄抢日本平民财物的狂潮时，福泽平八郎躲在永利碱厂逃过了这场洗劫。因为平日他对待工人比较温和，也没有挨打，只是奉命原地待命，不得走出工厂。他一向瞧不起国民党腐败官员，不愿意把碱厂财产移交给国民党接收大员。趁着他们还没有赶到的混乱时刻，他偷偷给王克昌打电话说：“我这里有一火车纯碱，要送给你，你赶快找车来拉走吧！”

王克昌听了非常害怕，不敢收下。福泽厂长焦急地说：“你不要，也便宜了那些接收大员，没听说他们倒卖日商财产很凶吗？这批纯碱是已经出账该发货的物资了，谁也查不出来的，这可是发大财的机会呀！”

王克昌冷静下来，略作思考，回答说：“谢谢你的好意！已经和平了，这是国家财产了，我不能要。”

他是个规矩商人，从来不贪图不义之财。面对唾手可得的巨额财富，他表现出一个正直的中国人的高尚品德。福泽厂长只得作罢，更加钦佩崇敬王克昌的人品了。

王克昌拒收多达一列火车的纯碱，并不完全出于胆小。在这个非常时刻，同样是和福泽先生打交道，他却表现出异乎寻常的勇气。

大约在日本投降后十天左右，碱厂增田课长给王克昌打来电话说：“外面到处在打日本人，我的中国话不大行，拜托您给住在北京饭店的福泽厂长打个电话，叫他暂时不要回天津。”

王克昌立刻给北京饭店打电话，对方却回答：“福泽先生已经乘三点四十分火车回天津了。”

王克昌只好打电话告知增田课长，增田一听十分焦急：“坏了！福泽先生这次使命重大，他是去北京总公司领取解散中日职工遣散费的，请您协助快去火车站迎接，带他到您公司暂时躲避一下。如果福泽厂长在路上被人发现是日本人，遣散费被抢走，厂里遣散员工的残局就难以收拾了。拜托！拜托！"

受人之托忠人之事，是王克昌的一贯作风。因为弄不清福泽厂长在天津哪个火车站下车，他派出六个员工分头去东站、北站、西站等候。可是，三组人员在车站等了两个多小时，均未见人影。糟了，准是在火车上就出事了！他们正在急得团团转，福泽厂长打电话来了。

原来，福泽厂长是一位技术人才，头脑精细聪明，考虑到日本战败而自己携带巨款十分冒险，路上小心谨慎佯装瞌睡。一下火车，他就发现车站上一片混乱，听到路人议论到处都在打日本人，抢日本人的钱财。他立刻溜进了站前一家水果店，拿出北方实业社的电话号码，用仅会的几句中国话请店员帮助他打电话。也算他遇见了好人，那店员帮他叫通了王克昌的电话。

王克昌在电话里不便多说，急忙问清了他在什么地方。因为东站离北方实业社很近，王克昌派出两位职员一路小跑去接他。

福泽缩在水果店里度时如年，多亏了王克昌派来的人及时赶到，护送他到北方实业社。一路上，他看见街上一群一群狂怒的中国人揪着日本人拳打脚踢，日本女人孩子哭喊求饶，非常可怜。每一座住有日本人的楼门口，都有一些人在抢劫财物，城市完全失去了控制。安全回到了北方社，他这才发现自己过于紧张小便失禁湿了裤子。日本军国主义欠下的血债激起的民族仇恨，使普通日本侨民代为受过狼狈不堪。

福泽把巨款交给王克昌代为保管，在北方实业社躲避了几天。直到蒋介石下令不许打日本人，全国各大城市的社会秩序这才安定下来。

福泽可以回塘沽了，临别时他伤心悲叹："我们很快就要回国了，但只有一点遣散费可以携带出境。家里还有老婆孩子，回去以后何以为生呢……"

怎样才能使福泽在回国上船时瞒过国民党关卡的搜查，多带些钱回去呢？王克昌想了个巧妙的办法，叫来北方实业社的一个会绱鞋的工人。工人把福泽的皮鞋后跟拆了下来，在里面挖出一个空心夹层来，塞进去福泽积存的几百美金，然后再把鞋跟照原样钉结实。这样，福泽先生穿着一双旧皮鞋走路，就可以安全过关了。

一切安排停当，王克昌雇来一辆挂着布帘子的三轮车，把福泽送到了永利碱厂驻天津办事处。办事处的中国职员护送他安全回到塘沽，把解散费发给了日本职员和中国员工。

　　福泽平八郎穿着这双旧皮鞋把钱带回了日本，解救了一家老小生活的燃眉之急。日本战败之后，美国军队占领了这个国家，日元急剧贬值，美元大幅度升值，福泽带回去的几百美金够买一所房子的价值了。他念念不忘中国朋友王克昌，盼着有朝一日旧友重逢。

　　世事沧桑，难以预料。1946年，北方实业社派员去韩国做生意，受坏人欺骗损失了公司全部资金。王克昌多年心血顷刻之间化为乌有，为了躲债不得不背井离乡逃往日本。

　　福泽平八郎热情地接待他，在生活上照顾他。老朋友给予的温暖，慰藉着流落异国的旅人。命运和他们开了个令人心酸的玩笑，使这对异国朋友像足球运动员一样交换着场地。

　　后来，王克昌在日本谋求发展，改做餐饮业，但扩大饭店需要五百万元保证金。王克昌正在为难之际，福泽先生找了增田、富松二位老友，三人把自己的股票卖掉，为中国朋友凑足了保证金。他们把这笔钱借给他时，连借据都不要他写。他独在异国有这样的挚友相帮，内心万分感激。

　　多年来，这几个曾经在战乱中结为患难之交的朋友，每年都要到王克昌的天津饭店来聚会两三次。老人们坐在一起，把酒话当年，津津有味地重复着那些老话题，越谈越高兴。

　　高桥先生去世时，大家为他举行了隆重的葬礼。

　　如今，健在的老朋友已成为耄耋之翁，每年在天津饭店相聚这一温馨的约会仍然在延续着。他们的友谊，跨越了国家民族，跨越了大洋山川，跨越了人生荣辱盛衰，绽开着人类亲爱的永恒之花。

一个女人和一个梦中女孩

　　每个成功的男人身边都少不了女人的默默扶携，命运长河曲折跌宕风云变幻，有时会有不同的女人陪伴他的人生旅程。在王克昌近八十年浪迹天涯丰富多彩的经历中，遇见了两位中国女人和一位日本女人，还有一位只在梦幻中出现的女孩的影子。

　　笔者问到他的初恋时，这位鹤发稀疏的老先生竟还面露羞赧，欲言又止。他略作迟疑还是敞开心扉描绘了人生早春那片朦胧绿色。或许，他意识到把深埋于心六十载无人知晓的暗恋一吐为快，也算报偿了这段未了情。对于一位善于隐忍的东方老人来说，未尝不是一种心灵的轻松。

　　那真是人生的早春啊，那时他只有十三岁……

　　家里有时穷得断了口粮，无可奈何，祖父就叫大喜去找老姑想想办法。天津方言把最小的姑姑称作老姑，也就是祖父最小的女儿。

　　老姑嫁到小站镇附近的地主家，虽然婆家富裕，她却不能当家，只能偷偷接济娘家。侄子大喜一去，她就知道娘家又揭不开锅了，去灶间扒开柴灰掏出藏在里面的几块现洋塞给侄子，又捧来十个鸡蛋几升稻米叮嘱："给你爷爷补养补养身子。"

　　每次去老姑家，大喜心里都很矛盾，找出了嫁的姑姑去要钱，实在怵头去。可是，日子一久，他又盼着爷爷派他这个差事："唉，没办法，看看你老姑去吧！"有了借口去老姑家。他心里涌起阵阵从未体验过的激动，老姑夫的哥哥有个女孩，他是多么想见到她呀！虽然是隔了一层的姻亲关系，那女孩见了他总是"表哥""表哥"叫得甜，使他临走时总是有些依依不舍。

在老姑眼里大喜还是个孩子，怕家里人惦记，给了他几块钱催促他快回去。她哪里晓得，这个小小少年心中已经初次升起了对女孩的温情，重演起人类自古以来的青梅竹马的抒情剧了。

小表妹只有十二岁，梳着两根小辫子，圆圆的脸儿总是露出笑靥，相貌并不出众，但不知出于什么缘分他觉得她很可爱，很可心，不免想入非非，长大了要是能娶她做媳妇，那该多美呀……转瞬间，他想起自己是来讨救济的，又陷入了无边的懊恼：人家家里这么阔，我一个穷小子怎么能配上她呢……

有一次她的祖母过生日，他代表王家去送点心拜寿，住在了东嘴村。这回可以不匆匆而归了，在喜庆的气氛中他俩互相感觉到了目光中的情意。那时的少男少女不敢多讲话，至多只是含情脉脉罢了。

告别的时刻又到了，拘于封建礼教，小表妹不敢单独相送，但那双秀气的眼睛分明在说：表哥，想着来看我呀……他们不知道有"相见时难别亦难"这句古诗，却也初次尝到了某种对自己的妈妈都难于启齿的萌动，它是不是来得太早了些呢？它究竟是真实的存在，还是个虚幻的梦想呢？北方农谚形容早春景色：五九六九，隔河看柳。有谁能相信，还在雪封冰冻的数九寒天，就能看到河对岸柳林的蒙蒙绿意呢？只是那稍许绿意太细微了，遥看青青近却无，离春花烂漫的时节还远着呢……

这段似有似无的初恋没有任何人知晓，连小表妹本人也没想到，表哥暗暗地把她的美好肖像一直保存到白发苍苍。他们之间没有过任何肌肤的接触，因为不是一个村的，因为他的腼腆拘谨，他们也没有玩过骑马坐轿游戏。他曾经久久地存着一个渴望，那只是握一握她的手。这个在西方人听起来不可思议的小小愿望，在封建的旧时农村也没有机会实现。

在他不到十四岁的那年，老人们给他订了另一门亲事。他几次鼓了鼓勇气想对妈妈说："我喜欢老姑家的小表妹，求您去给我找老姑说亲。"可是，他懂得两家经济地位悬殊，那是不可能的事情。于是，他什么也没说，像祖祖辈辈的中国人一样，服从了命运的安排。

从此，他和表妹擦肩而过，天各一方。他成了异乡客，她嫁作农人妇，音讯两茫茫，再没有见面的机会了。

这里用得着那句老话，光阴荏苒，岁月如梭，当她再接到大郑村王家人捎来的表哥的问候时，她已经是个年过六旬子孙满堂的老婆婆了。这么多年了，他还没有忘记自己，她心中感到一阵温热。处于人生晚秋追忆起早春那片朦胧绿意，已经不是"隔河看柳"，简直是恍如隔世了。

当他再次回国探亲时，特意拜托妹妹去把表妹接来。在天津一座新建的小别墅里，他和她终于见面了。他伸出双手久久地握住她的手，她那双农妇粗糙的手也久久地握在他温暖的大手里。在有生之年，他终于实现了想要握一握她的手的愿望。然而，达到这个再平常不过的心愿却花去了半个世纪的生命，真不知是应该感到欣慰呢，还是辛酸。

他知道她家里不宽裕，拿出五百元钱算是给孩子们买了礼物。开始她不肯收下，经不住他执意塞给，怎么能拒绝他这番心意呢！当着亲属们的面，他俩只能叙些嘘寒问暖的家常话。再说，即使两人单独会面，又能说些什么才能透彻地表达这终生的遗憾呢？四目相视，仍然如同当初少男少女时，尽在不言中了。她年轻时就不漂亮，现在老了，额头眼角堆满了皱纹，但他还是觉得她很美，和当年一样的美。这份未成眷属的情缘，或许正因为仅能封存在梦中而超越时间岁月化作永恒了。

相比之下，他的原配夫人郑氏，虽然和他保持了终身的夫妻名分，生儿育女，孝敬公婆，日夜操劳，苦守在家，却没有得到过多少他给予的温情，是个很不幸的女人。

1935 年，正当王克昌在天津学徒期满独立创业的时候，老人们为他定下婚期，催他回乡完婚。按照中国古老的传统，父母之命是违拗不得的，他又是个出了名的孝顺儿子，如期赶回大郑村，在一阵吹吹打打的鼓乐声中，迎来了蒙着红盖头的新媳妇。

在这之前，他只见过她一面，那年他才十四岁。大郑村有一家的男孩和她娘家村里的姑娘定亲，他跟着男方家的人去过礼提百匣。"过礼"即是送聘礼，"提百匣"是一种乡间婚俗，定亲时男方要把送给女方的首饰放进描花大漆的"百合匣"里，外面用红包袱包好，在本村找一个眉清目秀懂得礼貌的少年提着这个漆盒。大喜长得讨人喜欢，名字叫得吉利又不怯场面善于应答，谁家有喜事都找他去"提百匣"。他也很高兴打扮整齐去扮演这一喜童角色，因为到了那里女方家长总要给红包喜钱，拿回来交给妈妈贴补家用。这次去"过礼"的村里有一家姓郑的小地主，家里有个女儿还没有许配人家。她父亲很有眼力，看上了仪表堂堂的大喜，便打听他家的境况，听说他家穷得连一亩地都没有，又费了思忖。经过一番细细观察，发现大喜知书识字，敦厚中透着机灵，还会做小生意，日后会有出息。再说，自家女儿容貌一般，也不好对夫家的财产过于挑剔。于是，他托出媒人到大郑村王家说亲了。

大喜的祖父和父母正愁家里太穷，没有办法给大喜娶媳妇，有人主动找上门来，真是喜从天降。大喜听了却不高兴，因为他心里已经有了小表妹。他知道表妹的事是不能提的，只好先推托一下子："我还小呢，过两年再说吧！"

祖父却正色道："咱们家这么穷，人家上赶着来了，不定还等什么？"

父母也都说娶了殷实人家的女儿是他的福气，他小小年纪还能说什么呢，只有服从了。

几年以后他做新郎时，已经在繁华的天津城混事许久，城里的漂亮姑娘见过不少，完成早已定下的婚姻，不过是尽到人伦义务，心里不尽如意，对勤劳本分、老实巴交的妻子却也无可挑剔。

他在天津立足以后，决心把父母及全家人都接到城里居住。经过一番奔走，他在一条叫小马路的街上找到了一处有六间居室的房子，全家人搬入了新居，弟弟妹妹们自是高兴一番。大嫂子对于进城和丈夫团聚，心里虽然欢喜，表面上却一如既往含而不露。她性格内向，不善言辞，不识字，因缺乏与人交流，遇有心结难解的事显得执拗，婆婆不甚喜欢她。在这个大家庭里，她像一头闷声闷气只知道干活的老黄牛，累死累活却不大被人注意。偏又头胎生了个女孩，公婆倒没说什么，她和所有封建意识严重的妇女一样，自己先觉得在人们跟前无可炫耀，话语就更少了。二弟结婚以后，兄弟媳妇眉眼俊俏，心灵手巧，性情随和，深得公婆欢心。全家人都喜欢二嫂子，大嫂子相形见绌，更是只有躲在一旁洗衣做饭带孩子的份了。

这段时间，是王克昌创业初期，几经挫折，精神和体力都很紧张疲惫。全家十来口人在城里居住开支很大，靠他一人挣钱养活，他在外面拼命赚钱才能勉强应付。劳累了一天回到家，妻子虽说尽心尽力伺候，却不会用温言软语安慰丈夫。这个在封闭环境长大的农家女儿，不懂得如何以娇柔妩媚挽住丈夫的心，年轻男人的日渐失望，她也麻木不觉。后来，她生了个男孩，把全部的爱寄托在儿子身上，夫妻关系愈发平淡了。

几年以后便有些传闻，她听说了丈夫去南方做生意时认识了一个姓金的女学生，在上海另立了家室。公婆默许了儿子纳妾，她也只好装聋作哑了。

这件事，没有人和她商量，事后丈夫只是轻描淡写地通知了她。旧时代允许一夫多妻，丈夫又是挣钱养家的支柱，她连一般嫉妒女人的哭闹都没有。至于背地里流了多少眼泪，独自熬过多少漫漫长夜，那就无人知晓了。

渐渐地，她从小姑和弟媳的只言片语中，听说了丈夫把金氏夫人接到天津，在意租界租了房子。金氏生孩子时婆婆还去伺候月子，金氏如何年轻漂亮，如何有学问识文断字……对这些消息她权当没有听见。一个拙嘴笨腮的弱女子，除了不闻不问以求清静，还能有什么法子呢？

她偶尔带孩子回到乡下娘家，也没个说说知心话的人。娘家父母很为女儿有个好婆家，能够进城当太太而感到高兴，父亲总是夸口自己当年有眼力，选中的姑爷果然有出息能赚钱。妈妈影影绰绰听说了姑爷纳妾的事，问起女儿在城里的生活。她怕母亲伤心也只能报喜不报忧。母亲便以纲常大义开导："有钱的男人都这样啊！他只要不把小婆儿接家来，就算是对你有良心的。有儿有女就有指望，好好过日子吧！你在天津不愁吃不愁喝，爹娘就放心了……"

她只有点头称是，就是对自己的亲生母亲她也无法诉说心中的委屈。长年的郁闷无处宣泄，她变得更加沉默寡言了。人们反而嫌她总是阴沉着脸，认为她性格古怪了。

1946年，丈夫的公司派人去韩国做生意，赔了血本，公司倒闭了。为了逃债，他不得不偷偷逃出天津，避往上海。他离家出走时很仓促，不巧她带着孩子回娘家去了，没有来得及告别。

不料，夫妻一别就是三十年。

当年，他为了谋生辗转上海、香港，最后漂洋过海到了日本。在以后的漫长岁月里，他不是不想回乡探亲，又因中日断交政治隔阂，一直不敢回国。直到田中角荣首相访华，中日恢复邦交之后，他才于 1976 年飞到了北京。

年迈的父母听说阔别多年的游子回来了，惊喜得连声念佛，率领全家老小赶到北京新侨饭店。亲人们相见，挽手抚肩痛哭了一场。郑夫人尤其哭得伤心，此时的她已经是年过六旬的老太婆了。丈夫对她抱有深深的歉意，以日本式的鞠躬致谢："你在家里这么多年，辛苦了！"

她有多少话要对久别的丈夫说呀，但她哽哽噎噎只说出一句话："你……在外面……也辛苦了！"

他很动感情地端详老妻，关切地询问："你怎么这么瘦呀？"

她掩饰地说没什么，亲人刚回来，怎么能叫他为自己担忧呢！老母亲说："好多日子了，她一直身子不舒坦。"

他忙问："什么病？"

她只好如实相告："大夫还没有查出来是什么病。"

他再三叮嘱："那就彻底查一查，有病别耽误着。"

听了这话，她心里就很感动了，万千幽怨万千委屈顿时化为乌有。

他和亲人们回到天津，陪她住了几天，老夫妻总算团聚了。但是，她仍然不善于表达感情，心里纵然有千言万语，表面上也总是像个没嘴的葫芦，无从说起。

她想说：自从我进了你家门，没有过上一天好日子，上有公婆，下有子女，中间有小叔子小姑子兄弟媳妇侄男甥女，当这个大家庭的长嫂，丈夫又不在家，你知道多么不容易吗……

她想说：我这辈子，有男人还不是和没男人一样？王宝钏十八年寒窑苦，戏台上唱了几百年。我守了你三十年，谁能替我道出心中的苦水？王宝钏虽说野菜粗粮充饥，但她照顾好自己就行了，我还要伺候你全家人，拉扯大你的儿女，白白当了一辈子老妈子……

她想说：你们男人总以为给家里寄钱，就是尽到了义务。可是，你知道不知道许多东西是用钱买不来的，我的青春、壮年，满头的青丝……三十年，就是一万多个孤独的长夜啊，我空守着大郑村你家的老屋，吃苦受罪不说，还有那些场政治运动呢！有海外关系，替孩子们担忧受怕，是怎么熬过来的呀……

可是，她什么也不会说，她只知道自己命苦，却无法找到恰当的语言表达这日积月累刻骨铭心的痛苦。感情的闸门早已上了一把生锈的铁锁，再也无法打开了。别看这个老女人如此木讷灰冷，但她却以一颗无比温软善良的心，体谅丈夫的一切作为都是为环境所迫，都是为了生存。她的这种伟大的谅解，只能化作一句简单的家常话："你也不易，不易……"

她没有说出来的话，年过八旬的老婆婆却替她说了。老母亲向儿子历数了儿媳妇这些年来的艰辛、忠贞、孝顺、勤劳，说不尽的好处，大郑村的乡亲们都敬重她，传颂她的贤德……这对婆媳年轻时不大投脾气，但是在漫长的岁月里她们始终厮守一处，相依为命，路遥知马力，日久见人心，八十老母的评价，对她的一生给予了公正的总结。

他回日本不久，医生诊断她患了癌症，已到晚期。

不久以后，她平静地去世了，享年六十二岁。年纪不算大，但她像一位长途跋涉，心力交瘁的苦行者，或许撒手人寰是一种解脱。她早已重病在身，终于等到了征夫远归，见了最后一面。儿女有成，子孙满堂，女儿、孙女们再不会重复旧时代女性的命运，她可以瞑目了。

王克昌的第二位太太金夫人，是个比他小十岁的杭州女子。自古苏杭出美女，果然她长得十分漂亮。她很爱学习，本来希望继续求学深造。父亲的去世，给了她沉重的打击，母亲、妹妹和她母女三人滞留上海，生活没有了经济来源，只好忍痛辍学，挣钱养家。

1941 年，王克昌在天津已经独资创办了北方实业社，专做樟脑球加工，销路很好，一帆风顺，在商界声誉鹊起。他的公司生产的樟脑球很快地打入上海市场，在上海设立办事处。每年他都要到上海小住，处理一些生意事项。在一次商界朋友聚会的酒宴上，他认识了金小姐。起初双方只是一般朋友，并没有非分之想，接触多了相互都有了好感。他不仅被她的美丽容貌所吸引，还欣赏她的文化修养。少年时被迫失学造成的心理伤痕，使他特别喜欢有学问的女孩子。他想，自己周旋于商界正缺这样一位"登得厅堂"的交际夫人做帮手。经朋友撮合，她也欣然应允。因为她想尽快找个经济靠山，给母亲和妹妹创造一个较好的生活环境，并实现自己继续深造的夙愿。她是一位新女性，本不肯屈尊做妾，但是一个穷女孩找到一位年轻有为仪表堂堂的正经商人做丈夫，已经是很不错的归宿了。她听说他的原配夫人是个目不识丁的乡下女人，夫妻感情不好。于是，她那学生气的小脑袋里便升出种种浪漫，自信自己能够帮助他逃出封建包办婚姻的牢笼。

可惜，当时他们双方都没有意识到彼此对婚姻的理解大相径庭，更没有料到他们之间的差异终究导致了无法弥合的鸿沟。

他在上海为她们母女置办了一处房子，每次到上海办事，逗留的时间都比从前长得多了。在这段时间，他们还沉醉在甜蜜的爱情生活中。对于她来说，他在北方的家庭是很遥远和虚幻的。然而，当他的公司转产，上海的事务减少，她随他到了天津以后，这一矛盾就变得尖锐了。

他们在天津意租界安了家，她的自尊心很强，不肯去拜见公婆和正室夫人，他也没有勉强她。每天他仍然忙于事业，留下她一个南方人孤身寄居北方不免寂寞，于是把她的母亲和妹妹接来做伴。

来到天津，她发现他并不想摆脱原来的家庭，自己将终生处于屈辱的侧室地位，感到非常失望。他们开始争吵，她多次要求他和原配夫人分手。他则表示当初自己已有妻室的情况并没有隐瞒，自己对妻儿老小负有义务，抛弃糟糠之妻也会损害他在商界的名誉。

他知道她爱学习，特意聘请了教师到家里来教她英语，使她的生活过得充实。她学习英语很刻苦，进步很快，以此作为精神寄托。

她的怀孕，暂时淡化了矛盾。生下一个可爱的男孩，婆婆亲自来伺候她的月子，妈妈又常劝她安分认命，她也就无可奈何了。

天有不测风云。他派人去韩国做生意，上了奸商的当，遭到了毁灭性的蚀本，多年来拼搏的资本全军覆没。他把所有的资产都拿出来偿还债权人，仍然应付不了债台高筑的局面，只好只身南逃。

他到上海从头做起，希望重振旧业，待到略能立足，即把她母子接回上海。不久他又去香港发展，两年后生意有了起色，他在香港给她买了一层公寓。这时她已经生了一双儿女，从此到香港定居。

他雄心勃勃谋求东山再起，但是在香港屡遭不顺，郁郁不得志，决定去日本谋生存。她没有阻拦他，随他去了。她未改当年初衷，把孩子交由母亲照看，自己决心上大学继续深造。

他到日本以后，不论多么艰难，都按期往香港寄钱，供给她和孩子们的生活费。她一直执着于精神追求，对物质生活要求很低，省下钱来继续求学，考上了基督教圣经学院，以优异的成绩取得了大学毕业文凭，终于实现了多年的理想。她成了虔诚的基督教徒，热衷于教会活动。

1951 年，他在日本承接一笔国际贸易，被美国人和日本人欺骗，难逃牢狱之灾，身陷囹圄无法申冤。独在异乡为异客，又失去了自由，他倍加思念远方的亲人。当时日本政府与中国相互敌视，他和故乡家人失去联系，只有给香港的金夫人写信，希望她来日本探监。

家书寄出去了，他翘首铁窗盼啊盼啊，未见妻子亲临，只收到她的一封简单回信：

"……我有许多事情无法分身，不能前往日本，你自己多多珍重……"

看完这封信，他犹如冷水浇头，终日郁郁不乐。对冤狱的愤怒，对亲人的失望，对漫长的囚徒生活的难耐，使他的精神崩溃了，跌入了痛苦的深渊。

他很幸运，在最为孤独无援的时刻，日本姑娘黑崎得子走进了他的生活。在长达一年的刑期中，每个星期天她都从东京赶到横须贺监狱来看望他，风雨无阻，送来衣服、点心、糖果。原先他俩只是好朋友，经过这段患难之交，小爱神丘比特已经用金箭射穿了铁窗牢房，种下了爱情的种子，只等着开花结果了。

出狱以后，他并没有立刻投入得子的怀抱，感情上仍在徘徊。虽然他深深地爱上了得子，但毕竟惦记着香港的妻子孩儿。深明大义的得子看出了他的心思，催促他回香港探亲。

去香港的飞机票买好以后，他给金夫人发了电报告知航班。不巧，飞机抵达香港时赶上大雾无法降落，飞到了马尼拉。第二天重飞香港，大雾仍然未散。第三天，飞机才在香港机场降落了。

在机场迎接的人群中，他没有见到她的影子。这趟班机上乘客们的亲友，大都跑了两趟冤枉路，但还是向航空公司打听清楚，第三次跑来迎接远方客人，大厅里洋溢着欢声笑语。他孤独一人提着行李箱，走出了机场。

如果没有监狱噩梦的创伤，他对有无亲人迎接不会介意。

他敲开了久违的家门，她见到丈夫归来解释道："哟，我去接了两次都没接着，以为又变了。"

他没有埋怨她，要怨只能怨天公不作美。如果他俩在机场如期重逢，或许能够出现一次热烈的感情高峰，可惜大雾重重阻隔了这一契机。或许他俩的结合从一开始就陷入了雾里观花的误区，现在时过境迁，他们以各自不同的文化背景拉大了距离。

他回到日本以后，对得子姑娘说："我决心在日本做事业了。"

他俩请来了十位朋友，举行了简单的婚礼。

金夫人对此漠然置之，她成了热心的教会活动家，以渊博的神学学问到处去讲道，宣传基督耶稣的博爱救世精神。她找到了追求多年的精神寄托，对于凡俗尘缘已经看得淡了。

她于 1986 年在香港去世，留下遗嘱把房屋财产捐献给教会。她的儿子是美国的博士，女婿女儿是教授、讲师，子孙们也都会学问有成，生活富裕，在人世间她已经了无牵挂，专心侍奉上帝去了。

年近八旬的王克昌追念起金夫人时，甚为称赞："她人很好，对我不错。她很了不起，有学问，教育出来的儿女也都有学问。我只是寄钱供儿女上大学，教育还要归功于他们的妈妈。后来我们不在一起住了，我不怪她，她也不怪我。她关心天上的事情，而我是个俗人。"

日本的得子夫人，至今已经和王克昌共同生活了四十二年，成为他生活上的忠实伴侣和事业上的得力助手。

三位夫人彼此从未见过面，虽然她们终生都是同一个男人的妻子，但她们即便在路上遇见了，也是互不相识的陌生人。一个男人能够做到这一点，不能不说是一种机智。

热心办学造福桑梓

　　1943 年 9 月的一个下午，北方实业社来了两位尊贵的客人，一位是天津成兴茶庄老板刘少波先生，一位是义源永木板厂老板陈锡华先生。他们都是东郊大郑村人氏，和王克昌的父亲同辈。同乡相见分外亲热，何况又是长辈，王克昌热情地接待他们。

　　略事寒暄，他们说明了来意。原来，他们都是在天津声誉卓著的绅商，不仅事业有成，而且热心公益，计划在家乡大郑村兴办一所小学校，帮助贫苦乡村的子弟上学读书。今天，二人相约前来征求王克昌的意见，希望他也参加这项公益活动。

　　王克昌盛赞两位前辈的功德义举，自谦一番："二位仁叔如此热心家乡教育，造福桑梓，小侄实在钦佩！小侄理应跟随二位办学，只是我还年轻，在商界立足未稳，身份、财力、地位都还不够，怎敢和二位功成名就的老板相提并论？"

　　两位老板称赞他在外创业精神，大郑村同乡在天津城创出一番名堂来的只有他们三人，如果三人携手合作，定会对家乡教育有所贡献。王克昌不便多加推辞，表示考虑后尽快答复。

　　当时，他的商社起步不久，诸事繁忙，一时还无暇他顾。然而，两位同乡的造访，使他今夜难以入睡了。他的心沿着海河顺流而下，飞回了那座泥屋低矮的村庄，飞回了那片连树都不肯扎根的盐碱洼，飞回了那间破庙厢房里的私塾课堂……

　　读下那四五年私塾可真不容易啊！白天的家务给排得满满的，只有到了晚上才有点空闲温习功课……每当学校考试的时候，也是爷爷的小铺生意最忙的时候，每天挑水的时间要加倍，实在没办法学习，照这样下去怎么完成学业呢……即使勉强读完小学，家里这么穷，要想实现继续求学的梦想那是不可能的……

难道家乡的贫苦孩子们永远和自己一样没有上学的权利么？难道农家子弟就该世世代代当个不识字的睁眼瞎么？自己一直刻苦自学，步入社会以后仍然感觉到学识方面的不足，看来兴办教育真是当务之急啊！现在自己已经稍有成就，为了家乡子弟获得求学机会，自己应该贡献一份力量才对……

他经过深思熟虑，邀请刘陈两位前辈到北方实业社来，共同商量在大郑村建校的计划，三位校董决定各出资三分之一，筹建一所小学，定名为"正心小学校"。

紧锣密鼓的筹备工作开始了，校舍是利用刘少波先生的一处旧宅改建而成的。这是一所靠近海河堤的四合院，朝阳正屋一溜三间瓦房，其他几间侧房是"穿鞋戴帽"的房子。当地人称之"穿鞋戴帽"，指的是由地基起高一米左右为砖墙，房上以瓦盖顶，中间的墙体却是用泥坯砌成的了。不管怎样，有这样一片空房实在难得。经过改建装修，教室成为中西合璧式样，从外表看青砖青瓦，磨砖对缝，木椽木柁，老式木雕门窗，室内却是地板地，天花板上还修饰了环形吊灯线。在一个贫穷的小村庄拥有这样一所小学堂，是很不简单的事情了。

三位校董为了能够维持学校日常开支和教员薪金，又买下几百亩河滩地作为校产，租给本村农民耕种，租金以米折付约得百分之十左右，作为办学基金。

一切安排停当，还有一个重要问题就是校长人选了，请到一位懂得教学的校长，才会聘来优秀教师，才能把学校办好。经过多方物色，他们请来了天津师范毕业的华泽泉先生。华先生的侄子在北方实业社当襄理，大家早就熟识，知道他为人忠厚善良，责任心强，又有真才实学。果然，华先生接任校长以后，积极地找主管郊县的天津县政府，为学校办理立案手续，又陪同负责审批建校的顾督学、刘科长等到大郑村正心小学校址视察，不辞劳苦，往返奔波，这才取得教育部门的批准。

经过了近一年的准备，学校终于正式开课了。这时已是转年早春，新春佳节刚过，村里的农户喜气洋洋地送孩子来上学了。由于建校的宗旨是帮助本村庄的贫穷子弟，故学杂费全都免交。孩子能够到正规学校上学，又不会增加家庭负担，对于农民来说，这真是天大的喜事。

开学以后，附近五个村庄的农户都领着孩子蜂拥而来，请求学校也收下他们的子弟。华校长很为难，因为原先并没有计划招收这么多学生。他请董事会开会讨论，三位校董顾及乡里乡亲，只好同意扩充班级。第一期招收学生一百二十多人，其中女生接近半数。三间教室共开四个班，其中有两个班分为上午班和下午班，照顾家务劳动繁重的孩子。因为刚开始办学，只设了初级小学。

海河之畔桃红柳绿，春鸭戏水，正心小学课堂上传来一阵又一阵琅琅读书声，在宽阔舒缓的河面上飘得很远，很远。忙着春耕的农民们望着河滩上下一派生机，听着学校里的琴音歌声，一个个脸上漾起了舒心的笑容。每天清晨，周围五个村庄的孩子都像小鸟一样飞向大郑庄，一路上欢声笑语，为这僻静的小屯平添几分热闹。往日无人注意的大郑村，俨然成为一个小小的文化中心了。

正心小学董事会设在天津北方实业社内，刘少波、陈锡华两位老前辈又把校务工作委托给王克昌。他再三推辞，两位老先生说："你年轻力壮，就多辛苦吧！"

他只好承担校务管理，每月两次由天津骑自行车到大郑村，和学校的校长教师开座谈会，帮助他们解决困难；师生之间发生纠纷，他还要访问学生家长，沟通感情，使家长与学校、教员之间逐渐互相理解。往返一百多华里，热天骑车一身汗，冬天顶着一路寒风，雪后冻土结冰如同镜面一般光滑，骑车一个不小心就要摔筋斗。就这样，他不仅拿出钱来办学，还得搁下市里的生意下乡为学校操心。如果只是付出金钱和辛苦，为了造福后人他心甘情愿，但是事情并不是这么简单，他为此还受了许多窝囊气。

正心小学是按照新学思想开办的正规学校，请来的都是上过洋学堂的新派先生，华泽泉校长自己是个懂英文的师范专门人才，立志要把学校的教学搞出名堂。教导主任黄儒林，文化课教师姚鹤鸣，音乐教师丁崇秋，女教师朱老师等一班人马，事业心都很强，要求学生很严格。然而，农村的学生大多是顽皮散漫惯了的，乍进课堂犹如野鸟入笼，不习惯学习，生出许多淘气事端。那时不论是"中学""西学"的学校，都允许教师打学生，体罚学生更是常事。学生不做功课，一回教育，二回训斥，三回不改就打手板，其中姚先生负责教主课，当然更得严厉一些。

一次，有个顽劣少年搅乱课堂秩序，没完成作业，还偷同学的东西。姚先生批评他，他不但不服管教，还顶撞先生。姚先生气愤难忍，打了他几下。这孩子回家告诉了他的父母，他的家族偏又是一些愚顽不化的乡民，竟然纠集众人跑到学校来要打老师。华校长和黄主任好言相劝无济于事，只好先把姚先生藏起来，以免他受到伤害。

校方原以为经过调解事情会平息下去，不料，当地常有土匪出没，这个刁蛮人家有人勾结土匪，扬言要引土匪进村到学校绑人。大郑村的村民们一听事情要闹大了，家家户户十分紧张。平时，为了严防土匪偷袭，村里组织了民团夜间巡视护村。现在，这场师生纠纷若是引狼入室，受害的岂止是学校，全村都要遭殃了。涉及村民私家利益，再加上许多农民对办教育的兴国兴家意义并不理解，不仅不敢劝阻闹事者，反而埋怨学校多事。华校长无可奈何，只好差人到市里去请校董王克昌。

王克昌急忙赶回了家乡，出面调解纠纷。他满以为自己是本村人，乡里乡亲会给他面子。料想不到，这些乡民不但不体会办学者的苦心，反而围住他七嘴八舌好一顿辱骂：

"我们家的孩子用不着你们管教！"

"村里没学校，祖祖辈辈不是也过下来了吗？谁叫你们来办校？多管闲事！"

"什么也不图，谁信？说是让贫家孩子白上学，你们到底图什么？"

"这还用问？假仁假义，给自己赚名声！"

"还不是你们王家穷，现在阔了，回乡显摆威风了！"

如果只是一些目不识丁的愚氓骂他，他还可以容忍。更加令人气愤的是，个别识文断字的人也站在一旁冷嘲热讽：

"假道学！"

"沽名钓誉！"

王克昌简直给气懵了，转身进了学校，大喊一声："立刻邀请刘、陈二老，开董事会，这个受累不讨好的事情我不干了！"

当时，他还是个血气方刚的青年，如何咽得下这口冤枉气，在学校董事会上，他坚持辞退学校职务，激动得热泪横流，号啕大哭。

刘少波、陈锡华两位校董婉言劝慰，又以乡绅的威严聚来各方有关人等，调解纠纷，批评无礼者，讲解办学意义，总算把这场事端平息下去。

两位校董力劝王克昌继续担任校务，王克昌沉默不语，只是摆手摇头。华校长为了使他解除郁闷，陪他走出校门到河堤上散散步。

这几个老朋友刚刚走上河堤，忽听河滩地那边传来清脆悦耳的童声歌唱，那是一群小学生在唱正心小学校歌：

> 我们是正心学校的好学生，
> 正心，正心，正心，
> 十年树木，百年树人，
> 长大以后我们要报国报民……

孩子们的歌声，如同一股甘甜清冽的泉水，流进几位办学者的心田。王克昌紧锁的眉头舒展了，脸上浮现出欣慰的笑意。华校长指着一片青翠的小树林说："那是我带着学生们种下的四百棵洋槐树，孩子们正在给小树浇水，走，看看去！"

他们来到林边，只见学生们在老师带领下从河里打来一桶一桶水，一棵树一棵树地浇着，一边劳动一边歌唱。见了几位校董和校长，学生们有礼貌地齐声问好，他们也含笑回答，夸奖孩子们干活认真。

他们在洋槐林中漫步，只见这些小树已经长得一人多高了，棵棵树干宛如笔直的旗杆，顶着碧绿的小伞在风中摇曳，娉婷秀立，生机盎然。刘少波先生有感而发，叹道："是啊，十年树木，百年树人，我等纵然事业有成，总归寿命有限，唯愿以微薄之力多栽些树，庇荫后人，也算对得起这块故乡热土了！"

陈锡华先生也说："刘兄所言极是，等到这些小树长大，咱们的第一期学生也就成为国家良材了。我等别无他图，受些委屈也值了，你说呢，克昌？"

王克昌抚摸着树干，脸色变得开朗平和。小小的树冠仅仅和他齐头高，薄明青翠的嫩叶温柔地摩挲着他的耳鬓，他有些发痒，挠挠头发笑了，坚定地点了点头……

1945年中日战争结束，抗战胜利，举国同庆的时候，不料，慈爱的老祖父大福公撒手长辞了。王克昌自幼和爷爷感情深厚，跪在老人家遗体跟前痛哭失声。想到祖父辛苦一生，年轻时出外创业，率领海运船队搏风击浪，挣钱养家，船队遭到八国联军炮击烧毁后，回乡又以小小水铺日夜劳作抚养子孙；晚年仍然来到天津帮助长孙守护店铺，辅佐克昌重振家业。一个男人家早年丧偶，终生孤身一人为儿孙们操劳，令人可钦可敬。如今寿终正寝，克昌已实现祖父理想，产业殷实，理应厚葬老人。于是，克昌的父母率领全家人众，披麻戴孝，扶柩还乡。

早些年，大福公曾生过一场大病，久卧在床，奄奄一息。一天，他自觉大限已到，虚弱地对儿媳说："难为你这么孝敬，伺候得这么周到……我不行了，不用费心了……"

眼看公爹闭过气去，丈夫又不在家，慌得克昌母亲大声哭叫："爹！爹！你老别死呀！你老不是还说等着看见好日子吗？往后三个孩子大了，知道哪个有本事？到那会儿再走，让孙子好好发送你老人家……"

她一边喊叫，一边按照乡间习俗把一棵葱放进盛寿衣装裹的包袱里，然后把包袱塞进公爹的被窝里，跪在神佛面前祈祷："菩萨保佑，把孩子爷爷的病给冲了吧，阿弥陀佛……"

这种"冲喜"习俗，利用"葱""冲"谐音，企盼冲驱灾病，取个吉利。不知是这个古老的法子真的灵验，还是大福公听了儿媳的话，想到心爱的孙子们，充满了生的渴望。果然，老人家回过气来，含笑点头，从此病情减轻，转危为安。

如今，老人家盼望看见的好日子都见到了，高龄仙逝，含笑瞑目。克昌母亲也实现了她许下的诺言，为公爹准备了七彩的绣花寿衣，上好的棺木，请来和尚道士，响器乐手，做道场，念经奏乐，只等良辰吉时出大殡了。

正心小学校董王克昌的祖父去世的消息，在乡里传来，本村和邻近几个村的人们络绎不绝，前来吊祭。乡绅们敬献的挽联上写着"兴办教育，造福桑梓，王氏祖公功德无量""王校董之祖公名垂千古""王氏祖荫庇后人，兴学育才美名扬"……到了出殡那一天，除了王氏家族送葬之外，凡是有子弟在正心小学读过书的家长，以及正心小学全体教职员和学生，竟然有上千人自动前来，行礼送葬，至诚至哀，极尽周到。

出殡的时辰到了，鞭炮响过，有执事运足气力高喊："起——灵——"

杠头以苍老沉稳的嗓音对杠夫们下令："伸肩——前搭后起——"

十几个年轻力壮的杠夫抬起了大红木杠，绣花棺罩颤巍巍悬空而起。随着灵柩的移动，王家亲属放声大哭。按照中国北方农村风俗，大福公九十多岁高龄寿终，称为"老喜丧"，葬礼别具热闹气氛。浩浩荡荡的送殡队伍缓缓地行进，前面的仪仗已经到了村口，后面的队尾还没走出家门。

仪仗队的排头，是两行穿紫袍的"童子"鸣锣开道，这些半大男孩都是正心小学的学生。他们扛着旗罗伞扇、彩谱和雪柳。彩谱是用竹竿挑着的绣花长旗，雪柳是用木棍挑着的白色纸条，意为连树木都为死者穿孝。童子们的后面，是一队"扎彩"，人、鬼、神、怪俱全，手拿大棒抡来抡去打跑拦路魉魉的"开路鬼"，不住地磕头恳求冤鬼让路的"磕头鬼"，对群鬼有威慑力的钟馗、申公豹、黑无常、白无常、四大金刚……后面，有纸扎金童玉女引着几台"大座"缓缓而来，"大座"分别是写着"王氏大福公之丧"的"铭镜"，供香的"香亭"，供死者遗照的"影亭"，供死者点主灵牌的"家庙"，供悼词的"告唤亭"……巧夺天工的"扎彩"，为葬礼平添了锦绣繁华。

王克昌的父亲扛着幡，走在队伍的最前面，一路号啕着，恪尽儿子的孝道。靠近棺罩的是死者的直系亲属，按照辈分列队，男人们在前头步行，女人们在后面坐车，一律穿白戴孝，显出家族人丁兴旺。再往后面，才是送殡的亲友们。正心小学的教职员工和学生，个个臂戴黑纱，列队行进。附近百余里，一时传为美谈，再富足的人家老人发丧，也没有享受过如此盛大的哀荣。尤其王家原是无田无地的赤贫穷户，能有今天的发达，更是令人称奇。

王克昌排在长孙的位置上，走在送葬队伍中，心中万分感动。他知道，单凭自己的财力，是不能使王家受到乡亲们的尊重爱戴的，乡亲们是出于对兴办教育者的感激，才来表示这番盛情。到这时他才明白，自己为办学所受的苦，并没有白费。人心自有公论，国民渴望教育，只有热心公益事业的人，才会博得社会公众的崇敬。

五十年以后，王克昌作为日籍华人回到故乡，决心出资恢复正心小学。在新的正心小学落成典礼上，八十二岁高龄的华泽泉老校长也赶来了。此时王克昌也已经有七十六岁了，两位老友来到正心小学旧址，凭吊已经作古的刘、陈二位校董，回忆当年，感慨万千。

华校长企图寻找他当年率领学生们种下的树林，却被乡民告知，在那些"割资本主义尾巴"的浩劫中，掀起了一次又一次砍树风，河滩上下成行成排的洋槐树、白杨树、柳树、榆树，早已荡然无存了。

面对光秃的裸土，两位老人怆然无语。

新的正心小学里传出了孩子们的歌声，引起他们欣慰回首，凝眸聆听……

在战争阴云的笼罩下

王克昌的创业期，正值日本侵华战争。天津是日本占领华北的要塞，加强了政治军事经济全面统治。1941年，王克昌与友人合作创办义昌贸易商行，次年又与友人合股开办大丰橡胶厂，到了第三年，他已独资成立了北方实业社。在这个时期，日军不仅向华南进发，还把战火扩大到菲律宾、马来半岛、印度尼西亚。中国的东北和华北，成为日本供应作战物资的大后方，因此对工农业原料和商品市场控制极严。受战争影响引起的物资缺乏，造成了物价疯涨。一个立足未稳的年轻商人，在这样险恶的环境里试图创业，岂是容易之事。尽管他认真努力，小心谨慎，仍然如履薄冰，险象丛生。

由永利碱厂厂长福泽先生介绍，王克昌得到了秦皇岛耀华玻璃厂的代理权。玻璃厂给予他的代理委托书上写明，只限于在上海一带销售该厂的产品。因为该厂在平津地区早已有了自己的市场，不允许他越权在北方经销。考虑到市场上玻璃供不应求，远销上海虽然运输麻烦，仍大有赚头，他还是千恩万谢地接受了。

从此，耀华玻璃厂每月配售给他三十吨至九十吨玻璃，转发到上海出手即是好价钱，可是，他却遇到了难以逾越的障碍。每月运输这些玻璃，需用一至三节车皮，但因战争关系，大部分车皮都被日本军方优先调用了，一般民商要排队等待。每要求一次车皮，最快也得等上一个月的时间，才有轮到的希望。他为了求得车皮伤透了脑筋，眼看着一列一列载着军用物资的列车向南方驶去，敢怒而不敢言。

如果只是订不到车皮，还不太可怕，中国百姓早已学会了忍耐。然而，棘手的事情还在后面。玻璃厂每月配给的货物，严格规定买方要在厂方发货后六十天之内付款。在这六十天之内，很难确保找到车皮和完成搬运装卸，再加上银根变动较大，货币不断贬值。存货堆积如山，无法南运，付款周转可就成了大问题。

王克昌的公司创立不久，资金有限，属于小本经营，哪里经得起厂方催款和火车滞运两下里夹攻？眼看着这个月的存货又运不出去了，不但交不起货款，还要日日增加仓储费用，再拖下去公司就要倒闭了。万不得已，他只好暗暗地在平津地区偷售一部分，以解救资金周转的燃眉之急。

天下没有不透风的墙，偷销玻璃的事终于被厂方查获。耀华老板把王克昌叫到了秦皇岛，大发雷霆指责诘问："你的代理权只有在上海一带，为什么跑到我们的北方市场来卖货？打乱了我们的销售计划！福泽先生说你为人忠厚，够朋友，讲信用，我们才和你做生意，你怎么能做出这种背信弃义的事来？"

王克昌羞愧得满面通红，再三请求宽恕，厂长仍然怒气难消。他只好鞠躬认错，坦率地承认了自己的过失，并如实相告："因为等不来车皮，这批玻璃大量积压在仓库里。可是，贵厂的发货货款又到日子了。我们公司本钱少，实在周转不开了，就办了这件错事。为的是急求偿还贵厂货款，并非图利。实在没法子了，请多多原谅。"

听了这番话，厂长的脸色平和下来，心里对这个老实的青年商人很同情。因为他知道日本军方占用运输干线，害得中小民商无法生存的情况，也就不再追究。

王克昌诚恳道歉："我辜负了福泽先生和您的信任，做了对不起朋友的事。如果您决定取消我们公司的代理权，我毫无怨言。如果能宽容这一切，我保证今后不会再发生类似事件。"

厂长看他如此诚恳，长叹一声表示："唉，兵荒马乱的，做点生意也真是不容易啊！今后如果再遇到这种困难，事先联系一下，我们在可能范围内替你想想办法。"

王克昌听了喜出望外，没想到对方不但谅解了自己，今后还肯通融照顾，千恩万谢地告退，兴高采烈地回了天津。

多少年以后，他一直记取这次事件的教训，时常以此为戒，反省自己说："那件事，使我在人生过程中学到重要的一课：对人要坦诚，对事要负责，才能建立信用。有了过失，要勇于认错。只要态度诚恳，足能感动对方，使困难迎刃而解。"

尽管他小心谨慎，兢兢业业，但是，战争时期，有些生意不能依照常情判断。有一次，永利碱厂需要三十吨生铁。他和碱厂福泽厂长是老朋友了，双方是常年的生意合作伙伴，他当然要尽心尽力去为碱厂买到生铁。但是，生铁是受日本军方管制的物资，一是为了控制钢铁原料供给兵工厂制造武器，支援南线战争；二是怕抗日力量搞到钢铁原料制造武器，用来打日本军队，特意成立了钢铁统治组合委员会。

王克昌明知这是一桩棘手的生意，但是既然在碱厂中了标就不能不按期交货。到哪里才能弄到生铁呢……他左打听右打听，了解到一些做炭炉子的作坊都是替日本军方加工，多少会有剩余的生铁。于是，他派人暗地里到各个铁铺零星收购，只要收购来三十吨就可以向碱厂交货了。不料，当他们收购了近十五吨时，走漏了风声，被日方钢铁统治会查知，把王克昌叫了去，这个日本调查员十分蛮横，声言要彻底查究生铁来源。王克昌只好低声下气央告解释，假称购买生铁是为了制造樟脑球机器之用。调查员不相信他的话，可能是怀疑他暗通抗日力量，每天找他去盘问，一步步紧逼，非要送他到日本宪兵队不可。这下子可把他吓坏了，送到日本宪兵队可就没命了。

正在求告无门之际，他拜托一位刘姓官员帮助解救。刘先生说有一位佟相印先生和那个调查员相熟，并热心介绍他与佟先生认识。佟先生也是个热心人，愿意出面斡旋，找那位调查员说情，日方也就不再追究。他闯过了这个万分危险的难关，对佟先生万分感激，从此礼尚往来，成为知己朋友。

战争造成的物价波动，也使中小商人无法掌握自己的命运。北方实业社制造的樟脑球本来信誉很高，销路一直不错。几年来，北方社一直在一些批发商那里购买制作樟脑球的原料，每包六十公斤，价格一百六十元。但是，随着战火的扩大，物价疯狂飞涨，樟脑原料竟然上涨了百分之四十。这下子可愁坏了王克昌，如果以如此昂贵的价格买来原料，加工出樟脑球不但无利可言，连买原料的钱也凑不齐了。照这样下去，公司还如何维持呢？

为了度过经济难关，他拜托一位曾去意大利留学专攻化学的朋友，请他出一个减低成本应付客户的良策。这位化学专家建议在樟脑粉里混掺一些细白盐，既能充当体积分量，又没有什么副作用。王克昌叫人照着这个法子一试，细白盐和樟脑粉同样是白色晶体，掺在一起做成的产品和原先的樟脑球一模一样。他挺高兴，决定按照这个配方制作一批产品，大大地降低了成本。

不料，成品卖出去不久，客户纷纷找上门来吵闹，全要退货。原来，白盐在潮湿的空气中容易吸收水分，而樟脑球是放进衣箱里防止虫蛀的，怎么能把受潮的樟脑球和贵重的毛料衣物放在一起呢？在客户义正词严的质问下，王克昌无法解释，只好赔着笑脸给予退货。

北方实业社为这批产品投入了十万元资金，遭受退货打击之后，老本全部赔光。

王克昌进退两难，痛心疾首。他蹲在了大批退货堆里，眼前是一箱又一箱白花花的次等樟脑球，伸手抓一把掺了盐受了潮的小球，轻轻一捻便成了一团粉泥。自己犯了以假乱真、以次顶好的错误，这样惨败的结局又能怪谁呢？可是，自己并不是为了牟取暴利才这样做的，战争犹如一副要轧碎一切生灵的魔轮，物价又像是脱了缰的野马要把小商人五马分尸，自己只是为了求得自保，求得生存啊！挣扎的结果，却是无法自保，无法生存。他想到祖父叮嘱的作人讲信义，不可背信；想到于老板教导的要维护公司声誉，保持商业道德，自己也一直恪守正直商人的信条，未敢效法奸商捞取不义之财。可是，时局愈来愈险恶，一个小小的生意人何以能独善其身呢⋯⋯

经过沉思反省，他清醒地认识到，这次退货最大的损失还不是金钱，而是破坏了北方实业社的信誉。几年来，他们生产的樟脑球一向货真价实，销路很广，现在因为一次不慎得罪了不少客户，只有以实际行动收购好的樟脑粉，制造出优质樟脑球投放市场，才能挽回影响，重整社誉，才能保住好不容易打开的各地市场。

确定了挽救方案，他们四处打听，了解到东北鞍山为樟脑粉主要产地，总代理商是日满商事会社，在天津设有出张所（即办事处）。他想直接找上门去，又自知日语程度不够，前往洽商恐怕词难达意。正巧，这时候他的二弟克志去日本留学回国，克志的日语很通顺。于是，兄弟二人去日满商事会社自我介绍。出张所森川寿所长倒是会见了他俩，但经过多次商谈，却没有成交生意。原因是战时物资缺乏，日方当局规定所有商品材料均由组合配给（组合即是公会之意）。北方实业社不是公会会员，没有资格直接与会社交易。实际上，日本正是通过这些商事会社控制占领区经济的，一般中国民商对"会社"是既惹不起又离不开，如果不和他们做生意，就会完全被挤出市场。

王克昌考虑再三，为了北方实业社能够继续生存，不得不加入由日本人控制的商事会社。后来经人推荐，加入为新会员，开始享有樟脑粉的配额。初期，每次只配到一二百包，不到一年，增加至每次一千包，最后提高配额达到两千包之多。

原料有了来源，货又畅销，北方实业社终于起死回生，又欣欣向荣了。

王克昌与友人合股经营的大丰橡胶厂，也遇到了同样的危机。橡胶厂的原料不能缺少汽油和"扁杂路油"，但是在军管时期，一滴汽油如同一滴血，私购汽油绝非易事。他为了厂子能够生存，也只好求日满商事会社推荐，加入另一个公会，才享有了配给权，每月可以配到五至十大桶。其实，他们只要有三桶就够用了，每月都把剩下的汽油转售给别的厂家，每桶售价可以获利五倍以上。一向忠厚老实的王克昌对这种奇怪的事情真是难以想象，久久无法适应。但是，北方社和大丰厂创业艰难，几起几落，职工们还指望着公司在战乱中维持经营，才得以养家糊口。身为老板如果找不到应变措施，就会造成多少人家失业，陷入饥饿的境地。战争的阴云笼罩亚洲上空，沦陷区的中国民族工商业失去了自主经营的权利，为了能够生存下去，也只好委曲求全苟且一时了。

1945 年 8 月 15 日，日本天皇宣布了无条件投降诏书。这个突如其来的消息，沦陷区的普通人完全没有思想准备。日本人经营了多年的商业秩序一下子被打乱了，而国民党接收大员们远在大后方，一时还不能赶来北方。即使来了，也一时无法建立新的商业秩序，市场陷入一团混乱。再加上国民党腐败官员趁机巧取豪夺，官僚垄断资本趁机控制经济局势，倍受其害的则是中小商人和贫穷百姓了。

天津市民浸沉在抗战胜利的狂喜中，还没有收敛笑容，就已经悲苦地陷入物价波动、通货膨胀的泥潭中了。一般中小公司商行厂家经受不住这样的打击，纷纷关门倒闭，失业大军无以生计。

这场动荡降临时，王克昌接受好友忠告，整理库存物品，尽速销售出手，把赚到的钱如数偿还银行借款之后，还能剩余一些现款。手中有一些现钱，自然想再购进货物，但物价天天飞涨，他一时拿不定主意。

没有几天，市场上出现有行无市的停顿状态，不到三天，物价一泻千里，低到无法再低的程度。许多商行厂家积压了大批货物无法卖出。而银行却逼着还债，商行厂家不欠银行债款的太少了。廉价抛售货物仍然无法偿还贷债，有的自杀，有的神经错乱，有的逃之夭夭。

王克昌看到这种悲惨景象，倒吸一口凉气，庆幸自己听从朋友忠告早早把存货抛出，及时偿还银行债款，自己的公司得以泰然渡过这段险滩激流。

他的二弟王克志，却和他的做法不同。克志经营的东亚贸易公司，是做"大五福"牌棉布和"人造丝"生意的。他趁着千载难逢的混乱之机买进卖出，在一个星期之内竟然赚了几千万元，他高兴地又购进大批棉布和人造丝。他的成功，使当哥哥的开始对自己迅速脱货偿还银行债款的做法持怀疑态度了，这一着棋是不是走错了呢……

不料，几天以后突然物价暴跌。克志手里的纺织品变得不值仨瓜俩枣了，公司受了亏损。克昌只好帮助他挽救残局，心里想还是自己稳当。

不过，事后证明，以他的公司的经济实力，当时如能以静待动，挺过一段时间，不忙于抛售存货，还会迎来新的物价飞涨，届时再销售货品就会赢得重大利润。但处于风雨飘摇、朝不保夕的混乱局面中，谁又能够料事如神呢？能够勉强保护自己存活下来，已经不容易了。

多少年以后，王克昌回忆起那段在战争阴云笼罩下挣扎于商场的险恶时日，仍然心有余悸。他摇头叹道："唉，沦为亡国奴，就失去了做人的权力和尊严，明明在自己的国土上做买卖，本来可以公买公卖嘛，却不得不看日本人的脸色。战争时期，经济政策摇摆不定，市场受到各方面的刺激，变化万千。咱普通商家，真是赚了都不知道怎么赚的，赔了都不知道怎么赔的。商人都自以为很精明，一旦无法左右自己的生意，也就不能左右命运了。好比在一场狂风巨浪中的小木船，沉浮漂流，只能随它去了！"

韩国贸易全军覆没

  商场，真是一方变幻莫测捉摸不定的魔界。有时晴空万里扬帆远行，平静的水面却突然涌起海啸滚滚滔天浊浪，使你难逃葬身鱼腹的噩运；有时绿草茵茵，一马平川，却在瞬间骤然出现飞沙走石的龙卷风，把你卷上高空再抛下来摔个粉身碎骨。

  1945 年的下半年，经北方实业社副经理史庆会的义父介绍，王克昌和他的同仁们开始接洽一笔中韩贸易。当时，中国和韩国之间尚未通汇，双方只能采用以货易货的方式做买卖。王克昌这是第一次和韩国商人谈交易，心里不太有把握。但他这人一向太重感情，碍于情面，心想：本店副经理介绍的生意，还能不相信他吗？于是，他们租下两条柴油机木帆船，各载重一百五十吨，选购了韩国所需商品，有白夏布、凉席、干辣椒、白砂糖、橡胶鞋、毛毯、毛线、大五福白棉布、日用杂货等许多货真价实的商品，价值共约一亿几千万元（注：当时币值）。

  为了购买这批货物，北方实业社不仅倾尽了所有的资金，还暂缓偿还欠别人的货款，才凑足了购买这么多货物的钱数。王克昌所以敢于投下如此巨额的本钱，诚心诚意来做这笔大生意，是听信了史副理义父的话，预计两条船由韩国易货回来能够赚得八倍以上的利润。

  一般商人都经不住如此高额利润的诱惑，何况他们与韩国商人敲定了以货易货的细节，一手交货，一手收货，同是这两条船，满载而去，满载而归，不会有什么风险。

  经过多年的风风雨雨，王克昌已是经商老手，对于这拼上公司老本的大生意，当然懂得周密运筹。经过深思熟虑，他觉得和韩国商人初次打交道，毕竟不摸底细，不如找一家可靠的驻韩中国商行作代理，监督我方和韩方履行易货合同。于是，他委托在韩国仁川港设有正兴德商行的山东籍华商作为代理，办理易货事宜。这几位山东商人是他的老朋友，正兴德商行素有信誉，他们在韩国立足已久，了解当地情况，负责易货是最稳妥的措施了。

启航的日子到了，王克昌特意选派了两位能干的职员负责押船，代表公司赴韩国处理销货易货事宜。临行前，他和公司同仁们为两位特派代表饯行，千叮咛万嘱咐："二位这趟出海，负有重任，公司同仁辛苦奋斗了几年的心血，都在这两条船上。我已经委托山东朋友在仁川开的正兴德商行做咱们的代理，你们到达韩国以后，马上和正兴德的朋友接头，他们已经为你们安排了旅馆。那里是异国他乡，你们人生地不熟，一定要依靠咱中国人，依靠老朋友，住在咱中国人多的地方。凡事小心谨慎，多和正兴德的朋友商量，我就多多拜托了！大家都盼着你们出师告捷，凯旋而归。公司今后的发展，就指望二位马到成功了！"

二位使者满口答应，一迭声地表示："经理，您放心吧！我们一定听您的话，把生意做好，您就等着接船接货，擎好儿吧！"

公司同仁们轮流向他俩敬酒，声声祝福，殷殷期望，自有一番深情厚谊。

货船出发这一天，王克昌来到海河码头登上木船，拜托了船家。在装货的日子里，他不知多少次亲临督察装载情况，今天又细细地看了一遍货位，觉得万无一失这才放心上岸。在码头上，他向二位赴韩代表作揖告别，又一番叮嘱，公司送行的同仁们和他俩依依惜别。

货船缓缓地驶出了码头，二位使者立在船尾举起礼帽摇着，大声喊道："经理，放心吧——我们一定把事情办好——"

岸上的同仁们追着船跑了起来，一个个扬手高喊："一路平安——"

"早些回来——"

"到了那里就来电报——"

"菩萨保佑你们顺利——"

"再见啦……"

王克昌望着远去的两条船，直到望酸了眼睛，船只消失在河面远方白茫茫的雾气中。他的长衫下摆在秋风中飘动，像是生出了翅膀。他想起了爷爷当年率船队出海的故事，爷爷说过海上运输异国商贸是最赚钱的买卖。现在爷爷的船队已经被八国联军击沉四十五年了，经过三代人的奋斗，他的货船又乘风破浪驶向大海了。爷爷在天之灵看见孙儿竟能置办两船价值上亿元的货物，该有多么高兴啊！他恨不能飞到韩国去，亲自办理这桩事关重大的生意，但公司里还有诸多事务要操心，当老板的要是能有分身术就好了。

　　十几天以后，他估计货船已经到达仁川，屈指掐算起他们归程的日子来了。两国邻近，如果卸船和装新货利索，顶多再过两个月就可以回来了。他开始盘算如何销售运回来的韩国特产，并且喜滋滋地设想着，如果这趟中韩贸易真的赚了大钱，就算创出了一条新路子，以后还可以多跑几趟。把韩国特产出手以后，本钱滚出七八倍来，下次再去可就不只两条船了，可以多买些好东西满满地装它四条船，六条船，八条船……他像《天方夜谭》中的那位捧着一个鸡蛋的人一样，幻想着蛋孵鸡，鸡下蛋，有了一群鸡去换羊，有了一群羊以后去换马，最后成为大财主。不是他做发财梦，回首往事，自从进城到商行学徒至今已有十六七个年头了。多少个朝朝暮暮，多少个春夏秋冬，他在商界苦斗鏖战，历尽艰辛，不觉已过了而立之年。公司绕过多少激流险滩，总算有些积累，平稳发展。如今有了这次中韩贸易的机会，也该突飞猛进更上一层楼了。哪一个成功的商人，不盼着自己的公司兴旺发达呢？

　　两位商务代表押着两条货船到了韩国，在仁川港靠岸了。一路上虽然没有遇上风暴天气，他们还是不适应连日来的海上颠簸，头晕腿软，恶心呕吐，浑身都不舒服。令人高兴的是韩国商人早已恭候在港口，未等他们打听，就主动找上门来迎接了。

　　这几个韩国人都在中国混过事，会说中国话和日本话，大家一见如故亲热非常。韩国老板热情地表示："欢迎大驾光临！二位第一次来到鄙国，旅途劳顿，我们已在仁川预订了最好的旅馆，恭请二位前往下榻休息。"

　　中国客人谢道："您太周到了！我们王老板说，已请正兴德的朋友安排住处，就不给您添麻烦了。"

韩国老板一把拉住他的胳膊就走，说："这你们就太不给我面子了，二位远道而来，是和我们做生意，理所当然应该由我们做东招待。不然，我岂不是要在韩中两方面朋友面前遭人笑话？请一定赏脸，一定赏脸！"

中国人最讲面子，二位商务代表见这几个韩国人又鞠躬又拉拽，确实是诚心诚意要尽地主之谊，也就不好再多推辞。他俩被主人们前呼后拥请到岸上，坐上汽车来到了下榻之处。他俩一看这家旅馆果然豪华气派，房间优雅别致，陈设舒适，心里甚为满意。主人特意为他俩各开一个单间，还派了两个韩国女人伺候，他俩便有些受宠若惊，因为他们在国内也没有享受过这种贵宾待遇。两位韩国女子年轻貌美，温顺多情，盛装长裙，风情万种，见了他俩立即双膝跪倒。他俩慌忙扶起，眉目传情之间已是相见恨晚。她俩伺候他俩洗漱完毕，在海上时的晕船不适早已一扫而光了。这时，韩国老板率领众人前来探望，诚恳地询问："住处还方便吗？如果不满意，咱们再换个旅馆。"

两位客人忙说："满意，满意，您太客气了，太破费了。"

韩国老板又吩咐两个女子好生伺候远来的客人，两女唯唯应诺。

韩国老板笑道："我已在楼下餐厅订了桌位，略备水酒为二位接风洗尘，请二位尝尝我们韩国的风味菜品。"

两位客人千恩万谢地随他们到了楼下雅间，只见矮桌上摆满了山珍海味，地上铺着精致的竹席，别有一番异国情调。大家脱履进屋，席地而坐，敬酒祝辞，好不热闹。上菜之间，两位女子含羞献艺，一个伸出玉指抚弹伽倻琴，一个轻移金莲跳起长鼓舞。一曲作罢，男客们同声喝彩，二女舒玉臂把盏殷勤敬酒。酒过三巡，二女又唱起一首又一首高丽小曲，燕语莺声，轻歌曼舞，两位远方来客刚刚摆脱船晕又陷入酒晕，醉眼迷离以为升上仙境。在天津时，虽然他们也已经涉足商界多年，但因王克昌老板不抽烟不赌博不进烟花之地，酒席应酬也是规规矩矩，从不饮酒过量，更不允许下属狎妓招娼，所以他们没有机会放纵挥霍。这次来到异国他乡，将在外军令有所不从，乐得借机逍遥。何况他们一路上押船风吹浪打，自以为劳苦功高，有主人做东，享受几日又有何妨。

从此，主客频频相聚，日日酒宴，夜夜欢歌，又有二女相陪，游子已是乐不思蜀。不过，两位代表毕竟重任在身，并没有忘记和韩商磋商以货易货的正经事。每次他们问起来，韩国老板都胸有成竹，大包大揽地说："二位只管休息，卸货的事包在兄弟身上。回程装船，我们已经备齐货物，这是易货清单，请二位过目。"

二位商务代表接过清单一看，只见上面详细写明各种韩国特产，尤其名贵的高丽人参，运回中国可以获得极高的利润。他俩非常高兴，再三拜托对方早日装船。韩国老板满口答应，如此又等待数日。

两个韩国女子听说客人催促归期，含怨娇嗔，依依难舍，白衣绿裙者先就落下几滴珠泪，掩面而泣，说："我们姐妹二人和二位先生相遇，也是缘分，本想多伺候先生一些日子，怎么就这么狠心，急着扔下我们回去？您家中太太一定漂亮，我们姐妹自是丑陋，不能讨先生喜欢。"

须眉男儿哪里经得住这般软语柔肠，慌忙赔罪盟誓，倾诉难舍之情。黄衣朱裙的姑娘又好言宽慰："装船卸船的事，自有老板他们操办，你们只管多住些天，别辜负了我们姐妹的一片痴情。"

两个男人含笑答应，也就身不由己地又留了几日。

这一天，旅馆老板来到他俩的房间，一改往日的笑脸，冷冰冰地下了逐客令："你们的房费交到今天为止，往后再住就得你们自己付费了。如果不方便，就请另找住处吧！"

他俩听了大吃一惊，这才想起韩国老板已有两天未见，心里预感到不祥，忙又呼叫两个女子，无人答应。他俩里里外外寻找了一遍，不但女子无踪无影，就连他俩的随身钱财也席卷一空，看来是早有预谋不辞而别了。

他俩慌慌张张跑到海边码头上去看自家船只，沿着港口看了一条船又一条船，却不见中国天津来的那两条货船。他们向码头工人打听，人家说那两条船早已有几个韩国人付了费用回国去了。他俩惊出一身冷汗，意识到自己上当受骗了。这下子可闯下大祸了，价值一亿几千万元的两船货物，就这么不翼而飞了？回去可怎么向公司交代呢……

他俩懊悔万分，气愤至极，决心找到那个韩国公司交涉。事到如今，他们才想起王克昌老板的叮嘱："我已经委托山东朋友在仁川开的正兴德商行做咱们的代理，你们到达韩国以后，马上和正兴德的朋友接头，他们已经为你们安排了旅馆。那里是异国他乡，你们人生地不熟，一定要依靠咱中国人，依靠熟悉的老朋友，住在咱中国人多的地方……"想到这些话，两人反省自己违背老板指示的行为，惭愧万分，痛心疾首，怎么来到韩国以后就把自家老板的话忘到九霄云外去了呢？到达仁川这么多天了，也没有找正兴德商行联系，现在出了大事，怎么好意思去请人家帮助呢？不去找人家吧，两个无依无靠的外国人，语言不通，银钱不多，叫天天不应，叫地地不灵，无法和那家诈骗的韩国公司打官司追回货物啊……

万般无奈，他俩只好硬着头皮投奔正兴德商行。山东商人们听说了事情的经过，全都替王克昌惋惜，立刻按照他俩提供的韩商公司名称去找韩国商务主管部门去查询。不料，韩国商务官方经过仔细查找，这家商行并无商业登记，原来是个虚设的假公司！显然，这是一场经过周密策划的骗局，几个骗子赶在两个商务代表与正兴德商行接头之前，把他俩哄到高级旅馆，施用美人计和小恩小惠，早已劫持货物逃走了。正兴德的朋友说："一些在中国和日本混过事的高丽人经常周旋于三国之间，买空卖空，诈骗钱财，在一国作案得手立刻转到别国别地销赃，短期内他们是不会在仁川露面了。"

两位商务代表最后一线希望破灭了，捶胸顿足，失声恸哭，可是已经铸成大错，悔恨也来不及了。他们眼前浮现了告别家乡时，王克昌老板和公司同仁们在码头上送行的场景，王老板殷切而信任的目光，反复叮嘱的话语，使他俩更加无地自容，羞愧万分：

"二位这趟出海，负有重任，公司同仁辛苦奋斗了几年的心血，都在这两条船上了……"

"公司今后的发展，就指望二位马到成功了……"

"凡事小心谨慎，多与正兴德的朋友商量，我就多多拜托了……"

"凡事小心谨慎……"

"凡事小心谨慎……"

他俩的轻信坏人和贪恋酒色，给公司造成的损失实在太大，实在太大了！

事到如今，哭天抢地已无济于事，可他们还怎么有颜面回天津见家乡父老，还怎么敢面对为此倾家荡产的王克昌先生呢……他俩失魂落魄地离开了正兴德商行，从此开始了流落异国的生活。有时靠中国商人接济，有时打些短工或胡乱做些小生意。他俩总想找到那几个骗子，揪他们找官方去评理，索回两船货物。然而，茫茫人海，到何处去寻觅……

转眼半年的时间过去了，天津本公司的同事们久盼他们不归，急得如同热锅蚂蚁。这次易货贸易不仅关系到王老板的身家性命，职员们的生计也早就和公司的命运联结在一起了。从天津塘沽港到仁川港海路很近，卸货装货再拖延也早该回来了呀……王老板焦虑万分，坐立不安，多少次派人出去打听，都得不到确实消息。两位代表的妻子亲属见他们长期未归，也来找公司要人，哭哭啼啼，催促寻找亲人。王老板只好多加劝慰，每个月及时派人给两家送去薪金，暂时稳住局面再想对策。

王克昌来到海河岸边，希望找到那两个船家，找了一个码头又一个码头，都不见那两条熟悉的船。向别的船家打听，有人说见到他们回来了，现在又开船到别处运货去了。王克昌心里百思而不解，怎么船回来了，人没回来呢？应该运回来的货物呢？船家回来了，显然没有发生海难事故，那么两位一向能干的代表怎么会音讯皆无呢？莫非生意上……

他不敢再想下去了，久久地在河堤上徘徊、眺望。海河蜿蜒地流向入海口，远方白茫茫的雾气里，不时有船只显出身影，越来越清晰了，船头总是有人影在晃动，真希望是他俩在招手。可是，船只过去了一队又一队，让他失望了一次又一次……

终于有一天，他最怕听到的消息得到了证实——两位出使韩国的代表失魂落魄地回来了……

王克昌知道了自己公司的资本在韩国全军覆没的无情事实，呆若木鸡，许久说不出话来。他的脑海里出现了一片空白，犹如海河远方水面上的茫茫水雾。当初，那两条满载货物的大船就是驶进那团白雾中，再也未见回还……自己在十几年来惨淡经营的全部心血，就这样付之东流了……他意识到自己的危险处境，不仅公司赔了血本，濒临破产，为了凑足这笔货款还负债累累。消息一经传出去，债主们就会天天来逼债，自己将会连个藏身之处都没有了……

两个肇事者满面羞愧，痛心检讨，一遍又一遍地赔罪，请求宽恕。王克昌心灰意冷，一句埋怨的话也不愿多说。事到如今，就是把他俩骂个狗血淋头，又有什么用呢？他无力地摆了摆手，叫他俩快些离开。临别时，他只说了一句令人心酸的话："你们平安回来，公司对你们的家人总算是有了交待……"

事情的发展果然不出他的预料，很快地他就陷入债主们的包围中。由于这次韩国贸易亏空太大，北方实业社一时资金周转失灵。虽然银行借款可以设法拖延，但是一般私人投在公司的存款催讨急如星火，每天都有债权人找上门来纠缠不清。在这种情况下，业务已经不能继续维持下去了，只好紧关店门。

情况一天天恶化下去，私人存款户不能谅解，逼债坐等，大吵大闹，公司里半刻不得安宁。甚至有人深夜找到王家，污言秽语高声辱骂，令人不堪入耳，害得一家老小担惊受怕。因为欠人家的债，王克昌只好低声下气央告宽限。只是哄走了这个债主，又来了那个债主，轮番轰炸，步步紧逼，王克昌被折磨得茶饭不思，夜不成寐，精神彻底崩溃了。

一个人到了山穷水尽的绝境，如何挣扎也找不到生路的时候，便会想到了死……日本投降造成的经济波动那阵子，不就有不少破产商人自杀了么，或许死是唯一的解脱……可是，他想到自己作为一个男人，为人长子，为人丈夫，为人父亲，上有父母下有两房妻子儿女，还有弟弟妹妹，一大家子人多年来习惯了依赖自己，信任自己，自己的人生责任还没有尽完啊……死，没有死的权力，活，没有活的出路，这可怎么办呢？在夜深人静的时候，他默默地流下一把又一把辛酸的泪，委屈的泪，天哪，这桩韩国生意，我步步为营，处处设防，并没有疏忽大意啊！要是我亲自押船去仁川就好了，只要有正兴德商行代理易货，就会万无一失啊！苍天为何这样残酷地惩罚我，要我来代人受过呢……

常言说，躲过了初一，躲不过十五，公司压根无力还债，总这么拖下去也不是法子。他找了几个知心朋友商量计策，请大家出主意看看如何才能渡过难关。大家认为只有把全部资产变卖了，分别偿还给闹得凶的债权人，才可求得暂时的安宁。王克昌知道没有其他办法，只好服从众议，吩咐下属人员去照办。

北方实业社倒闭了，全部资产所剩不多，只够抵偿债务。在这种情况下，王克昌本人不宜出面了，只有到南方躲避一时。

他出走以后，由律师夏琴西先生处理善后事宜，通过法律手段以公司的设备财产折价，赔偿了全部债务。

逃走的计划必须非常秘密，走漏了风声被债主们发现了可就走不脱了。他想先去上海住一段时间，再由上海去香港，看看有无发展的机会。

他的妹夫去买了一张由天津至上海的轮船票，明天一早就要启航了。临别的前一天晚上，公司的同事们偷偷地聚在一起，依依不舍地为老板送别。其中，有二位是当年王克昌带领老少残兵四人开始创业时的老同事。王克昌拉着他们的手说："你们跟着我吃了十几年的苦头，原打算等公司发达了一定厚谢二位，现在也没有能力了……实在对不起大家！"

两位老同事早已哭红了眼睛，一个哽哽噎噎地说："这些年劳苦打出的天下……今朝扫地出门……一切都完了！如果不做韩国生意，哪会有这样的残局呢？"

另一位泣不成声："要不是……史副理的义父……介绍咱们做韩国生意，就不会……倒这场洋霉！"

王克昌长叹一声："谁也不用埋怨了，怨只怨我一时大意，要是我亲自去韩国……唉，命该如此啊！明天一早儿开船，今天就算告别了，各位明早都不要送了，让克志一个人送就行了。"

当天晚上，他没敢回家，怕被债主堵住，在公司里度过了离开家乡前的最后一夜。夫人带着孩子回乡下娘家去了，没有来得及告别。金夫人和孩子那边，他已经和她商量好了，等他在上海站稳脚跟，再接她母子回南方去。

黎明时分，当他离开北方实业社的时候，同事们还是赶来送行了。多年来朝夕相处共创事业的老朋友们，依依难舍，热泪横流。直到他的妹夫雇来一辆洋车，搬上去简单的行李，大家才洒泪而别。"洋车"，是一种由车夫脚踏的三轮客车，车座上有严实的布棚子，门上蒙着厚厚的布帘子，座位上只能并排坐两个人。克昌克志兄弟二人坐上去，垂下布门帘，街上行人就看不见车上坐的人了。车夫蹬起车子，神不知鬼不觉地向轮船码头奔去。

　　呜——

　　呜——

　　轮船呜咽着告别几声，缓缓地驶离了这座北方大城市。王克昌站在甲板上，朝岸上的克志摇着礼帽，清晨的寒风吹拂着他的头发，刺痛了他的泪眼，慢慢地望不见弟弟的身影了……

　　海河两岸静悄悄的，人们还没有起床忙碌。他一直凭栏眺望，想多看几眼这熟悉的街景。自从十四岁进城学徒，他已经在天津生活了十七个年头了，事业在这里起家，在这里发展，在这里倾注了青春年华的精力和心血。眼看着公司从小到大，生机勃勃，不料却不慎失足，前功尽弃。当年进城时一贫如洗而来，如今又落个一贫如洗而去，从此败走他乡，漂泊天涯，不知何年何月才能归来……

　　轮船驶出市区，航速加快了。顺流而下，不觉来到了东郊乡下。农历三月，正是农忙的大好时光，小麦返青，稻秧碧绿，田野上春意正浓。朝阳升到东半天，寒气已退，温煦明媚。可是，他心里却仍然战栗抖瑟着，寒彻骨髓。远远的，他望见了大郑村的农舍，鼻子一酸，眼泪一滴滴洒到河里。河堤上桃红柳绿，正心小学里传出孩子们清脆的读书声。自己这一走，不知小学校还能维持多久……当轮船驶过大郑村，他朝祖父坟墓的方向跪拜下去。别了！故乡，别了！亲爱的爷爷。当初，爷爷就是奋斗了大半生发展起来航海船队，八国联军舰队的一阵炮弹，就叫爷爷的船队化为乌有；自己苦苦挣扎了十七年，这次不可挽回的失足又是毁在船只和航海上；而现在自己又不得不乘船去海上漂流了，前程茫茫，凶吉未卜，莫非这就是宿命么……轮船驶过村外的大开洼，这里仍然是连棵树都不肯生长的盐碱荒滩，目极之处仍然是那条贫瘠的地平线在旋转。苍天啊，我们祖孙已经奋斗了三代了，难道就逃不出一个"穷"字了么？爷爷啊，何年何月孙儿才能回来给您老人家扫墓磕头呢……

　　三十年以后，他已经是个六十一岁的老者，才得以重归这块故乡热土。

逆境中的深情厚谊

　　王克昌到了上海之后，暂时摆脱掉了债务纠纷，总算有了喘息之机。周围环境虽然清静下来，但他的心绪仍然十分烦乱，别说想做生意没有资本，就是一日三餐都没有着落，照这样下去，如何是个结局呢？

　　在上海客居时间不长，他就发现不得不把金夫人和孩子接回上海。一则他没有钱寄往天津供给她母子生活费，她和孩子，还有她的母亲和妹妹，一家四口在天津没有了生活来源。再说，她们又都是南方人，他跑到上海来了，她们再在天津住下去已经没有意义，两地分居只会增加开支。二则他一个单身男人在上海漂泊，无人照料食宿，整天在外面买饭吃实在支付不起这笔开销。如能把她们接回上海，有了自己的家，生活就会安定和节省多了。现在，他得一个铜板一个铜板地算计着收缩开支了。把金夫人她们接来当然好，但是，如今他拮据到连她们回南方的盘缠都拿不起了，这可怎么办呢？

　　多亏了他在津沪商界有几位讲义气的热心朋友，患难时刻慷慨解囊，帮助他克服了一个又一个难关。

　　天津的佟相印先生，找轮船公司的朋友帮忙，允许金夫人一家四口人免费乘船回到上海，使王克昌在上海结束了独在异乡为异客的生活，有了自己的家。他对佟相印先生的恩情永远不忘，在以后漫长的人生岁月中，两人结为莫逆之交。后来，佟相印先生到台湾定居，他们之间一直保持着真诚的友谊。

　　天津的焦世祯先生，也没有因为他的破产而冷淡他。焦世祯和王克昌是同行，也是经营洋广杂货的老板，两人素有生意往来。焦老板的公司在上海设有支店，他给支店经理打了招呼，让他关照处于困境中的王克昌。王克昌和金夫人一家在上海的生活，确实毫无保障，每当陷入困境时，他只好去找焦老板的支店借生活费。他也曾是家财殷实的大老板，怎么好意思厚着脸皮一而再、再而三地去借钱？万不得已时求到那家支店，总是窘得面红耳赤，结结巴巴不知说什么才好。支店经理每次都热情接待，如数把钱塞给他。他千恩万谢鞠躬告退："总是来给先生添麻烦，实在不好意思！等我缓过手来，一定如数归还……"

支店经理总是抱拳作揖，恭敬相送说："王先生太客气了！有急用时只管来，大家都是朋友，互相帮忙是应该的。生意人交往，除了赚钱还有个江湖义气呢！出门在外，谁没个难处呢？往后您发达了，我们求到您的时候多着呢！"

这番话说得王克昌心里热乎乎的，充满了对焦世祯老板及其支店经理的感激。他回到家里感叹地对金夫人说："我还有份傻人缘儿，交了几个好朋友。常言道，在家靠父母，出门靠朋友，这话一点也不假啊！"

他的命运真不错，有一天在路上遇到了另一位老朋友李伯如先生。李先生是广东中山县人，原先在上海先施百货公司任推销员，曾与北方实业社上海支店有过业务往来，对王克昌的印象很好，并且十分了解他的为人和做事能力。李伯如听说了他的遭遇以后深表同情，特意把自己的姐夫林先生介绍给他，希望大家找到合作的机会。林先生是开男女汗衫工厂的林记实业社老板，经济情况很好。大家成了朋友自然常有聚会，林先生总是请他们到家里吃广东菜，越谈越投机。经李伯如从旁怂恿，林先生便问："如果王先生有意，咱们可以合作做些生意，不知能否考虑？"

王克昌听了又惊又喜，这正是他梦寐以求的事情，如果能够和林老板合作，对于他来说真是一次绝处逢生的机会。但是，他未敢立即答复，只说回去考虑一下。

李伯如坐在一旁心里好生奇怪，百思而不解。因为他知道王克昌靠借债度日的困难处境，自己和姐夫有意相帮。姐夫主动提出了合作意向，若是换了别人一定当即应承，生怕林老板变卦。可是，王克昌为什么还要回去考虑呢？李伯如满腹狐疑地想：其实，他没有任何考虑的余地，目前对于他来说，已经没有资本来选择机会，只能由机会来选择他了。我帮助他创造了这个机会，他怎么还迟疑不决呢……

三个朋友分手以后一个多月了，王克昌仍然未作答复，这种态度更加叫李伯如难以理解了。这一天，他们相约在外面饮茶，王克昌才郑重地说："林先生，您的信任和好意，叫我十分感动，我当然愿意和先生合作。但是，我的真实状况应该向先生坦白地讲明。我自从做韩国生意失败以后，不要说没有力量投资，就是连生活都发生了问题，还有什么资格和先生合作呢？太遗憾了……"

说着，他羞愧地低下了头。他知道只要把自己的窘况如实相告，人家是不会和一个穷光蛋合作的。他明明知道自己一旦暴露真实家底，就会失去这次谋生良机，但他觉得对朋友应该诚实，不应隐瞒欺骗，更不能把自己的困难转嫁他人。因此，经过慎重考虑，他决定实话实说，宁肯继续忍受贫穷，也要保持光明磊落的人格。

不料，林先生听了他的一番话爽朗地笑了，以茶代酒敬道："王先生果然是坦荡君子！你的遭遇和现在的处境，内弟已经对我讲了。我也早就了解你的为人和能力，今天听君一席话，更加钦佩先生的人品，认定你是个靠得住的朋友。我建议的合作方式是，请你出人力，由我出财力，大家齐心协力，各尽其力，相信一定会有发展。"

王克昌喜出望外地答应了，举起茶杯一饮而尽。他紧紧地握住李伯如和林先生的手，感谢他们的鼎力玉成。

从此，王克昌为林记实业社效力。林记实业社每月支付给他三千元金圆券（当时的一种货币）作为薪金，他和金夫人全家人终于有了生活来源。他为林记实业社跑业务十分卖力气，不辞劳苦多方寻求做生意的机会，企图报答林先生的知遇之恩。不过，由于战后时局不稳，市场混乱，他始终未能如愿以偿。

他不甘心无所作为，想方设法另谋出路。他看到在上海的生意不好做，想起来自己还存放在香港一批樟脑球。那是在抗战胜利之前的事情了，他经营的北方实业社为了推销樟脑球，在香港开设了支店。北方公司倒闭以后，还有五百箱货物存在香港，如能去香港把樟脑球卖掉，也是一笔不大不小的收入。他征得了林先生同意，只身去了香港。

他来到香港可愁坏了，当地人讲粤语，他一句也听不懂，像是到了外国。原先，北方实业社有两位驻港代表王先生和华先生，公司倒闭以后二人已经把事务移交，另谋生计了。作为昔日的老板，王克昌来到这人生地不熟的地方，连个陪同的人都没有，更觉今非昔比满目凄凉。

他好容易找到存放货物的地方，开始为出售这批樟脑球而奔走。哪知香港商店里有一种樟脑球正在热销，无人对他旧存的货品感兴趣。原来，战争结束以后，日本人败走，欧美人占领了亚洲市场。由欧洲进来的樟脑球质地又白又亮，售价又便宜，北方实业社几年前的产品和人家的产品相比实在优劣悬殊，自然不易卖出去。销售受阻，再拖下去只怕连返程的盘缠和食宿费都要赔进去了。

天无绝人之路，正巧当时有几家天津籍的酒商住在香港。凡是天津人来到这里，有困难都找他们帮助，虽然还没有像人家那样正式成立"广东会馆""山东会馆"，但也称得上"天津帮"了。王克昌打听到他们在一家潮州帮的祥发公司落脚，立即前往拜访。见面一听口音，宾主便亲热非常，恰如俗语形容的"老乡见老乡，两眼泪汪汪"，虽说在家乡时并不相识，在他乡遇见就亲如一家了。王克昌拜托他们帮忙销售樟脑球，他们满口应承，介绍他认识了祥发公司的朋友。经过洽谈，他正式委托祥发公司代销。祥发公司的朋友经过一番努力，但这种几年前的产品仍然找不到买主。最后，祥发公司干脆请天津帮商人们买下来了。天津老乡们本着为同乡帮忙的初衷，价钱给得也很公道。

王克昌千恩万谢，同乡们却豪爽地表示：

"王先生别客气，我们正需要这东西。"

"海岛气候潮湿，衣物家具都容易招虫子，樟脑球是必备的东西，我们买谁的不是买呀？"

"我看了贵公司的产品，是地道货，除了颜色不如洋人造的白，哪一点都不比洋人的差。"

"能够驱虫防虫就行了，又不是搽粉，要那么白干嘛？"

王克昌听了这些热情的话语，心窝里涌起一股又一股暖流。他仿佛回到了海河故土，看到了那些闯码头的热血汉子们。浓浓乡情，把天涯游子们的心凝聚到一起了。

他好不容易赚到一些钱，便想到北方实业社倒闭前委派的那两位驻港代表，现在自己再困难，也要发给他俩一些解散费以求言而有信，善始善终。他把他俩找来，把解散费如数发给了他们。两人深受感动，再三表示钦佩老板的品德。在香港那样的地方，多少公司倒闭以后老板都是一走了之，像王克昌这样忠厚守信的人太少见了。

他和上海林先生联络，希望在香港做些小生意，由香港发些货品给上海。但是由于经验不足，不知购进什么货才好。经和林先生商讨，决定第一批装船运往上海的是橘子、苹果。但是，他对做水果生意是外行，对水果在海运途中霉烂损耗估计不足，等到轮船把水果运到上海已经损失不少，再加上上海市场水果充盈且又鲜美价廉。这桩远途贸易不但没有赚到钱，反而把他千辛万苦卖樟脑球得来的本钱全赔光了。他懊悔万分，但为时已晚，又陷入了一贫如洗的境地。

今后的去向在哪里呢？回上海，继续靠林先生供给一家老小生活费过日子？真没有颜面再去见李伯如和林先生。留在香港，又没有本钱做生意，以何为生呢……他独自一人在海边徘徊，左思右想，进退维谷。

温熏的南国海风轻轻地吹拂着他的头发，碧蓝的南海细浪在他的脚下低吟浅唱，变幻莫测的南天云彩是那样飘逸秀丽，还有南方富于亚热带风情的翠树和繁花……然而，这一切在他看来却都显得生疏冷漠，甚至令人伤感。他盼着有朝一日回到北方去，回到那属于他的冰天雪地中去。他是一颗来自北方的种子，如能回到那冰雕玉砌的洁白世界，或许能够医治这颗焦灼破碎的心……

他一遍又一遍地扪心自问：自己自从涉足商场以来，可有慵懒懈怠？没有。可有奢侈淫逸？没有。可有黑心造孽？没有。可有巧取豪夺？没有。可有背信弃义？没有。可有疏忽大意失职行为？也没有。自己勤勤恳恳兢兢业业起早贪黑吃苦耐劳忠于事业忠于朋友恪守信义恪守道德一心只想做个正直的商人，为何命运如此不济时时受挫一败涂地呢？此次香港之行，原想救回一些老本，在林记公司有些建树，也好报答林先生李先生对我的信任和厚待。不料，就连这一点机会老天爷也不肯赏给，照这样流浪异乡何年何月才能有出头之日呢……

万般无奈，他只好搭乘水果船回到了上海。

见到林先生和李伯如，他很不好意思。林先生并没有埋怨他，笑道："胜败乃兵家常事，盈亏乃商家常事，切勿挂在心上，咱们另谋生意就是了。"

老板越是豁达宽厚，王克昌心里越是忐忑不安。想到林记公司每月发给自己薪水，而自己未能替公司赚到利润，无功受禄，岂能安心？他急于报答林先生，又贸然进行上海与韩国之间的贸易。由于缺乏深思熟虑和精心准备，沪韩生意仍然不顺利。为此他伤透了脑筋，跑了多少冤枉路，费了多少口舌，总是不能有进展。或许是流年不利时运不到，或许是急躁所致，方法失当，总归是步步受挫，欲速而不达。

他变得郁郁寡欢，苦闷彷徨，前途渺茫，寻找不到出路。考虑到自己再也不应拖累林先生的公司了，于是主动找到林、李二位提出拆伙。起初，林先生仍然挽留，但王克昌去意已定，也就不好勉强。临别时，李伯如好言劝慰："克昌兄请宽解一些，人生在世不会总是一帆风顺，关公还有走麦城的时候呢！诸葛亮还有卧龙赋闲的时候呢！先生总会有时来运转，大业成功的一天，鸿运在后面呢！"

王克昌叹道："鸿运、大业，眼下不堪设想了，但我还会继续努力的。只是……辜负了二位对我的厚望，白白让公司贴补我一年多的家用开支，实在惭愧……"

林先生急忙拦住他的话头，诚恳地说："这话说得生分了！咱们兄弟义气一场，照顾弟媳子侄，是我应该做的。区区小事，快别记在心上。只盼咱们事业发达，后会有期。"

王克昌自是感激万分，从此三个朋友分道扬镳。

多少年来，他对这些曾在患难时帮助过他的朋友一直念念不忘。当他在日本获得成功以后，在回忆录中写道："我一生中难以忘怀的有三位恩友，一位是焦世祯先生，一位是佟相印先生，另一位则是李伯如先生。无论我在顺境或逆境中，他们三位都以诚意待我，始终如一，使我非常感动。"

常言说：千金易得，知己难求。由于王克昌秉性善良，忠厚待人，热诚守信，竟能在生意场中结交了一些有福共享有难同当的知己朋友，这是一种人生难得的福气，是他那漫长的商海旅程中的感情慰藉。

商场只有赤裸裸的金钱关系之说，未免有失偏颇。不少追求金钱并获得成功的老板都说：人生最宝贵的财富不是金钱，而是人与人之间纯真的友谊。

从这个意义上说，王克昌在这段不走运的时期，物质生活上虽然陷入了贫困，精神生活上却由于有幸享受到友谊的温暖而仍然是个富者。

英国兵舰上的洗衣工

　　王克昌和李、林二位朋友分手以后，生活又没有了经济来源。他在上海有金夫人及孩子，金夫人的母亲和妹妹，一家人都靠他挣钱生活。他在天津还有父母，正室夫人及两个孩子，一大家子人等着他寄钱过日子。两个弟弟和一个妹妹虽然都已成家，也都能赚一些钱孝敬父母，但他身为长兄一向是家庭的支柱，为人长子的责任一刻也未敢松懈。再说，一个曾经取得过成功的老板是不会甘心落魄的，总还要做生意，伺机东山再起。

　　眼看在上海难于发展，他终日愁眉不展。听广东来沪的商人说，日本战后百业待兴，发展商业的机会很多。他想起自己还有几位日本朋友，便想去东洋闯一闯。但是，在上海办理去日本的签证非常困难，听说经由香港去日本比较容易。既然下定决心出去闯天下，哪里他都敢去。于是，他想方设法凑足了去香港的路费。

　　1947 年，他第二次来到了香港。不料，到了这里打听办理去日本的签证手续一事，才知道只有广东人申请容易，外省人申请仍然很困难，尤其经济力量不足的人更难以批准。

　　他又一次困在了香港，连返回上海的心绪都没有了，回去又该如何呢？不还是一家几口人要吃饭，要生活，不还是苦苦挣扎一筹莫展么……留在香港吧，语言不通，生活费又高，做生意无本钱……看来只有去日本，或许到了另一个国家会有新的机会。可是，办不来签证，怎么样才能找到办法去日本呢……

　　他又独自一人来到海边徘徊，依然是左思右想，进退维谷。看来，香港这个繁华的海港对他这个北方游子不肯施舍一点点温情。唉……温熏的南国海风依然轻轻地吹拂着他的头发，碧蓝的南海细浪依然在他的脚下低吟浅唱，变幻莫测的南天云彩依然是那样飘逸秀丽，而他这个人呢？依然是孑然一身，不寒而栗。茫茫大海，哪里是出路……

他漫无目的地顺着海边走着，不觉来到了海港码头。前方停泊着许多轮船，装货卸货一片繁忙。他百无聊赖地徘徊着，看到路边有一广告牌子，上面贴着一些招工布告。他伸长脖子瞧了个仔细，大多数是招收码头搬运工人或有经验的海员，自己都不适合去报考。忽然，他发现有一艘英国兵舰的招工启事上写着需要洗衣工人，而且这艘兵舰正巧要开往日本。于是，他当即决定去舰上当洗衣工人。

找到了去日本的门路，在瞬间惊喜之后，他又陷入了深深的悲哀。唉，我也曾是一家体面公司的老板啊，如今真的沦为打工仔夫给洋水兵洗衣服么？想来想去，大丈夫能直能弯能屈能伸，为了能够到东洋去开拓新的发展机会，再苦再累的活也得干。

他打听到那艘英国军舰的停泊处，在码头跳板口求哨兵帮他找管事的。他不懂英语，为了说明来意，他只好打手势指指自己，再指指舰上，抻抻自己的衣服，再用双手做出搓搓板洗衣服的动作。金发碧眼的水兵看懂了他的手势，但指了指他的长衫，又指了指光着脊背扛着重货往舰上搬运的码头工人们，脸上露出怀疑的笑容说，"NO！NO！"

他这才发现自己的长衫打扮和文质彬彬的举止，使对方看出来他不属于卖力气的打工阶层。看来这家伙常驻香港，对中国人身份的区分已经很有眼光了。为了取得他的信任，他刷地一下了脱掉长衫，又脱掉了短褂，只剩一件贴身背心，让那洋兵看看他农民出身的古铜色的脊背。他握紧拳头蜷起胳膊让水兵看看自己绷起的肌肉，又做出双手搓搓板的洗衣服动作。哨兵笑了："OK！"

哨兵朝舰上一个后勤管事哇里哇啦喊了一通话，甲板上那个管事打了声呼哨，招手叫王克昌上舰。

王克昌谢过哨兵，穿过跳板爬上舷梯。这一回他干脆把长衫和短衫叠好了塞进手提包里，只穿着背心大大咧咧来到舰上。见了管事，他又用同样的手势先指指自己，再伸出双手做出搓搓板洗衣服的动作，表示自己可以胜任洗衣工的工作。管事捏了捏他的胳膊，又叫他转过身去走几步，看了看他的体格。"OK！"管事拍了拍他的肩膀，一歪头示意他跟着他走。他跟着管事钻进船舱，下了一层陡直的铁梯又一层陡直的铁梯，来到了热气蒸腾的洗衣舱。

从此，他成了英国军舰上的一名洗衣工人。他不懂英语，无法和英国官兵交谈。洗衣舱里还有几个洗衣工，但他们都是广东人，彼此语言也不通。他只能终日低头洗着水兵们脱下来的军服，必须交谈时只能像聋哑人似的比划些手势。休息时间也没有一个人可以坐在一起叙谈叙谈，他只好独自闷坐着想心事。

香港气候炎热，水兵们操作一天汗水就浸馊了衣服，英国人又特别注意仪表整洁，每天必须换上洗干净熨平整的军服。所以，洗衣舱里有着洗不完的脏衣服。这里又闷又热，热水槽里蒸发的雾气弥漫着，更叫人喘不过气来。在这里他成了名副其实的打工仔，赤裸着上身，任凭汗水在胸膛和脊背上流淌。下身只穿一条短裤，早已被汗水和水雾浸泡得跟水里捞出来的一般。在这样潮湿闷热的底舱里，你就是穿上衣服也会透湿透湿贴在身上，还不如赤膊干活痛快。他的双手整天泡在肥皂水里，把皮肤都沤坏了。熨烫衣服时，他得时时用毛巾擦汗，满脸的汗水才不会滴在干净军服上。半天干下来，他已经成了个水淋淋的人儿，出汗过多几乎就要虚脱了。吃午饭的时候，他端着饭碗到甲板上去透透空气，吹吹海风。不然的话，下午再钻进洗衣舱里干活就很难坚持下去了。

夜晚，他躺在甲板上伸展一下弯了一天酸疼的腰身，望着满天星斗思绪万千。想想自己从小到大，虽然家境贫寒，却从来没有受过洗衣之累。慈祥的妈妈总是替自己把衣服洗干净，缝补好。刚到天津学徒时，因为只有一身衣裳，每天晚上洗干净晾在厨房锅炉旁烤干，第二天再穿上。不过，那时候只是洗洗自己的衣服，并未觉得怎样辛苦。后来，他独立创业办起公司，把家属都接到天津居住，家里有妻子、妹妹和母亲三位勤劳的女人，就再也轮不到男人洗衣服了。不料，现在自己却受起这份洋罪了……

军舰在香港停泊了几天，装满了军需补给，就朝着去日本的方向启航了。他每天掐算着航程，盼着早日到达目的地，脱离这终日蒸烤水泡汗流浃背的苦工。

傍晚歇工以后，英国人都在餐厅里饮酒作乐，船舱里传来悠扬的西洋乐曲和水兵们舒缓的歌声。他独自一人倚在船舷栏杆上乘凉，望着天水一色的大海心中倍感寂寥。他听不懂水兵们唱的歌词，但从那清一色男人的浑厚合唱中，他感受到某种思恋的情怀，思恋遥远的故乡，思恋亲人，或是思恋所爱的女人。在这一点上，他的心和那些语言不通的洋兵们是相通的……

兵舰在行驶着，周围望去目极之处连个小岛都没有，只有广袤旷远的天空和大海，船行时失去了参照物，便显得速度很慢了。他不由得自言自语："唉，还要几天才能到日本呢……"

他已经当了好多天哑巴了，有话只能对着无边无际的大海倾诉。海浪拍打着船头，发出撞击的哗哗声响，替他宣泄着心头的积郁。

西半天的血色云霞渐渐暗下去了，发出紫晶般纯净幽远的余光，海面上也就宛如洒下一层光点烁烁的紫晶石，渐渐地暗下去，暗下去，变成蓝黑色的宝石了……一弯钩月早早地从海里升上来，勾起望月人多少愁思多少心绪……

"哦，起风了。"他又嘟哝着自言自语了："今天夜里刮的是南风，这风是推着浪头朝北去了呀……"

是啊，海涛变大了，船头的水花撞击声变响了。后浪推着前浪，波波浪浪涌向北方苍茫的海平线，把他的心绪引向故乡所在的北方……望着朦胧月光下的浩淼大洋，不由得令人想起自己家族的命运总是和水联系在一起，祖祖辈辈居住在海河之畔；爷爷当年的创业是从船运开始，以八国联军把船队炸沉告终；爷爷回乡以开水铺为生，自己从小就给水铺挑水，每天得挑六十桶水；自己到天津学徒师满独立创业开办的公司，也邻近海河岸边；中韩贸易失手，自己的资产全军覆没在两条船上；逃离故乡天津，又是乘轮船南下的；如今自己又成了洗衣工，整天泡在水里……军舰乘风破浪朝着日出之国前进，这又是一程凶吉未卜的水路啊，它能不能带来转机和运气呢……

英国军舰到达日本，停泊在神户港。他告别了英军后勤管事和那个好心的哨兵，登岸踏上了日本的土地。他漫无目的地沿街张望，不知在何处落脚。初到异国，人地生疏，东西南北都辨认不清。好在他在天津时学会了半口日语，还能打听一下道路。他打听着来到火车站，买了火车票准备坐火车去东京。他想起了曾在天津塘沽永利碱厂当厂长的好朋友福泽平八郎，上火车之前，他打电话通知福泽先生自己到达的消息。福泽非常高兴，忙问清车次，亲自到东京车站迎接。

在混乱的东京火车站，福泽平八郎在月台上张望着，终于在下车的旅客中找到了王克昌，两个老朋友紧紧地拥抱在一起。

从1945年9月福泽跟随遣返的日本人离开中国，到现在不过两年的光阴，但已世道大变，恍如隔世。这一对在战乱中相识，在停战后离别，又在战败的日本本土重逢的老朋友，见了面都仔细地把对方端详了一番，悲喜交集，嘘寒问暖，亲热非常。王克昌笑道："在香港听说日本战后饥饿和失业问题严重，看你的气色还好，混得还不错吧？"

福泽感激地说："要不是你帮我偷偷带回来那些美元，我们一家人可就惨啦！我总是向太太孩子说起你，我说中国人真聪明，把钱钉进鞋后跟！要不是王先生帮忙，咱们一家也要挨饿受穷啦！哈哈哈！"

王克昌笑道："区区小事，何足挂齿！还是先生走运，过关时没有被查出来。"

福泽问："你来日本是做生意？"

王克昌长叹一声："唉，我的运气糟透了，去年春天从天津是破产倒闭扫地出门逃出来的……"

福泽大吃一惊："咦，贵公司做得很好的呀！"

王克昌对他讲述了韩国仁川遇歹人骗去全部资本负债累累，上海香港苦苦挣扎没有进展等等遭遇。

福泽听罢唏嘘不已："想不到，先生这样的好心人，会遇上这等气人的事情!"

王克昌又说了来日本寻求机会的打算，询问日本的市场情况。福泽苦笑道:"市场？几乎是空空如也，你看了就知道了。"

王克昌留心街景，果然是一片战败景象。到处是美机轰炸后的废墟，时隔两年，仍无修复的迹象。路旁有许多面黄肌瘦的饥民，商店里只有空空的货架。有人扔在地上一个烟蒂，竟有二十多人去抢。他看到这些情况真是触目惊心，这还哪里有当年侵华战争中日本兵耀武扬威的影子呢!

福泽想请老朋友到酒店小坐，但他们转了好几条街，连一家像样的饭馆都找不到。他们好容易找到一家饮食店，坐下来叙谈。

福泽向店家打了个手势，说:"要一壶茶!"

侍者端上茶壶，往杯中一斟，却没有茶的颜色，只见两杯白水。王克昌感到奇怪，心里想:刚才明明听懂他是要茶么……福泽故作神秘，笑着眨眨眼睛，又吸吸鼻子，示意让他闻一闻。王克昌端起茶杯一嗅，才发现原来是酒，便问:"为什么要把酒装在茶壶里卖？"

福泽叹道:"自从日本战败，美军下令不准百姓喝酒享乐，饭馆只好偷偷地出售。"

两人又感叹一番世事的变迁，聊起在天津时丰盛的酒宴。福泽无限神往地说:"那年你送给我的那坛高粱老酒，啧啧，可真香啊!什么时候还能喝上那样的好酒呢!"

他一边说，一边吧嗒着嘴，似乎喝了那坛美酒至今还口角留香。

王克昌费了许多气力了解东京的商界情况，试图寻找好做的生意。但是，这里的社会秩序十分混乱，简直不像个国家，满目疮痍，到处残留着战争的伤痕。日本人民吃的、穿的、住的都无法达到起码的生活水准，国民道德也低落得一塌糊涂。例如搭乘公共汽车和火车，本来应该由车门出入，可大家为了争取时间赚钱活命，许多人都从窗口爬上跳下，这下子可就苦了老弱妇孺，谁还顾得了那么多。要不是亲眼所见，真不敢相信一向以多礼著称低头哈腰的日本民族会变得如此不讲公德。

同行关心同行，他特意看了一家又一家百货店，商品匮乏，通货膨胀达到难以想象的境地。就连上野松坂屋这样的大百货店，也只有仅供观赏的样品陈列，并无现货可卖。他也和一些厂商做了接触，但他们个个实力空虚，缺乏恢复生产的资金，许多停产的厂房等待廉价转让出售。

在这样一个混乱、贫穷、衰落的国家，从哪里入手开拓新事业呢？王克昌又一次陷入了困惑和无奈，对今后如何生活一时理不出头绪。

仁川大雪困守韩国

　　王克昌花了两个月的时间了解日本的经济情况，发现美国占领军百般压制日本民族工商业，不准他们东山再起。许多工厂主因陷于倒闭而急于把工厂卖出脱手，以求收回现金。其中，有一家王子纸制会社东京分厂，卖出时只索价三百五十万日元，非常便宜。王克昌看了厂子以后动了心想买下来，以求在日本发展新的实业。但是，他手头缺乏资金，便计划回香港运一批应用商品到日本，卖出商品换了现金再买进王子制纸工厂。

　　福泽平八郎先生也帮助他向旭硝子会社争取代理权，事情颇有进展，也需有资金成立一个小公司，以便推销旭硝子产品。

　　两项计划都很理想，但没有资金办不成事。于是，他不辞辛苦返回了香港。

　　当年冬天，他在香港想方设法置办了一批赴日商品，又好不容易办好第二次赴日手续。十一月中旬，他带着货物仍然搭乘英国兵舰启程了。

　　这次他搭乘的仍然是英国兵舰，兵舰由香港途经上海，再到韩国仁川停泊几日，最后才能到达日本，他也只好随船绕道而行了。

　　但是，意外的事情发生了。这艘英国兵舰到达韩国仁川时，舰长突然接到香港政府发来的急电，说印度甘地被刺逝世，命令军舰停止赴日本火速返回香港，准备应付印度形势的变化。这一天是 1948 年 1 月 30 日。

　　当时印度和香港都是英国殖民地，英方对甘地被刺事件反应激烈是很自然的事。甘地是印度民族运动领袖，在印度被尊称为"圣雄"，曾留学英国，研究法律。第一次世界大战以后，他在印度倡导对英国殖民政府"不合作运动"，长期领导印度国民大会党。面临印度民族独立运动的高潮，英国于1947 年公布《蒙巴顿方案》，实行印度和巴基斯坦分治，借以削弱民族运动力量，维持大英帝国的殖民统治。同年 8 月 15 日成立了印度自治领，仍为英联邦成员。在这段重大变革中，印度各派政治力量的权力角逐十分激烈，各教派纠纷错综复杂，甘地被刺事件使得印度和南亚形势更加险恶多变了。

王克昌无可奈何地在仁川下了船，途中遇到这样震惊世界的大事，谁又能预料呢！没法子，他只好把准备带到日本去的商品，全部在仁川港卸货了。

仁川市一片冰雕玉砌的景象，大雪深积三尺。他艰难地踩着没腿的大雪监督卸货装车，冻得鼻子通红鼻涕结冰。他一边不停地跺脚呵手，一边望着这座冰天雪地的陌生城市，从内心里打着寒战。这种灵魂的颤栗不仅仅因为气候的严寒，更是出于不堪回首的往昔噩梦：仁川，正是两年前害得我倾家荡产的地方啊……

想当初，我倾尽了多年积蓄的全部资金，又拖欠了别人的贷款，好不容易凑足了价值一亿几千万元的两船商品，盼望来韩国做一笔好生意。不料，两位商务代表遭到坏人欺骗，两船货物无影无踪就是消失在这仁川港啊……

想当初，我是如何愁苦地一天天在天津海河码头上苦等，久久地在河堤上眺望。远方白茫茫的雾气里，不时有船只显出身影，越来越清晰，船只过去了一队又一队，却总是不见熟悉的人影……

想当初，我这个破产商人为了躲债，告别亲友含泪南逃。轮船驶出市区，顺流而下路过东郊故乡。那时虽是农历三月，春意正浓，我心里却也是这么颤栗着，抖瑟着，寒彻骨髓。轮船驶过大郑村时，我朝着祖父的坟墓方向跪拜下去……苍天啊，我们祖孙已经奋斗了三代了，难道就逃不出一个"穷"字了么？爷爷啊，何年何月孙儿才能回乡给您老人家扫墓磕头呢……

两年来，我拖着疲惫的身心南下上海，客居香港，漂泊东洋，做小买卖，当洗衣工，这一切的灾难，都是来自仁川港啊……神差鬼使的，命运把我送到了仁川，你这座严酷的异国城市，又留下了我惨淡经营置办的货物。此次意外变故，不知是凶是吉。仁川啊，我与你无冤无仇，为何如此残忍地捉弄我呢？莫非前世我在你这里作了什么孽么？这辈子三番两次找我索债么？莫非这就是宿命么……他在大雪里跋涉着，怨愤地默想着，但他不甘心半途而废，暗暗勉励自己，不向命运低头，一定要争取绝处逢生。为了避免货物再次出现闪失，他找到仁川万聚东商行中国朋友李先生做总代理，就地出售这些货物。拿到现款以后，他好回香港重新购货，再渡日本。

这家商行收了货物之后，先付给他半数货款，双方说定剩余的一半货款等他们经理到香港时付清。本来临时急于售货价钱已经压得很低，对方还提出了这种要求，他独自落难异国也只好依从了。

他拿着一半货款回到香港，苦苦等待万聚东商行经理去香港。总算把这位姜经理盼来了，他去拜见姜先生，赔着笑脸委婉催款："我是小本经营，资金实在难以周转。请您多多体谅，把那一半货款赐付结清……"

姜经理却说："哎呀，实在对不起！我这次来香港，所带的款子全都买了货物了。欠款这次不能还了，很是抱歉！请您再去一趟韩国，到了仁川一定结清。至于登陆的许可证等事，敝公司可以作保并代办手续，麻烦您再跑一趟吧！"

王克昌能说什么呢？落难异乡的小商人重新起步，一分钱难倒英雄汉，那一半货款追索不来，就无法购置货物去日本实现买工厂做实业的计划。事出无奈，他只好再度去了仁川。

这一次，他乘坐英商太古洋行的轮船"新江号"，装去了缝衣线、香烟、纸、杂货用品等货物。又一次登上仁川港的码头，他对这座曾给他带来没顶之灾的城市已经不再惧怕，决心在这里售出货物，把损失的钱赚回来。

为了这趟生意，他在韩国住了一年半之久，想去日本发展实业的计划，不得不搁浅了。

在韩国的中国商人中，大多数是抗日战争胜利以后去的。他们分为山东帮、上海帮、四川帮等等，相比之下，王克昌和他的合作伙伴祥发公司的姚慕秋先生，算是捷足先登了，赶上了港、韩、日几方面都在战后恢复经济的好机会。

姚慕秋先生是一位正直守信的商人，他与王克昌结为好友，彼此一言为定，以诚相待。他俩密切合作，在同行业的竞争中站稳了脚跟。王克昌以万隆商行的名义经营，很快地成为成绩最好的公司。

为了能够东山再起，王克昌拿出了当年在天津从头创业时的吃苦精神，日夜操劳，事必躬亲，生怕再有半点闪失。做港、韩之间的贸易，最叫人伤脑筋的是回头货问题。香港商业发达，货源丰富，租船把货运到韩国也很容易。但是租船费用昂贵，不能只拉单程货呀！从韩国往香港运回什么呢？当时的韩国，多年来一直沦为日本的占领地，经济不发达。第二次世界大战结束以后刚刚有了喘息之机，但仍然很贫穷。能够销往香港的土产除了水果土豆以外，就是海参，除此以外几乎没有选择的余地。王克昌经过多方打听，搜集货源，发现仁川港有时卸下从大连、青岛、石岛等地转口运韩的土产，大豆、芝麻、豆油、菜油等货品，在香港市场很好销。他宁愿多出一些价钱收买，迅速把这些东西装上返港的船只运回，解决了回头货问题，到香港把货售出就有赚头了。

他像蚂蚁搬运冬粮一样辛辛苦苦往返于香港和韩国之间，利用两地市场需要和差价选择适合的商品，一点一滴积累着资金。

当时通讯和交通都不发达，做贸易是很费时费力的事情。有些转口来的热销商品的货主大概也是考虑到回头货的需要，提出以货易货的要求，王克昌也总是答应操办。但是，韩国的进口货物市场集中在距离汉城只有四十公里的海港仁川，而出口货物市场的集中地却在朝鲜半岛东南端的海港釜山。由汉城搭火车去釜山，途中要花去十几个小时，别无更快的交通工具。每办理一次易货贸易，他都是在仁川和釜山之间往返数次。就是再辛苦，再麻烦，他也不肯放过一次哪怕是小小的赚钱机会。

说起通讯来，那就更惹人烦恼了。国际贸易，路途遥远，彼此市场信息必须灵通，随时掌握行情才好下进货出货的决心。但是，那时候别说没有电传、传真、程控直拨国际电话，就是普通的电报电话通讯设备也少得可怜。在韩国如要打电话给香港，必须由美国三藩市转接，很不方便。打电报呢，又必须使用英文，而王克昌不懂英文，这不是要难煞人嘛！

有一次，他与一家客户签订了四十吨白报纸的合同。对方讲好急用这批纸张，他满口答应按期交货。

时间紧迫，必须给香港祥发公司打电报。他拜托英国太古洋行驻韩国公司的华文账房吴先生代拟电文，讲明急需四十吨白报纸请速发货。

电报发出以后，他等待香港货船早日到来。好容易盼来了纸张，卸货一看却只有四吨。他非常生气，以为香港祥发公司弄错了数字。去信大发牢骚提出质问。不料，祥发公司寄回了这边发去的电报原文，才知道是电报打错了。

这次失误的结果，一方面，耽误了用纸客户的货期，王克昌的公司不但得对客户赔偿，信誉也因此受到影响，失去了这家本来有着良好合作前景的客户的信任。另一方面，他还得写信向香港祥发公司道歉。

他只好东奔西走办足了回头货，装到船上销往香港，尽力弥补这次不该有的损失。送走了货船，他徘徊在仁川港码头，心情久久不能平静，懊悔自己青少年时代没有好好学习英文……在裕恩永商行学徒时，于老板给自己提供了学英文的机会了啊！那时候年幼无知，不甚懂得学问是万业的基础，更没有想到不识英文的人做国际贸易会吃大亏。等到进入社会以后再想求学，环境已经不许可了……这几年到处漂泊，到处碰壁，如同一片孤零的落叶任凭秋风横扫，好似一只折帆的孤舟任凭海浪抽打，屡屡受挫，疲于奔命，哪里还有条件做学问呢……这可真叫少壮不努力，老大徒伤悲啊！

由学问的不足，他想到了少年失学，想到了家乡的亲人。停泊在码头上的船只里，就有驶往天津塘沽港的货船，像是有一条扯不断的缆绳，把他拉到了这艘来自故乡的轮船跟前，倚着码头栏杆久久地凝望它。一队队码头工人扛着箱子或麻包，在给船舱上货。甲板上的船员大喊大叫着指挥装舱。久违了的亲切的乡音在海风中震颤着，声声句句敲击着他这颗异国孤客的心，他的双眼一下子涌出了热泪。转眼间，已经离开家乡三年半了，何日是归期，何日是归期呢……

由少年失学的遗憾，他又想起了自己和二位校董在故里兴办的正心小学，耳畔又响起了海河畔的琅琅读书声。自己离开以后，小学校不知怎么样了，八成是办不下去了……想到教育事业的半途而废会耽误家乡子弟一代人，失学的孩子长大以后，仍然会遭受我这种因知识不足贻误大事的失败，他心里一阵发紧，感到更加痛楚了。他咬着牙对自己说：王克昌呀，王克昌，如果日后你还有发达的机会，一定回乡重办正心小学！一定要资助教育！不能让更多的家乡孩子再受这份文化低的罪了……

由背井离乡的漂泊，他又想起了造成这一切噩运的祸根——仁川港两船优等货物的被骗流失。这个害得自己一贫如洗的仁川港啊！这个使自己抱恨终生的仁川港啊！既然是在这里跌倒的，就要在这里爬起来！既然在这里蒙羞，就要在这里雪耻！我要在这里把失去的钱财赚回来，让那些骗子奸商看一看，几年以后，我王克昌又是一条好汉……

吃一堑长一智，此后他再做生意时格外小心，凡落到文字上的合同、电文诸事都要再三核实，防止疏漏。在和韩国商人打交道时，他尤其审慎。有了过去的天津两船货物被骗的宝贵经验，现在他的公司对韩生意的商规是一手付钱一手交货。无论对方使出什么花言巧语或色相诱惑，全不上当。

说起韩国的做韩、港贸易的商人，其中真正土生土长的韩国人很少，由正经的商行学徒出身者就更少了。他们中间，有的是曾经侨居中国，战后归来的；有的是曾经侨居日本，战后归来的。这些商人，不但能讲日本话，也会讲中国话。所以，由上海、香港、大连、石岛去销货的中国商人，很容易受他们的欺骗。中国人初到韩国，人生地疏，语言不通，对韩国的法律商规和市场行情也不熟悉，只好依靠这些会说中国话的韩国商人了。真正有实力而又正直守信的韩国商人，却因语言的阻隔难于介入了。

当时经营港韩贸易的客户很多，大多数都是来自香港的中国人。其中许多人重复了王克昌受骗上当的悲剧，被韩商骗去商品而不付款。这些小商人很可怜，第一次装来商品一旦被骗去，立足生根做生意的老本就蚀光了。不明真相的新手被坑得好惨，连返程路费都筹不出来了。逢到此种情况，王克昌总是尽力相助，出于同病相怜之意。那些轻信者就算回到香港，公司老板也不能容纳他们了，其下场都是很悲惨的。

一朝经蛇咬，十年怕井绳。韩国奸商的骗术再狡猾，在王克昌面前也不管用了。

有一次，两个韩商找王克昌谈生意。其中一个姓许的是老上海、中国通，可以说他身上集中了韩国人、中国人和日本人的恶劣品质，三个民族的优点他却全未学到。另一位姓吴的是釜山大地主，是姓许的拉来作陪的。

双方刚见面，许某马上慷慨热情地请王克昌去吃高级韩国菜。席间，许某敬酒笑道："王先生，您一定听说过吴先生的实力，吴先生是釜山有名的财主，釜山港又是我们韩国最大的出口海港，您和我们做生意，保证有赚头。"

王克昌不露声色地表示："这我当然愿意，只是不知这笔生意如何做法，请许先生赐教。"

许某便说："我想，咱们都是有名有姓的体面人，有公司的字号，跑了和尚跑不了庙。做生意，先交朋友，讲的是个义气和信任。请您在仁川交货，由我负责把货运到釜山港出口，货到釜山后，吴先生和我立即付款，您看怎么样？"

王克昌则委婉而客气地说："久仰二位大名，尤其吴先生是财力雄厚的老板，不至于拿不出现金做现货生意。既然交个朋友，我这批货虽然有不少客户订购，我还是愿意给二位优先权，价钱也好商量。条件只有一个，一手交钱，一手交货，希望二位朋友尊重我们公司的商规。"

许某听了他的答复，立刻面露不快，这次洽谈只好告一段落了。

事后，王克昌考虑到吴先生在釜山有不动产，不大可能做那种骗局得逞立即逃跑的勾当，待人也还算谦和诚恳。有意和他交个朋友，便去拜访他，以诚相待，诉说了当年自己因轻信而倾家荡产的遭遇，请他理解自己的苦衷。吴先生深表同情，并暗示了他也对许某品行的不满，抱怨道："唉，不瞒先生说，中间有朋友介绍，拉着我跟他做生意。买卖没做成什么，他可总是找我要交际费。碍于朋友情面，我也就不好计较了。不过，他这几天一直在动贵公司那批货的脑筋，先生小心一些是对的。我是釜山大户人家出身，守家待业的，须爱护自己的名声。先生放心，我已经决定退出这桩生意，不做对不起您的事情。"

王克昌了解到这些情况之后，心中有了准备。

三天以后，许某又到汉城万聚东商行约见王克昌。这回他一改客气热情的态度，见面第一句话就说："如果这批货你不交给我的话，你在韩国的生意恐怕不能继续做下去了，请你考虑。"

别看王克昌平时见人总是谦恭礼让笑脸相迎，那是出于商家和气生财的传统。其实，他骨子里毕竟是个在中国北方长大的血性汉子，自古燕赵之地多豪侠之士，他哪里害怕一个江湖骗子的虚声恫吓？况且，日本已经投降三四年了，中国毕竟是盟国战胜的一方，这些会讲中国话的朝鲜人毕竟在侵华战争中帮助日军做了不少坏事，当今的中国人已经不是软弱可欺的亡国奴了。面对许某的威胁，他正色回答："只要我们中国驻韩大使馆在一天，我就敢在贵国做一天生意，这一点请许先生不必担心。"

分手以后，许某没有敢再来找麻烦。

王克昌依旧和姚慕秋先生的祥发公司合作港韩贸易，进展十分顺利。他们充分利用了战后难得的好机遇，顺应了韩国急于恢复经济的需要。过去几十年，韩国一直受日本统治，战后突然独立了，一方面百业待兴，一方面却乱糟糟的毫无秩序。海关管理还没有来得及纳入轨道，税收制度也很粗放，不管什么商品物资进口，一律按报价加一成课税。市场紧缺的俏货也罢，获利高的消费品也罢，一古脑只需上百分之十的关税就可以长驱直入了，外商便有了许多从中获利的机会。王克昌和姚慕秋的合作已经驾轻就熟，他们一个在韩国了解市场行情，一个在香港及时提供货源，往返一趟海运，平均能够赚到两倍以上的利润，有时抓到冷门货可以有四倍的赚头呢！

不久，王克昌的万隆商行在仁川、汉城、釜山一带的华人商界，已经是名列前茅了。

但是，树大招风，他也遭到了同行的嫉妒。韩国设有物价安定调查机关，已经把他列为注意对象。万聚东商行的账房刘永新先生是他的朋友，平时两人谈话很投机。刘先生得到这个消息以后，急忙来告诉他，并多次劝告："韩国物价安定调查机关的人已经到我们商行好几次了，查问你的情况。可能是同行中有人去诬告了，你还是回香港去避一避吧！"

王克昌答应着，但有些商务一时脱不开身，只好又拖延一些日子。果然，有一天韩国调查官找到他谈话，再三盘问，来头不善。

他一看形势不好，决定暂回香港。于是，他以去催款为名，搭上了回香港的轮船。

轮船驶离了仁川港，当他站在甲板上回首眺望这座曾经使他遭受惨败的城市时，脸上显出了得意的微笑。曾几何时，他已经实现了雪耻的誓言。经过一年多的努力，过去由天津运货来仁川被骗所损失的钱财，已经在韩国全部赚回来了，而且还有盈余呢！尤其叫他感到骄傲的是，他只是凭藉多年的经验和教训，诚实经商，并没有去做那种鼠窃狗偷之事。

望着浩瀚大海，他心潮澎湃，要是此时回到故乡向父母妻儿报告这个喜讯，那该有多好哇！可是，听说国内战火又起，共产党的军队已经包围了天津城，今后的形势不知如何变化，还是再看一段时日再说吧……

海难触礁死里逃生

    1948 年冬天，王克昌返回香港，受到同行业朋友们的欢迎，天天被熟人邀请吃饭。商场犹如讲实力的竞技场，光荣永远属于胜利者。他在韩国取得的成功，在香港洋广杂货界早已美名远扬，再加上往返贸易结交了许多生意伙伴，如今钱囊充盈载誉归来，自然有一番热闹应酬。

    祥发公司老板姚慕秋先生，和王克昌的关系非同寻常，每天来到旅馆和他倾谈。姚先生是一位见多识广的忠厚长者，在商场拼杀多年，看破人世间荣辱盛衰，而今年事渐高，做生意的思路和作风愈发老道稳健了。

    王克昌向姚先生请教今后在香港发展的策略，姚先生沉吟思忖，暗想：王克昌的为人，忠厚，轻信，好面子，吃苦耐劳敢作敢为有余，投机取巧工于心计不足。这几年总是到处奔波疲于业务，现在有了一些成绩，应该沉静下来总结一下了。香港这地方是个自由港，南来北往的客商凑到一起只有金钱关系，人情淡薄。王克昌却恰恰特别看重人情面子，不大会拒绝别人，讲究朋友义气。韩国的中国商人里面北方人多，特别是山东帮，多有豪侠义士，他的这一套行得通。可是到了香港，情况就复杂多了……再说，他不懂广东话，又不懂英语，要想在香港发展是很困难的……

    王克昌见他久久不语，笑着催促："先生是我的合作恩友，知己朋友之间可以无话不谈，有什么看法，您只管讲。"

    姚慕秋呼了一口茶，讲了一套经过深思熟虑的打算："王先生，你回来以后忙于应酬，我在一旁想了又想，该给你提个什么建议才好呢？我在香港多年，深知这里行情多变，一夜之间可以发财，也可以破产跳楼。偶有不慎，一失足成千古恨。我想……咱们在商场奔波多年了，也都很辛苦了，应该有个喘息之机。咱们不如把分到手的利润派做三种用场：先拿出一部分置产业，房地产不会贬值，日后不管怎样，在这里都有个立足之地了，哪怕是当寓公呢！"

王克昌听了点点头，表示赞成。

姚慕秋继续有条不紊地说："再拿出一部分钱来存入银行，一则可以吃利息，二则银行有存款心里就踏实，有备无患。日后有个急需，随时取用很方便。要存就存在大银行，稳当一些。"

王克昌笑答："先生说的极是，就依您说的办。"

姚先生在谈第三条意见之前，意味深长地瞅了王克昌一眼，不大相信他能够采纳这个建议。但是，真正的朋友应该无话不谈，于是他中肯地表示："剩下的那部分钱，可以留在我们公司。你先好好休息一下，了解了解香港社会，学学广东话也好。有合适的生意，我会打电话给你，请你来公司研究。这里商人如云，每天都会有人找你谈生意，说的都是再好不过，你要谨慎行事。我总的意思是，你还年轻，劝你急流勇退为时还早。但是，有张有弛，以静待动，还是必要的，这样多少可以好好享受一下人生。"

对他这一番老谋深算的策划，王克昌深表钦佩满口答应，姚先生高兴地告辞了。

但是，王克昌并没有全部理解姚先生的忠告。买房置产业和到银行存钱两件事，他倒是很快地照办了，买了一栋小楼，接了金夫人及孩子来住，在香港安了家。至于姚先生提醒的"有张有弛，以静待动"，他却没有多加重视。他毕竟处在三十三岁中年盛期，急于成为真正的富人，势头正旺，怎么肯松弛下来呢？他毕竟刚从逆境中冲杀出来，在韩国短短一年多就能够东山再起，洋洋得意，踌躇满志，怎么能够沉静下来呢？他毕竟对商业社会的尔虞我诈，人心叵测体验不深，遭到的失败还不够惨重，跌的筋斗还不够多啊！

不久，他就闲不住了。自幼养成的勤劳习惯，使他几乎不知道什么叫休养享受，只想一股劲地干事情。心地善良，乐于助人，面子薄耳根软的性格，也使他经不住别人的央求或诱惑。他莽撞地陷入了另一桩港韩贸易，身心和金钱都吃了大亏。

命运真会捉弄人，他好容易踏上了铺花的坦途，不小心又跌入了难以脱身的泥沼。

噩运往往起源于性格的悲剧。

有个姓杨的中国商人，从大陆来到香港。他慕名求见王克昌，声称自己也常做韩国贸易。二人见面以后，说起韩国共同认识的朋友，甚为投缘，一见如故。

杨某亲热地说："在韩国早就听说王先生的大名，做生意有本事，今后请多多提携。"

王克昌谦虚地摆手笑道："哪里哪里，杨先生过奖了！大家交个朋友，生意上互相合作。"

他表示愿意合作只不过是商人见面常说的应酬话，杨某却趁机说道："正巧，我来以前在韩国说妥了一桩好买卖，想从香港发一船货过去。只是这租船的事……拜托先生帮忙代理租船，请多费心！"

以往，王克昌租船都是通过祥发公司代理，自己并不直接与船主打交道。本来，他可以以此为理由推辞杨某的要求。但是，他真中了姚慕秋先生的看法：不大会拒绝别人，一时心慈面软，就答应下来了。

他跑去找祥发公司拜托租船，姚老板起初因对杨某不了解，不大愿意帮忙，又顾及王克昌的面子，才给轮船公司打了电话。租船不是什么大事，他也就乐得送个人情，这可真成了顺水推舟了。

王克昌陪同杨某去找轮船公司老板签订租赁合同，老板听了他们的运货要求，说："货物这么多，又要分两次发货，需要租船两个月，最低收费二十五万港币，请先交三分之一订金。"

杨某一听这个价钱，面呈难色，言词支吾。

王克昌觉察到他带钱不够，只好告辞主人约定改日再谈。

从轮船公司出来，王克昌询问杨某，杨某这才说出实情："不瞒先生，我一共只有二十万港币的本钱，没想到租船这么贵……"

王克昌一听有些埋怨："哎呀，按照香港的惯例，这个租金可不算高呀！

二十五万租船，再加上购货所需的钱，没有一百多万的本钱，做不成港韩贸易的。"

杨某红着脸央求："我在韩国找好了买主，到了那里现货现金交易，价钱划算，机会难得，做不成实在可惜……先生实力雄厚，又是港韩贸易专家，就请帮人帮到底吧！如果先生肯与我合股投资，不胜感激，一切全凭先生做主。"

王克昌最怕听人说软话，看到他的可怜相，想起自己初到香港时也曾起步艰难，小本经营确实寸步难行啊，心中不免生出同情。如果他是个处事冷静，工于心计的人，他会思前想后分析一下杨某的底细：既然自称常做国际贸易，就该懂得运送一船货去韩国的最低本钱，手中只有连租船费用都不够的区区小数，就想做成一百多万的大买卖，事先就该知道不可能的……那么，杨某从一开始来找自己，就是想尽办法来拉自己入伙的……如果杨某不懂，显然是个生手，那么，韩国订货的可信程度如何呢……可惜，王克昌的善良心地厚道本性使得他不去想那么多，只顾救人急难，成全这桩生意了。

或许，也有韩国贸易成功的诱惑，他答应了杨某合作入伙。因为投资太大，他刚刚购置房产，耗资颇多，手头也没有这么多钱，只好各方筹措。他去找姚慕秋先生好说歹说，拉他入股购买货物，两人投资各占半数，总算筹足一百三十万港币的资金。

诸事备齐之后，他问杨某："去韩国销货，由哪家公司代理？"

杨某的回答很叫他失望，原来杨某只是听信了一个韩商的口头许诺，并没有找到可靠的代理公司。他想到三年前那两船全军覆没的天津货物，就是因为派去的人没有听从自己的安排去找中国代理商，才上了骗子的当，不由得倒吸了一口凉气。

事已至此，埋怨也没用了，为了这些货物万无一失，他只好自告奋勇再度赴韩，帮助杨某去委托中国商行代理销货。置办回头货诸事，看来杨某也没经验，他也只好事事操心了。

他们办的货物需要分两次发出，第一艘船很快就启航了。他随船前往韩国，找到熟悉的商行做代理，可以说是轻车熟路。这趟生意获利二成以上，他回到香港立刻给姚先生等人送去利润，总算对朋友有了交代。

时隔不久，第二艘船又要出发了。他在香港顾不上休息，就又踏上了茫茫海路。

这条船的船长是个菲律宾人，年龄老迈又喜欢喝酒，在船上经常醉醺醺地摇来晃去。菲律宾人本来就肤色黝黑，再加上他大半辈子在海上飘流，风吹日晒的就更像是煤里滚过烟里熏过似的了。他那皱皱巴巴皱黑皱黑的脸膛，被烈酒烧得通红，简直像一颗紫黑色熟透了的桑葚。"桑葚"浑浊的眼球上总是布满血丝，说话总是喷着酒气，蓬乱的花白头发在海风中荒草般飘摇，就这样半醉半醒地指挥着轮船航行。

王克昌想劝他少喝酒，因语言不通也无法交流。他把自己的担忧告诉一个华籍海员，海员却笑道："船长从来就是这样的，没关系！这条航线他很熟，闭着眼睛也会摸到韩国去的，先生请放心好了。"

暮色苍茫，风平浪静，菲律宾水手们弹着吉他唱起南洋民歌，伴随着轮船稳稳行驶。王克昌也觉得自己多虑了，在这样微波细浪的海面上，正好睡一夜好觉。

半夜时分，一声巨大的撞击声，紧接着船身剧烈地颠簸起来。他从睡梦中惊醒，不知发生了什么事情，正在猜测判断，只听水手们在外面狂呼乱喊：

"船长——船头触礁了！"

"触礁啦——船头撞了一个大口子——进水啦！"

他慌忙爬起来，跑到甲板上，只见水手们飞跑着朝船头奔去。他吃惊地发现，水手们跑了几步就不见身影了，个个都像学会隐身术似的。他前后观望，竟然前不见船头，后不见船尾，只有自己所在的舱门跟前的船身隐约可见，犹如一条死鱼的中段躺在恐怖的静海上。他这才知道海上下了大雾，能见度太低了，轮船夜航难逃浓雾的缠锁撞上了礁石。

他叫醒两个香港随员，到船头去看个究竟。他们来到船头甲板上，只见菲律宾老船长正在指挥船员们下到救生艇上去。他用英语夹杂着菲律宾语和广东话大声命令着，虽然满嘴酒气，但早已被这场灾难惊得酒意全无，神智清醒地组织救生工作。

那位会说国语的中国海员向王克昌传达了船长的命令："王先生，船长说，只允许他一个人留在船上，所有的人都必须上救生艇，逃条活命去！"

王克昌激动地大喊："这怎么行，船长这么大年纪了，应该请他先上救生艇！"

中国海员凄然摇头："劝也没有用的！船长与船共存亡，这是全世界航海这一行的老规矩……"

王克昌望着沉着冷静的老船长，内心十分感动，毅然表示："船上有我们这么多货物，我是货主，也要和货物共存亡。请你去和船长说，我们三人要求留在船上。"

两个香港买办人员一听，吓白了脸，都要求登上救生艇，不肯留在船上。王克昌声色俱厉地制止了他们："你们是买办责任人，怎么能扔下这么多货物不管呢？这些货如果是我个人的，也就罢了，咱们是受人之托，集中了大家的资金啊！一定要为朋友坚持到底，看看轮船下沉的速度再作决定。"

两个香港人只好硬着头皮留在了船上，大家都穿上了救生衣。离船的人们划着救生艇很快地消失在浓雾中，小艇驶出很远，还能透过雾气传来他们的喊话：

"船长，多保重……"

"菩萨保佑你们……"

"上帝保佑你们……"

"真主保佑你们……"

他们用多种语言祝福着，向各自信奉的神灵祈祷着，直到重重雾幕阻隔了他们的声音……

破船一动不动地停在礁石旁，主机已被撞坏，寸步难行。海面静得连一丝拍打船体的浪花都没有，黑暗中似乎有个蒙面魔鬼无声地狞笑，随时准备吞吃掉眼前的猎物……

年轻的电报生自愿随船长留在船上，一直在拍发着 SOS 求救电报，嘀嘀嗒，嘀嘀嗒，叩击着船上仅剩下的五个人的心灵……

老船长换上了一身雪白的新制服，到驾驶台去了。雾气太大，驾驶台前的玻璃窗里灯光明亮，也只能朦朦胧胧望见他白色的身影。那身影端坐着一动也不动，或许他在写遗嘱，或许在填写最后的航海日记，或许在冥思总结自己一生的海上经历。总之，他是要和船同归于尽了。

王克昌垂着头倚在甲板栅栏上，铁栏杆上湿漉漉地沾满雾珠，又潮又粘的雾气早已打湿了他的肌肤、头发、衣衫。在这无风的黑夜，沉重的大雾把海水都压得窒息了，连一声呻吟都发不出来了。过不了多少时辰，这艘钢筋铁骨的轮船也会悄无声息地被大雾压进海底去。想到这一点，他的胸腔感到一阵憋闷，大口大口喘着气。

难道就这样无声无息地从世界中上消失了么？难道这说不清在什么地方的海面就是自己的归宿么……难道我奋斗挣扎了这么多年，一直未能跳出这团人生的迷雾么……难道我有什么错处得罪了海神，为什么每一次噩运都是由海船而起呢？这一次真的没有生路了么……

在遥远的北方，父母亲、妻子儿女、弟弟妹妹、亲骨肉们还在盼望着我回去，我对他们还没有尽到责任，真不忍心就此永别……

金夫人带着两个幼小的孩子，在香港安家不久，人生地疏语言不通，我不能再照顾他们，他们将如何活下去呢……

爷爷呀，您老人家的七条大船就是葬身海底，难道孙儿也难逃这样的命运么？孙儿出来闯荡了十年了，为的是完成您老人家的志向。几经沉浮，孙儿都没有灰心失望，如今好容易东山再起，就这么抱恨死去，孙儿不甘心，不甘心啊，孙儿还想到您老人家的坟前磕几个头啊……

妈妈呀，亲娘！您一辈子烧香念佛，日日供奉菩萨，此时感应到儿子遭难了吗？您就多烧几炷香，多念几声佛，保佑儿子死里逃生化险为夷吧……

轮船静静地在雾海上漂浮着，大约过了一个钟头，也未见下沉的动静。

王克昌心中好生奇怪，明明船头的铁板已经被礁石撞裂了呀！叫上两个香港买办，打着手电筒去看个究竟。他们下到船头内，借手电的光柱仔细察看，里里外外查了又查，前舱并没有进水，三人不禁喜上眉梢。

他们急忙登上一层层陡峭的铁梯，去向船长报喜。船长来到前舱一看，也不由得又惊又喜。这时候他才想起来，他接管这条船时，船公司老板曾经告诉他，这条船原先是美军的运输船，专门运送军用物资的。船头可以自动打开，并且有两层铁板。触礁后外层铁板被撞裂，还有里层铁板保护内舱。

四个人面呈喜色，又不敢掉以轻心。王克昌继续用手电光柱仔细察看，发现一处铁板有漏洞，他们用留存在船舱里的水泥将漏洞补上。看看没有漏水的危险，他们才放心地登上了甲板。

电报生一直在拍发着SOS求救电报，现在唯一的出路是等待别的船只来相救，拖走这条破船了。

不知是海员临走时向各方神灵的祈祷灵验了，还是王克昌的母亲虔诚拜佛感动了上苍，有一条在附近海域夜航的荷兰商船收到了求援信号，赶来相救了。

雾，太大太浓，荷兰船找了他们好久，直到天亮以后雾气消散一些，才找到了他们。

破船上仅剩下的五个人，听到荷兰船发出的问讯的汽笛声，一齐跑到甲板上欢呼起来。他们等呀，望呀，终于看见一盏金黄色的灯光一明一灭，穿过迷雾越来越近了，那是荷兰船打出的灯语。

呵，金黄色的生命之光！

两面夹攻进退维谷

荷兰船船长是一位善良的人道主义者，以国际航海传统的互救互助精神，用一根缆绳把遇难的人们从死亡线上拉回到繁华人世。

王克昌一辈子都感激那位素不相识语言不通的荷兰船长，时时为他祈祷，祝他在茫茫大洋无灾无难，好人一生平安。

多少年以后，他谈起那个恐怖的触礁之夜，仍然心有余悸，当年死里逃生的情景仍然历历在目。

荷兰船吃力地拖着这条满载货物却失去了动力的货船，以一小时一海里的慢速，在海上拖了三天才到达香港。

金夫人听到丈夫大难不死的喜讯，跪在耶稣受难神像下面，在胸前划起了十字。她多年来勤于学习，考上了基督教圣经学院，成了虔诚的基督教徒，她把丈夫的生还归于主的恩典。

朋友们自然也来祝贺，姚慕秋先生要摆宴为王克昌压惊，但是他婉言辞谢了。因为新的烦恼冲淡了绝处逢生的喜悦，他必须赶往韩国说明货物拖期的原因。当初，他与韩国方面签订的合同，规定这批货物必须在一个月之内交货，现在因海难延误了交货时间，在香港等待修船。大批货物压在手里，他心里岂能不焦急。

他立刻乘飞机到韩国去说明海难经过，求得对方的谅解。当时在香港和韩国之间没有直达航线，他只能先乘中国西北航空公司的班机，然后再转飞韩国汉城，旅途辗转辛苦和多花路费也都顾不得了。

他到了韩国，找到对方订货商如实解释。又请吃饭又赔笑脸，请求韩商对交货日期宽限时间。对方很客气，答应再延长两周时间。

他急忙飞回香港，天天到修船厂去催促修船。谁知这条破船一修再修，花了整整一个月的时间，才能够重新航行。在这段等待的时日，他犹如热锅上的蚂蚁，天天坐卧不宁。眼看半月期限又到，他给韩国发了电报，请求对方继续给予宽限。对方也未多加为难，他这才稍为安心了。

破船经过修理，终于启航了。他仍然亲自上船押货，踏上了这条早该到达的海路。一路辛苦无话，总算安全驶进韩国仁川港。

出人意料的是，当他找到订货商交货时，对方不但不接受，反而要求赔偿。看到对方态度变得如此生硬冷酷，对触礁事故和修船困难毫无同情心，他目瞪口呆，如雷轰顶。知道再说也无济于事，他失魂落魄地回到旅馆。

为了尽快能使货物脱手，他给许多老朋友打电话询问。对方的答复都叫他很失望，不是去日本经商了，就是回中国进货了。留在韩国的，不是说资金紧张，就是说刚进了同类货物，这真是叫天天不应，叫地地不灵了。

订货合同超过了期限，客户要求赔偿经济损失，赔偿费款从何来？

货物积压在船上，销不出去，又对香港各位投资人如何交代？

他左思右想，无计可施，陷入了两面受夹，进退维谷的境地。

他在仁川港码头上徘徊，望着等待卸货的轮船心急如焚。要知道，在港口多停泊一天，又要多交许多钱啊……仁川港啊，仁川港，你和我究竟有何宿命孽缘，让你一次又一次残酷地捉弄我呢？

万般无奈，他只好又回到韩国客户那里，经过再三交涉，客方才答应留下三分之一货物。不过，价格任由他们贬值，利润很小，只不过保个本钱而已。

船上还有三分之二的货物，在韩国无法推销出去，只好运回香港。在轮船开回香港的路上，他的心情格外沉重，夜里辗转反侧，难以入睡。几天失眠下来，影响食欲，每天茶饭不思，望着茫茫大海唉声叹气。想到千辛万苦往返两次，才卖出去少量货物，触礁之险差一点丢了性命，现在却事倍功半徒劳地退回香港，还有什么颜面去见商界友人呢……他检讨自己，反反复复检讨自己，觉得自己在做这趟生意的各项细节都没有什么闪失。只怪天有不测风云，要不是遇上触礁的意外，怎么会落得如此下场呢？天灾人祸，岂是人力所能左右的？海难造成的后果，却得不到别人的同情，只能由我一个人承担损失。商场啊，商场，为什么只能有福共享，而不能有难共当啊？为什么只能利益均沾，而不能同舟共济啊！商人翻脸无情，为什么如此残酷啊？回香港的命运又该如何呢……

南风送来一排排雪白的浪花，涛声递送着一个熟悉的声音：

我在香港多年，深知这里行情多变，一夜之间可以发财，也可以破产跳楼。偶有不慎，一失足成千古恨……

这里商人如云，每天都会有人找你谈生意，说的都是再好不过，你要谨慎行事……

咱们在商场奔波多年了，也都很辛苦了，应该有个喘息之机……你还年轻，劝你急流勇退为时还早。但是，有张有弛，以静待动还是必要的，这样多少可以好好享受一下人生……

想起老朋友的良言规劝，王克昌后悔得在甲板上捶胸顿足，直想跳到海里去。姚慕秋先生的经验之谈，自己怎么就听不进去呢？不知根不知底的杨某，吹嘘一段"再好不过"的生意，自己怎么就忘了谨慎行事呢？如今，杨某一走了之，回香港以后我可怎么收拾退货的残局呢……难道我这一辈子就永远也逃不开成了败，败了成，再成了再败的命运么？何时才能好好享受一下人生呢……

果然，他回到香港受到了更大的打击。

香港是自由港，世界各国生产的物资源源不断地输入到这里。人们称这里为"购物天堂，"但不是销货的天堂。买进时只要有现钱，便宜的物资唾手可得。卖出时可就不那么容易了，必须有预先找好的出路才能脱手。

对于运回来的货物，王克昌只想把这件事早早了结，只能不惜血本便宜甩卖了。经历了这场磨难，他疲惫不堪，心灰意冷，只要能够把本钱还给投资的友人，自己的赔赚也就顾不得了。他最大的愿望是在香港稍安一时，免得再寻烦恼。

姚慕秋先生等合作友人那里，他也无颜再多联系，从此互相分手各奔东西。

他在香港闲住了些日子，家里两个小孩子吵闹顽皮，叫人片刻不得安静。金夫人热衷于教会活动，整天不在家，对世俗家务夫妻感情不大放在心上，对丈夫的生意烦恼也疏于安慰。

王克昌清理了一下账目，发现这桩赔本生意损失不小，银行存款所剩不多。在香港生活开销很大，家里除了妻子儿女以外，还有金夫人的母亲和妹妹，六口之家全靠他一人支撑。天津老家那边，也要常给父母、原配妻子及儿女寄钱，尽到一个男人的义务。给父母写信时，他总是报喜不报忧，什么失败啦，海难触礁呀，只字不能提及。让父母总是以为大儿子有本事，在外面混得不错，那样对他们是最大的安慰。不过，南方北方这样两大家子人，总不能坐吃山空呀！他知道自己又要出去挣扎了，经商途中有再多的荆棘，也得继续跋涉啊！

他又清理了存货，准备独立经营一家公司。韩国那边还有属于他的价值五十万元港币的货物，香港还有一些染料等商品，长期积压只会贬值，不如设法卖出去。

他在香港干诺道西租了三层楼房开设了万隆商行，雇用了三名助手，小做准备就开始营业了。可是，商行业务并不顺利，屡屡受挫，难以发展。或许因为开张时间太匆促，缺少周详计划。他身为门市商店的老板，不懂广东话和英语，难以直接和顾客打交道。助手才干平庸，也无法帮助他开拓业务。商行就这么不死不活地敷衍着，不仅未能销出存货兑换现金，反而增加了许多开支负担。

这时已经到了1949年的春天，香港的报纸电台天天报道大陆内战的消息。辽沈战役、平津战役、淮海战役，共军步步进逼，国军节节败退，蒋总统已经退守台湾岛，大陆很快就要成为共产党的天下了。香港和大陆仅一水之隔，弹丸之地，前途未卜，人心惶惶。关于共产党，英美法日各国传媒大量的描绘，加深了香港有产阶层人士的恐慌和忧虑，共产共妻，没收财产，斗争游街，杀人如麻之类，使人们对共产党谈虎色变。

王克昌是北方人，感情当然系在家乡，心中从未泯灭过回归的梦想。但是，他想到自己也属于"资本家"一类的人，回到解放了的天津去，共产党岂能容下自己？对于共产党，他从来没有见过，只是受到报刊电台的影响，既然大家都这么说，也就宁可信其有不可信其无了。

他好久没有听到父母家人的音讯了，去年曾托人给老家亲人捎去一些钱，兵荒马乱的，也不知收到了没有。想到自己不能再回到故土和亲人团聚，异乡漂流不知到何年何月，任凭命运把自己带到什么地方，他心中倍感孤独和凄凉，就这样又观望了一年，1950年的夏季来临了。

商行生意不景气，勉强维持也没意思。香港呆不住，北方回不去，今后怎么办呢？正在烦恼蹉跎，忽然有一位从日本来的周先生登门拜访。

周先生手持王克昌二弟克志的亲笔信，自我介绍说："我是香港同胜颜料公司的驻韩国代表，前些日子去日本办事，令弟王克志先生介绍我去旭硝子会社，拜访了福泽平八郎先生和增田先生，受到他们的热情招待。他们二位是您的朋友，所以，我特意来向您表示感谢。"

王克昌一听非常高兴，一边让茶让座一边笑道："欢迎，欢迎贵客临门！福泽先生和增田先生，和我是老朋友了，说起来，还是七年前美国飞机轰炸天津塘沽港，把我们炸成了患难之交，哈哈哈！"

周先生说："福泽先生让我给您捎个口信，请您尽快去一趟日本，那边愿意和您合作。"

王克昌起身致谢，叹道："我是一直打算去的，只是事务缠身，总也下不了决心。上一次去，和福泽先生商量了两项很好的计划，我是回来筹款办货的。要是那船货能够顺利到达日本，这两年我也不至于遭这么大的罪了！唉，自从甘地被刺，兵舰返回，货物中途卸在仁川，我是三下韩国呀！大雪封港，轮船触礁，背信弃义，退货赔本，什么倒霉事都叫我赶上啦！看来，我这样的人不适合在香港发展，是该考虑去日本了。"

周先生临别时再三劝说："那您就尽快成行吧！福泽先生人很好，公司又有实力，有他帮助，事情就好办多了。小弟告辞，后会有期。"

送走了客人，王克昌倚在门边若有所思，眼睛里闪烁出希望的光芒。日本友人还惦记着他，使他的这颗屡受伤害的心受到了抚慰。他想起了那两项在日本发展的计划，东京王子纸制工厂愿意廉价出让，福泽先生也帮助争取旭硝子会社代理权，多么诱人的事业啊！可惜，回来筹款办货如此不顺，人生最无奈的是身不由己啊！古诗说，山重水复疑无路，柳暗花明又一村。或许，是该去日本另谋出路啊……

他正在盘算着，很快地又收到福泽和增田二位朋友的来信：

> ……贤弟在香港、韩国的近况，我们已经知道。我们诚意邀请你来东京合作，日本战后百业待兴，发展机会很多。请你尽速来日本，有要事相商。

> 谨祝

> 一路顺风

> 福泽平八郎
> 增田有弥

手捧老友来信，一股暖流涌上心头。他想起这几年自己在韩国和香港的遭遇，商场人际关系的复杂多变，一个朴实善良的人实在难以适应。相比之下，和日本人打交道似乎容易一些。一个个日本朋友的面容浮现在眼前，亲热地招手呼唤着他。

大水冲淹天津城之后，是高桥铁雄给了我去面粉厂和五金库投标的机会。在我独立创业的初期，那次发财机会为以后的发展奠定了实力基础……

福泽平八郎先生在担任永利碱厂厂长期间，我们保持了长期的愉快合作，那是多么令人难忘的情义啊！后来这些年，走了这么多地方，很少再能长期结交那样互相信赖的商界朋友了……

还有早在大战以前做棉织品和小五金中日贸易的那位合作伙伴，那是1938年以前的事了。我向日本东京商社订购了价值七十万元的棉织品和小五金。战争起来之后，物价上涨了两倍。日商并没有毁约，仍然按照原合同的定价如期交货，让我赚了两倍以上的利润……

他在香港呆不住了，以旅行名义迅速地办妥了去日本的手续，怀着美好的希望踏上了二渡东洋的途程。

然而，一向感情用事的他没有仔细想一想，遇见这三四位日本朋友，毕竟是他的幸运。儒商、善商与奸商、骗子，不能以中国人、日本人、韩国人、西方人来划分。哪个国家、民族、人种，都有好人，也有坏人。他更不曾深刻认识到八年战争给日本民族造成的心理影响，战败国的赤贫和混乱对于人性的扭曲。他以一颗不设防的心扑向了那个风光旖旎的岛国，一点都不曾料想，一场空前的噩运在等着他。他像一只欢乐的蹦蹦跳跳的小鹿，毫无防备地落入了凶险的圈套和陷阱。

受骗蒙冤身陷囹圄

　　王克昌到达东京，福泽和增田热情迎接，老友相见，自然是亲切非常，少不了洗尘接风，把酒畅叙。

　　福泽平八郎说明请他来日本的用意："我们会社需要大量的工业用盐，想请你做代理。现在日本急于发展工业，但是作为战败国没有独立权，处处被美军统治。盐，是化工工业的基础，美军控制得很严。只要你想法子从中国大陆转口弄来工业用盐，有多少要多少，这种等米下锅的生意前景十分看好啊！"

　　王克昌一听也认为机会难得，是一种源源不断又获利很大的生意。于是，他高兴地接受了福泽的建议。

　　当时，外国商人对日本做贸易，由一个叫作GHQ（意为总部）的机构主管。增田陪同王克昌来到GHQ，了解这里的规定和做法。一般外商，均以投标方式向日本输入物资。但是，中国商人在这里的成绩并不理想，过去有许多人多次得标，都未能按期交货。因此，总部对前来办理投标的中国商人特别严格，规定他们在投标前先交百分之一保证金，中标后如不按期交货，保证金即予没收。

　　王克昌同意了按照这种规定去做，但是，生意越大需要交付的保证金越多，预付款的钱从何来，又要伤脑筋去筹措。

　　他在日本住了不到一个月，每天和福泽研究合作计划的细节。旭硝子会社作为订货标方，王克昌作为中标方，以CIF（成本保险加运费，或称到岸价）方式做贸易。因双方是可以信赖的老朋友，只订了口头约定。在价格上也未曾讨价还价，好说好商量，以每吨盐到岸价 9.5 美元成交。算下来王克昌这方面卖出每吨盐可以有 0.9 美元左右的利润，旭硝子会社再在日本转卖这种紧俏货也有赚头，双方皆大欢喜。

他们谈妥之后，王克昌想回香港筹措 GHQ 保证金。在预交保证金之前，必须去美军当局办理自备外汇进口许可证。只有找到和美军当局官员熟悉的人，才能够弄到这种许可证。

一位朋友介绍，说有个足谷先生神通广大，在美国人那里很吃得开，可以帮忙办来进口许可证。王克昌正在发愁此事，听了非常高兴，急忙让朋友领着去拜见足谷先生。

双方见面叙谈，一见如故，足谷能讲一口流利的中国国语，也通晓中国人情，王克昌听着倍感亲切。几年来他在香港、韩国、日本之间漂泊，听到的不是外国话就是广东话，想不到一个日本人竟能以纯正的中国北方话和他交谈，未曾涉及正题，他心里先就喜欢上这位中国通了，不由得询问："先生的中国话怎么讲得这么好？"

足谷谦虚地笑道："哪里哪里，先生过奖了。战争期间，我在上海当过新闻记者，跑过中国许多地方。"

王克昌钦佩地恭维："怪不得呢！如果不说，我真会把您当成地道的中国人了。我来到贵国，人生地疏，请多关照。"

足谷先生不等王克昌说明来意，就热情地表示："许可证的事，包在我身上。美国人方面，我有很多朋友，他们都肯给我面子。"

王克昌大喜过望，再三拜谢。

足谷先生却鞠了一个又一个深躬，说："这是我应该做的，中国是我的第二故乡，我喜欢和中国人交朋友。先生不必谢，区区小事，何足挂齿。"足谷温文多礼，谈吐不俗，有一副叫人信任的面孔，对人又如此诚恳。王克昌庆幸自己交到了这么难得的朋友，又和他叙了许多家常。

二人依依告别时，已经是相见恨晚的朋友了。

果然，足谷先生说到做到，很快地就为王克昌办来了自备外汇进口许可证。王克昌千恩万谢，宴请答谢，并付给他和那位帮忙的美国朋友一笔数目不小的酬金。

　　事情有了如此重大的进展，王克昌告别了福泽先生，匆匆赶回香港去操办保证金。

　　回到香港，他找同胜公司的周先生商量，经周先生撮合，同胜公司老板也对这桩生意感兴趣，愿意入伙合作。王克昌占三分之二股份，同胜公司投资占三分之一。他们都是老练的商人，备办了日本的热销货生漆十几吨，MGB 咖啡豆二十吨，糖精一万桶，价值三十万港币以上。

　　王克昌费了许多心血，亲自押货由青岛转口运到日本秋叶原货物站。当时日本急需生漆和咖啡豆，利润达四五成之高，足够支付工业盐贸易的保证金和一切开支了。战后的日本，是个物资匮乏的社会，谁拥有了紧缺物资，谁就能稳操胜券。王克昌有实物在手，而且安全运抵日本，已是万无一失。光是生漆和咖啡豆，就足以使他睡个踏实觉了。

　　这趟海运真是顺利，他在青岛找到生产工业盐的机构接洽，对方答应提供一万至两万吨工业盐，并且接受了 CIF 到岸价八元八角美元一吨的价格。王克昌美滋滋地划算出来，做成这笔转口贸易每吨盐可以获得一元美金以上的纯利。收货客户是福泽老友，绝对没有风险。

　　当满载着工业盐的货船也安全抵达日本时，他高兴得简直要欢呼雀跃了。有了这次良好的开端，日本对于他今后的发展，已经是一方仙岛福地了。

　　他像一个勇敢的登山者，千辛万苦攀上了悬崖峭壁，稍有不慎，摔下去就会粉身碎骨，但他的目光只顾望着高处，爬呀攀呀，用尽了全部气力。终于，他的双手抓住了崖顶，一跃身就可以到达辉煌的顶点了。岂料，崖顶上正有一只虎视眈眈的饿狼，张着血盆大口在恭候着他。

　　他和货船刚在日本港靠岸，就被美军海关扣留了全部货物，连他本人也作为走私人犯被立案审查。万万没有想到，足谷和他的美国朋友交给王克昌的自备外汇许可证，是伪造的假证明！为了这张许可证，他俩从王克昌手中骗走了丰厚的佣金，如今却逃之夭夭，影子也难寻了。

　　王克昌向美军海关官员说明自己是无辜的，请求从宽处理，并提供了两个骗子的姓名，希望官方从实调查。美国人压根不听他的申辩，一口咬定他犯了走私罪，不但扣住货物不给，还要起诉给他判罪。

这时朝鲜战争已经爆发，美军需要大量的物资支援战争，哪里还顾及一个小小民商的死活。况且，美国已于 1950 年 6 月 27 日正式参战，先以武力占领了中国的台湾，又于 7 月 7 日以联合国军名义到朝鲜作战。10 月 25 日，中国人民志愿军跨过鸭绿江赴朝作战，中国和美国成了真正的交战国。美国人恨透了中国人，对王克昌一案更是不肯轻饶了。

王克昌是个不懂得政治更不懂得战争的普通商人，当他兴致勃勃辛辛苦苦去做这桩对日贸易时，并没有想到亚洲形势和自己有什么关系，结果却懵懵懂懂地成了战争的牺牲品。如果当时他对此有清醒的认识，他会不加反抗默认小人物的悲惨命运，那样，他可以避免更大的经济损失。但是，他天真地相信日美法律的公正，为了维持自己的名誉和尊严，也力求索回一些货物，他只好状告海关，请了日本律师帮他打起官司。光是律师费，就又花了近百万日元。

日本这场官司是一面倒的，一方是美日官方，一方是孤立无援的中国小商人，结果可想而知。美国占领者控制的日本法院，当然偏袒美方，任由美军海关没收了全部货物。他们不但不缉拿追究那两个诈骗犯，还以走私偷逃关税为名，判决王克昌两年徒刑。

福泽平八郎等日本朋友听说了这个消息，多方奔走，疏通关节，又经律师据理申诉，法院这才改判为服刑一年。

祸不单行，正当他陷入这场官司心力交瘁时，又传来了一个可怕的消息：朝鲜战争的战火日益紧张，美军在仁川港登陆时实行焦土作战，把他存在仁川的全部货物炸毁了。

他期望出狱以后赖以生存的最后一点点储备，也随着战争的炮火化为灰烬了。

现在，他不仅沦为异国他乡的阶下囚，也成了所剩无几的穷光蛋了。

被没收的货物，打官司花掉的诉讼费，在韩国被炸毁的存货，各种损失加起来，总计失去了一百多万港币。

还有精神上的难以承受的损失，一个一向爱惜名誉的人却蒙上了走私诈骗的恶名。当他被投入横须贺监狱，熬过漫长的铁窗牢房生活时，这种毁灭性打击，经过慢慢咀嚼和吞咽，在心底反复发酵与膨胀，变得叫人觉得更加苦涩难忍。无辜受害，有冤难伸，使他变得像一头关进铁笼里的雄狮，舔着身上流血的伤口，痛苦地吼叫着，愤怒地咆哮着：

苍天啊，不是都讲苍天有眼，公正无私吗？你为什么待我如此不公平？为什么总是在我看到前程似锦的时候把我抛进无底深渊？我犯的唯一错误只是太善良，太相信别人，太不懂得人性之恶。凭着过去交往的老经验，我以为日本人都是很守信用的，没想到战后的一些日本人全无商业道德。难道仅仅因为我太善良，太相信别人，太不懂得人性之恶，就该受到如此残酷的惩罚吗？

菩萨啊，佛不是最讲善良仁爱，普救济世吗？我一向善良为本，诚实经商，一点一滴地积累，未曾巧取豪夺，未曾奸诈欺骗，为什么会一次又一次地被人坑害？我一向克勤克俭，宽以待人，拼死拼活地做事，未曾苟且偷安，未曾有片刻懈怠，为什么会一次又一次地遭到惨败？

命运啊，不是有个因果轮回，时来运转吗？我在人生道路上，像一个坚持长跑的运动员，每一次站在起跑线上，都希望闯过辉煌的终点线。跑啊，跑啊，累得气喘吁吁，筋疲力尽，未曾放慢脚步，未曾休整歇息。但是，路上总是有看不见的壕沟，摔得我头昏眼花；总是有条无形的羁索，绊倒我再难爬起。就是这般艰难，尽管我一次又一次地饱受半途而废前功尽弃之苦，但我仍然未曾灰心，仍然未曾屈服，仍然一次又一次地回到起跑线上，重新从零开始长途跋涉。我已经这样从头跑过了多少次，已经跑了二十多年，但是，当我回首望去，身后仍然是个零，仍然是个零啊！这一切都是为了什么？都是为了什么呀？

魔鬼呀，我向神灵祈求没有用处，没有人为我主持公道，我只有向你求救了！既然苍天不睁眼，既然命运多无常，既然神佛不管人间事，既然善恶无报应，我只好拜你为师，甘当人面恶魔了！我出狱以后，也去巧取豪夺，奸诈欺骗！也去陷害忠良，无恶不作！也去弄虚作假，不讲信义！我要找到那两个骗子，把他们撕得粉碎！我要去杀人，去放火，去当强盗……

或许，无辜蒙冤者的诘问，叫苍天无言以对；或许，善良人的告白，使菩萨生出悲悯；或许，苦命人的呼号，让命运女神听了为之动容；或许，魔鬼的讪笑，激起神佛保佑忠良；就在王克昌落入绝境痛不欲生的时候，众位神灵往铁窗牢房里投下一束温馨的玫瑰色霞光——爱神又一次轻轻地叩开了他的心扉。

在王克昌波澜起伏的人生长剧中，一个影响他后半生命运的重要人物登场了，她就是日本姑娘黑崎得子。

王克昌和黑崎得子隔着铁窗演出了一幕真挚动人的异国之恋，患难之交使他俩结为比翼齐飞，共谋大业的终身伴侣。

姑娘的频频探监关怀备至，宛如一股甘美的清泉，洗涤了王克昌心中流血的伤口，使他重新燃起了生活的希望。他很快地冷静下来，在寂寞的牢房里回顾和总结自己走过来的路，思考自己经商之道上的失误和教训了。

屈指算来，自从 1929 年进入裕恩永商行学做买卖以来，我已经在商海拼搏了二十多年了。如果从独立创业算起，从 1937 年至今也有十三个年头了。我独资创建或者与人合伙，已经开办过六个公司：天津东亚贸易公司、天津义昌商行、大丰橡胶厂、北方实业社、上海林记实业社和香港的万隆商行。每个公司从小到大，从筹备到经营，从亏损到赚钱，要付出多少心血，付出多少个日日夜夜啊！六个公司，曾经燃起过六次希望，那是些多么激动人心的美好希望啊！叫人伤心的是，六次希望都成了洁白娇艳却稍纵即逝的昙花。只有失败造成的伤痛，长久地铭刻在心中。经过了这么多年不懈的努力，到头来还是竹篮子打水一场空，是到了该回顾总结检讨自己的时候了。

每日从深夜盼天亮，又从黎明盼黄昏的牢房生活，使这个只懂得往前冲的实干家头一次有了闲暇，有了充分的时间思前想后反省自己。关于这段铁窗孤灯下的思考，他记下了如下文字：

在监牢中，独自反省这次失败，错在从南韩赚到钱回香港以后，不肯接受友人的忠告，作"守成"的安稳打算。

我自觉缺少理智，做事层次不清，太重感情，容易受人情包围误事。

现在醒悟，无论父子也好，弟兄也好，对于重要业务，必须放弃私情，对事处理得清清楚楚。

我为人一向吃苦耐劳，甚至为了做工废寝忘餐，乃是经常的事。别人睡觉的时候，我还在埋头苦干；别人在宴会上大喝大吃，我却整理商品；别人在娱乐打牌，我还在结算账目；人家晚睡晚起，我早起落夜。本来像我这样吃苦耐劳的人，应该稳定得很，可惜我缺乏理智，造成日韩两地重大损失，只好认命。

这次失败以后，剩下来的只有健康的身体了，生活费用再度成了问题。

好在我的长处是懂得失败乃成功之母，能够再接再厉从不气馁。可是，一个人事业失败时所尝的滋味，唯有身临其境的人才能体会。诚如我国俗语说：胜者为王，败者为寇，一点不错。当一个人失败的时候，如果有一位友人能伸出温暖的手，加以援助，是多么的宝贵。可惜人情冷暖，世态炎凉，人的反应比寒暑表都快。你生意得意的时候，锦上添花的朋友可不少；可你一旦倒闭失败，雪中送炭者寥若晨星。

在这里我要特别陈述的是一个失败者所受到的慢待和鄙视。例如他在街上行走，距离不远目力能见的地方，眼见有个平日相识的人迎面而来，正想上前打招呼，奇怪的是本来他是由东向西而来的，突然间他会改变方向往北拐去，世俗的眼光好势利，好短浅啊！

如果商界多一些好人，多一些善人，那该多好啊！如果日后我还有东山再起之日，对于失败的人，决不主观武断，马上认定他是坏人。要查明他失败的原因，究竟是经营方法不当呢？或是资金不足呢？或是他本人胡作非为呢？或是被人陷害呢？如果失败的责任不在他本人，同时他本人是真正刻苦努力的，大家应该各尽所能给予援助，使失败者有机会重振事业……

他的这些冷静的思考和总结，说明他已经渡过了初入牢房时精神崩溃的危机，变成了一个更加理智，坚强的成熟男人。身为阶下囚，他还设想着日后帮助别的失败者，而正是由切身经历生发出来的对别人的同情和善意，在他的心田再一次播下了日后东山再起的希望的种子。这哪里还像个曾经想拜魔鬼为师的狂怒者呢？看来，他这样的人，一辈子也拔不去深扎在本性里的善根了，那是列祖列宗祖祖辈辈传下来的善根啊！

台湾德高望重的证严法师的《静思语》中如此指引众生：

> 逆境、是非来临，心中要持一个"宽"字。
>
> 逆境就如磨玉的磨石，不磨不发光！
>
> 没有逆境的事，不值得我们作为人生的灯塔。
>
> 光有慈悲而短少智慧，有时也会生出毛病来的。最浅近的例子，像当前社会上常发生善心人被骗的事，如此，慈悲不仅未能达到善的理想，反而助长了骗徒的罪行。我们要在智慧中发挥慈悲，才是真正的善。
>
> 善就是"智慧"——智是"分别智"，慧是"平等慧"。有了智慧，就有了善和美。

历经多次逆境的磨难，历经多次受骗上当的教训，他的一颗善良的心开始发出智慧的光，开始找到了人生的灯塔。

历经六次事业上的挫折，他仍然追求善和美。

善有善报的灵验，莫过于当他处在最为痛苦绝望的时刻，爱神给他送来了温柔体贴的黑崎得子小姐，让他重享了恋爱的激动与欢乐。

牢狱之灾与异国之恋

黑崎得子是一个战争孤儿。

日本军国主义者发动的侵略战争，不仅给邻国人民造成巨大的不幸，也把本国人民推入灾难的深渊。

1941 年 12 月 7 日，这是个星期日的黎明，日本未经宣战，以海空军突然袭击夏威夷群岛上的美国海军基地珍珠港，击毁击伤美国主要军舰十八艘，飞机二百六十余架。美军太平洋舰队遭到惨重损失，次日美国对日本宣战，爆发了太平洋战争。

这一年，黑崎得子正在大学数学系上学，还有一年就要毕业了。女大学生从报纸电台听说了举世闻名的珍珠港事件，并没有把它和自家的命运联系起来，天真的姑娘还不大懂得战火即将烧到日本本土。她聪明活泼，成绩优秀，对未来充满了美丽的憧憬。

有一天，她和同学们去山上滑雪，正在玩得高兴，远远地看见天上飞过去许多架飞机。青年学生们觉得有些奇怪，却没有想到会发生什么事情。当他们回到市里一看，一个个全吓呆了——美国 B29 型飞机把城市炸成了一片火海。

得子慌忙朝家里跑去，到了家门外一看，房子已经倒塌变成废墟，亲爱的爸爸、妈妈、哥哥、姐姐，全家六口人都被炸死了，只有她一个人侥幸逃脱了死亡。她哭啊，喊啊，徒劳地扒着废墟，一双手指都扒出了鲜血。妈妈——爸爸——哥哥——姐姐——叫天天不应，叫地地不灵，她哭得昏死过去。从此，她成了无依无靠的孤女，靠乞讨或做零活为生。

日本战败以后，国民经济全面崩溃，失业，饥饿，生活必需品严重匮乏。有人扔在地上一个烟蒂，也会有许多人去抢。

在这种恶劣的环境下，大学是上不成了，她只能到处打工，勉强维持温饱。连年的战争和遍布亚洲各国的漫长战线，消耗了大批兵力，造成无数日本男人葬身异国。战后好长时间，日本人的男女比例严重失调，女人很难找到理想的夫婿。1950年王克昌来到日本时，得子已经是个二十五六岁的大姑娘了。

王克昌刚到东京时，投宿在一家手帕厂，得子正在厂里做工，两个人便相识了。她发现这个初来乍到的中国人很快地就能够打开生意局面，心中暗暗钦佩，愿意帮他洗洗衣服，收拾房间，料理一下生活。他对她十分感激，有时买回一些食品让她炒些日本菜，请来手帕厂老板和几个朋友小聚，也算在艰苦的环境中寻求一些欢乐。

得子的文雅有礼，勤劳能干和善解人意，给王克昌留下了美好的印象。但是，初到异国，大业未成，他每天到处奔跑寻找发展的机会，无暇顾念儿女私情。

他打官司败诉，锒铛入狱之后，更没有心思想到得子了。苦熬刑期的牢中人懊恼郁闷，痛不欲生。他已经是三十五岁的人了，独在异乡为异客，钱财荡尽，万念俱灰，纵然是刑满出狱，还能够有所作为么？

正当他在小小牢房苦闷彷徨的时候，手帕厂老板带着黑崎得子来探监了，送来了亲切的慰问及生活用品。得子坐在老板身旁，话虽不多，却含情脉脉。临别时，她才深深地鞠躬说："王君请多保重，我会常来看望您，需要什么东西只管吩咐。"

他鞠躬致谢，深表感激。异国朋友做得如此周到，已经很不容易了，他心中并没敢期望她真的会常来探监。

还有一些朋友陆续来访，大家都尽力宽慰他，鼓励他不要灰心。友人的关怀，在他心中激起了一股股暖流。

当时他的三弟正在香港读书，闻讯赶到日本来了。兄弟相见分外亲热，使他享受到了浓浓亲情。

他早就给香港的金夫人写信告知自己入狱的遭遇，希望她来日本探监，可是，她却回信说："我有许多事情无法分身，不能前往日本，你自己多多珍重。"

他看了信倍感失望，暗生怨艾。

时间是无情的漂洗剂，会把一切浓烈的感情漂洗褪色。三弟在香港的学业不能荒废，只好洒泪而别。朋友们尽到人情义务，也各忙各的去了。时逢乱世，人们都得为了生存去拼命挣扎，天长日久，谁还能总来看望服刑的人呢？

谢天谢地，有这么一个人，她就是得子姑娘。

得子没有违背自己的诺言，成了监狱探视室的常客。

从东京到横须贺监狱，要坐一个半钟头的火车。每个周末她都赶来探视，送来点心糖果。有时遇到年节假日，她会在一个星期之内赶来两次，陪他说说话，以免他寂寞。

起初，他很过意不去，总是客气地劝她别再来了。后来，他慢慢地发现自己离不开她了，一天一天掐算着她到来的日子。

每到周末下午，他都侧耳倾听着监狱走廊上的喊声，一旦盼来了狱卒前来召唤他去探视室，他便欢笑雀跃犹如得到奖赏的儿童。

因为有一位姑娘常来看望他，他一改囚徒的颓丧邋遢，每个星期六清早都理发刮胡须，换洗衣服，恢复了往日的整洁。

她知道他爱吃花生米和一种多味糖球，每次都买来递给他，要他留着慢慢吃，用来消磨被囚禁的寂寞时光。每次他都叮嘱她："千万别再买东西了，来看看我就行了。"

因为他清楚地了解，她打工赚钱不多，每月花去四五趟从东京到横须贺的火车费，再买这么多东西，剩下那点可怜的钱连她的伙食费都不够了。对于他的劝阻，她总是笑着点头，下次来却依然大包小包地塞给他。这不，她已经给他织了一件黑色的毛衣，寒冬到来，又送来一件蓝色的毛背心。穿上厚厚的软软的毛衣，感受到她千针万线的情意，他心里倍觉温暖。

又一个周末到了，按照往常的惯例，下午就可以见到得子了，这是他最愉快的时刻。可是，他却心神不定，如坐针毡，瞅着窗外的厚厚积雪发怔。从昨天夜里，他就忧心忡忡难以入睡，不时地起身望着窗外。透过铁栅栏可以望见院子里的灯光，鹅毛大雪在那路灯的光圈里飞舞飘落，整夜都没有停。他默默地祈祷：大雪啊，别下啦！盼着明天是个大晴日啊，不然的话，得子就不能来啦……岂料，这场大雪不但下了一宿，今天又纷纷扬扬下了一天。听狱中看守说，外面路上的积雪已经深过人们的腿肚，男人们都步履艰难，女人孩子更是寸步难行了。看守了解囚犯们的心情，在走廊上大声说："各位不要盼着家属探视啦！外面的雪太大啦，到现在还没有停的意思。听说东京的公共汽车都停啦，咱们横须贺街上一个人也没有。各位别再盼着啦……"

他长叹一声，收起了最后的一丝希望。再说，让一个姑娘冒着这么大的风雪出门赶路，也着实叫人心疼，滑倒摔坏了可不得了，还是不来为好。

他正在这么想着，忽听看守跑来笑道："快去吧，那位得子小姐又来看你啦！这么大的雪，今天只有你一个人有家属来探视，你好福气啊！"

他三步并作两步跑到探视室，看见得子正在拍打身上的雪，脸蛋、嘴唇和鼻头都冻得通红，身边的手提包还是鼓鼓地装满送来的东西。

她见他进来，没有多讲路上的艰难，只是深深地鞠了一躬说："今天来晚了，对不起，让您久等了。"

他心里一阵酸热，眼泪模糊了视线，激动地冲过去想搂住她帮她暖暖身子，但是一面无情的玻璃墙挡住了他。他只好把双手从玻璃墙下面的小门伸出去，紧紧地握住了她的双手。她的手冻得冰凉发颤，动作已不灵活，他用自己温热的大手焐着她的手，焐着，焐着，一股暖流在他们之间递送、传导，散开到全身。他们就这样久久地沉默着，隔着冰冷的玻璃四目相视，目光中流露的深深爱意，穿透了彼此的心。感情的迸发已经不可收拾，只差那句自古以来有情人重复无数遍的表达了。

然而，这个成熟的男人忍了又忍，没有说出那句话。她的眼睛显然在期待着，也很快地冷静下来低垂下了眼帘。他俩知道，他们之间就像这隔着的玻璃一样，还有一道无形的阻碍，他在香港有妻子……

难熬的一年囚徒生活终于期满了，得子满面春风来接他出狱。一年来她每星期来探望，从未间断过，早已走熟了这条路。监狱里有人以为他们是一对夫妻，羡慕地目送着他们。

经过这一段难忘的患难之交，他发现自己早已离不开得子了。故国家乡虽有妻室，无法回去，恐难有团圆之日，香港的金夫人对自己的感情已经冷淡，今后若想在日本重新干起，得子是最理想的忠诚伴侣了。经过慎重考虑，他向她正式求婚了。

她已经是二十七岁的大姑娘了，孤独一人，终身无靠，终于听到了自己钟情的人的求爱，当然激动万分。但是，这个善良的姑娘已经有了深思熟虑，她劝说道："你应该回一趟香港，看看太太和孩子。"

他为姑娘的深明大义所感动，她给了自己选择的自由。一年来她尽了妻子未能尽到的责任，却仍然愿意恪守友谊的界限。作为受日本传统教育长大的女子，她对香港的金夫人在丈夫坐牢一年中没有前来看望，是无法理解的，但她从来没说过她的坏话。每个人有自己的处境，应该给他们夫妻弥合的机会。她不愿因为自己的奉献而索取什么，尽管她知道只要自己表示要他留下，他就永远属于自己了，但是她不愿意这样做。

他在香港确实有一些商务要去办理，临走时当然缺不了男人的信誓旦旦："我回去料理一下就回来。"

她点点头，什么话也没说。

她送他到羽田机场，分别的时刻就要到了。这一对患难情人依依惜别，难舍难离，她的内心更是痛苦万分。她清醒地估计到，他这一回去夫妻见了面，说不定会重归于好，自己的满腔痴情将会付之东流。想到这些，她真想扑到他怀里痛哭一场，但是她忍住了。他朝着登机口走了几步，回首望她，看到她仍然是嘴角挂着微笑，只是眼睛分外晶莹，睫毛紧眨慢眨，仍然挡不住冲出眼眶的泪花。她怕他看见自己流泪，再一次鞠了个深躬埋下头去，任凭泪水打湿了脚下的地面……

时间不长，他回到了日本。为了给她一个惊喜，他事先没有通知她去机场迎接，突然出现在她的面前。关于香港的金夫人，他只简单地介绍了她成了教会活动家："她更关心天上的事情了，我决心在日本做事业了。"

一切都明白了，这一对深深相爱的人儿终于紧紧地拥抱在一起。

他们请了十位好朋友吃了顿便饭，举行了简单的婚礼。

日本姑娘出嫁，都要穿上美丽的和服，这已经成了多少年来的老规矩。但是，他们实在太穷了，买不起昂贵的和服，她只是穿着普通便服当了新娘，成为终生的遗憾。后来家庭富裕了，她总是念念不忘这件事。二十多年以后，他们的两个女儿都长大了，要做新娘了。她早早地为女儿张罗起和服来了，跑遍各大商场，挑选华美的绸料，请最高级的和服店的裁缝制作，拉女儿去试了。改了又改，这才心满意足。当父亲的毕竟是中国人，对置办这么昂贵的和服不以为然，夫人则叹道："当年我嫁给你，连一身和服都穿不起，现在让女儿穿上漂亮的和服，替我了结一桩心愿。"

这些都是日后的佳话，当年这对新婚夫妇为了生计颇费周折。首先是无处安身的问题，结了婚的人不好再去手帕厂借宿，总要有自己的家啊！

得子领着丈夫来到她那被美国飞机炸毁的宅基跟前，亲人们都是被炸死在这里的，如今只剩下一片荒草萋萋的空地。她双手合十流着热泪祷念："爸爸，妈妈，女儿出嫁了……二老在九泉之下，请放心吧……哥哥，姐姐们，得子活了下来，拜托你们替我好好照顾父母吧……得子谢谢你们了……"

王克昌朝着黑崎家的废墟鞠了个深躬，算是拜见了地下有知的岳父岳母。

得子指着宅基说："这块地皮的产权是属于我们家的。"

王克昌一听惊喜地表示："好，有咱们的立足之地就好。"

经历了这场冤枉官司，他手里仅仅剩下二十多万日元了。他俩就用这点钱在这块小小的地基上盖了简易住房，开始了共同创业的新生活。

当他俩起早贪黑像燕子衔泥一样筑起温暖的小巢时，两个人都已经阮囊羞涩。他们站在这块立足之地起跑时，面对的是又一个零字。

当年，曾经有别的日本姑娘问得子："你怎么会看上那个中国人的？他既没有高等学历，又没有财产。"

得子说："只要人好，其他条件都是人去创造的。他做生意认真，有经验，有魄力，还不怕失败，敢于从头做起。他不是打工的，是做老板的人才。"

她真叫慧眼识珠，后来的事情完全被她言中。

王克昌的吃苦耐劳，百折不挠，加上得子的数学功底，善于理财的能力，双双携手搭档，夫唱妇随，外强内精，珠联璧合。

以后，他们的资产发展为得昌号管理集团公司。

得昌号，这个名字起的多好哇！得子、克昌，这一对异国爱侣共同奋斗，事业才得以昌盛发达。

火灾烧毁了第七个希望

王克昌从监狱出来获得自由，已经是 1952 年的春天了。

他和得子结婚以后，倍感做丈夫的责任重大。四海经商的漂泊生活，使他在天津、香港、东京有了三个妻室家庭。作为一个深受中国封建传统道德影响的男人，他认为感情是一回事，责任和义务是另一回事。他必须去挣钱，对三个家庭都尽到经济负担的义务。

想在日本发展事业，他又遇到了老问题——没有资金。常言说，一文钱难倒英雄汉，没有本钱什么事也做不成，买工厂啦，办实业啦，没有钱只能是梦想。

怎么办呢？只能重新从原始积累开始，不管你愿意不愿意，不管你心里有没有把握，只能走老路去经商，以最小的投资做国际贸易，因为在没有其他选择的前提下，只有这一行你还有一些经验。

于是，他从日本回到香港，找几个朋友磋商以后，合作组建了新光贸易有限公司。

新光，是他失去了六个公司以后创办的第七个公司，是他的第七个希望。公司起名为新光，代表了他心中在追求新的光明的未来。

然而，事与愿违，新公司从一开始就不顺利。

新公司有五位股东，由这么多投资人合作一个小公司有很多难处，一人一个主意，各执己见很难迅速达成统一。营业方针要经大家讨论，各有各的打算，争论不休。一旦做出决定，你就只好服从。

董事会决定由王克昌担任香港公司的副经理兼东京支店负责人，他很乐意接受这两个职务，想专门做港日贸易。但是，董事会多数股东做出的决策，是做香港、日本、韩国之间的三角贸易。他本来不愿意再去韩国，不知什么神秘原因，韩国对于他来说永远是个不祥之地。现在朝鲜战争还没有结束，那里的社会秩序会比战前更加混乱，去做生意甚至没有人身安全的保障。他以自己的几次遭遇劝说合伙人们暂不去韩国，但是别人却在韩国经商有成功的经验，讲起来也是振振有词蛮有吸引力。

大家正在争论不休，偏偏韩国客户发来了订货单，订购一批毛线，价格很有赚头。和韩国客商保持良好关系的股东当然赞成此事，主事的经理也劝王克昌："咱们小公司本钱少，只能由机会选择咱，咱们还没有力量去选择机会。现在，做买卖的机会来了，怎么能放弃呢？"

王克昌只好点点头，表示尊重大家的意见。

于是，新光公司与韩国客户订了合同，办妥了租船装货诸事。因为船上还有运往日本的货物，属于王克昌的职责范围，他只好和公司的一位同仁随船押货，再一次登上了开赴仁川——那个三次令他伤心欲绝的城市的海路。

轮船在大海上航行着，天水一色，看不见陆地，叫人辨不清方向。中秋时节，香港的气候还很热，而船越往前方行驶海风越凉了，叫人知道已经接近北方了。唉，这条航线虽然风浪不大，却总是令人惊心动魄，英国兵舰上收到甘地被刺的急电，仁川大雪货物损失大半，雾海触礁死里逃生，资金再次虚掷，这又是一程吉凶未卜的水路啊，它能不能带来转机和运气呢？

王克昌站在船头暗暗祈祷：仁川啊，仁川，不知是前世冤还是今世仇，你已经惩罚我三次了，事不过三，这第四次该给我好运气了。说起来咱们算是有缘分的，我多次来朝拜你也是出于虔诚啊！你也曾开过恩，给过我好脸色，1948年那一次对韩贸易，不是取得过成功吗？这一回，你不会是冰天雪地的严寒，该是秋天火红的收获季节啦，求你分给我一份果实吧……

一路顺风，轮船按时到达仁川港。一包一包毛线很快地卸在了仁川港。因为客户过些天才能来收货，而战争时期码头吞吐量大，仓库全存满了货，他们只好把毛线暂时存在一家熟悉的仓库里。

他们找了好几家保险公司，想为这批货物交保险费。但是，当时朝鲜战争还没有结束，属于非常时期，各保险公司都不接受保险。虽然交战双方从1951年7月就开始了停战谈判，但打打停停，停停打打，双方都在争取坐在谈判桌旁的实力地位。仁川不仅是韩国的重要海港，而且是首都汉城的门户，具有从这里可以把狭长的朝鲜半岛拦腰截断的战略地位。1950年9月15日，美军就是从仁川登陆开始往北方进犯的。听说北方的中朝军队又要发动夏季攻势了，无论是从海上登陆还是从陆上偷袭，或是空中飞机轰炸，战火随时都会蔓延到这个兵家必争之地。在这种情况下，还会有哪家保险公司开展正常业务呢？

对于投保无门的事，他们也未放在心上。毛线只需存放很短的时间，客户就会来收走，不会发生什么事情，他们就忙着去办理回头货事项去了。

岂料，存放毛线的仓库着了一场大火，熊熊火舌吞吃了全部货物。

当他们闻讯赶到火灾现场时，哪里还有一包毛线的影子！看到自己千辛万苦运来的货物好端端地付之一炬，王克昌捶胸顿足，心如刀割。这次损失占新光公司全部资本的半数以上，这可是五位股东凑起来的血汗钱啊！

仁川啊仁川，这就是你的秋天火红的收获季节吗？你为什么一次又一次地夺走我的劳动果实呢？想一想这几年的悲剧，别人百年难遇的事情都叫我碰上啦！轮船触礁，仓库失火，大雪封港，几次受骗，这可真叫做水深火热啊！再见了仁川，你这个残酷的城市，我再也不会踏上你的土地，永远不愿意听到你的名字了。如果在前世我欠下你什么，现在你已经加倍索回了。从此咱们孽缘两尽，前账两清。我并不灰心，自从我经历了牢狱之灾，已经磨炼得意志坚强，这只是失败者一个光荣的退场。有朝一日，命运赐福予我，我会来当你尊贵的客人。到那时，我会再来看望你，作一番旧地重游，缅怀往事。相信那一天的到来吧，我会以一个成功者的姿态，前来感谢你像对待天欲降大任者那样对待我，"苦其心志，劳其筋骨，饿其体肤，空乏其身，行拂乱其所为，所以动心忍性，增益其所不能"。说不定，日后我还能成大器呢！

新光公司第二笔生意也不顺利，几乎赔光了仁川失火后剩余的一半资本。这是一桩转口贸易，有客户预订一批日本的小五金货物，由日本输出到香港，再由香港转运外埠。不料，因为船期延误，未能按期交货，只得依照合同规定接受罚款。

接连两次打击，股东们信心动摇，勉强凑合已无意义，大家于1953年2月召开了股东会议，经过表决宣告公司解散，朋友们客气地告别了。

公司解散以后，剩下一些零散器具尚未处置。这些东西属于一位姓周的股东，他知道如果把东西变卖所值无几，于是定了很低的价格，劝王克昌留下。王克昌同意留下来独自经营，连招牌让渡，只是取消了"有限"二字，改为"新光贸易公司"。就他的小小财力来说，独自经营很勉强，但为了生存，不得不努力奋斗。

小新光公司在香港换了一间很小的写字间，暂由他的三弟王克祥担任会计，另有两个天津同乡做职员，又请了一个青年人专跑电报局和银行，王克昌则负责港日两方往来。兄弟同乡，配合默契，也就稳稳当当干起来了。

他们在日本设的分公司，连王克昌在内也是五人组成。这几个人也是各有特长，互助互补。其中有一位叫丁志明的中国人，生长在日本，为人忠厚。他和日本通产省（意为贸易部）熟悉，负责联系通产省和往来客户。

港日两地的公司同仁共同努力，寻找做生意的机会，虽说本小利薄，但大家不辞辛苦，倒也能够维持生计。

日本大阪有一家伊藤万公司，很想和中国大陆做贸易，但他们又与美国有往来，当时中国和美国正在朝鲜半岛交战，而日本又是美军占领下的战败国，所以，伊藤万公司不敢自己出面和中国大陆来往。王克昌适时地扮演了中间商的角色，以新光公司的名义替他们做大陆贸易。为此，伊藤万公司愿意每月付给新光公司活动开支二十五至三十万日元，生意成交后另付百分之二佣金。

王克昌做中国大陆贸易有经验，熟人多，很适合担当此任。他自己缺少本钱，替人做生意，赚取一点活动费和辛苦钱，只好下辛苦跑腿了。当时日本缺少棉花，他们公司的同事们协力合作，找到了由中国大陆输入废棉的渠道。这种用过的旧棉价格低廉，每次往日本进口数百吨，利用日本先进的化学处理方法加工消毒以后，像新棉花一样洁白，然后制成妇女用的卫生棉等产品出售，销路很好。

小小的新光公司依靠此项生意虽说获利不多，但是细水长流，收入倒也很稳定。如能长久做下去，公司有所积累，就可以独立做中国大陆的贸易了。

然而，好景不长，不测风云又一次摧毁了王克昌的如意算盘。

1954年8月，一位香港朋友介绍一家商社，找到王克昌，拜托新光公司替他们办理黏土输入日本的手续。碍于朋友情面，王克昌又犯了感情用事的老毛病，热心地应承下来。他以新光公司的名义代办了许可证手续之后，那家香港商社两次运货都顺利进关了。不料，第三次却发生了问题，货物到岸以后，日本海关检查人员发现报单与货品不符，报的是黏土，货物却是芋角粉。芋角粉比黏土价高利润大，货主是在以此手段偷逃关税。既然办理进口许可证手续的是新光公司，日本海关当然要追究查办王克昌了。

王克昌对此中骗局一无所知，正在东京家里休息，横滨海关派人找上门来。他只好跟着他们去了横滨，要跟港商交涉。他们赶到横滨寻找，谁知那个港商一见闯了祸，脚步比兔子还快，早于案发当天逃回香港了。

王克昌又一次成了无辜的替罪羊，海关重罚了新光公司，同事们辛辛苦苦赚来的钱一下子被罚了去，不免生出埋怨，离心离德、难于凝聚了。金钱损失还算小事，新光公司的信誉受损，招致客户的不信任，则是非同小可的危机了。

在业务日渐冷落的情况下，新光公司勉强维持了几个月，于无可奈何中顶让给他人了。接管的是台湾赖先生，赖先生知道王克昌能干，挽留他在公司任职帮办业务。但是，赖先生不善经营，最后竟然连工资也停发了。王克昌一看实在没意思，找个借口辞职了。

现在，一无所有的王克昌在家赋闲了，生活难以为继，心情十分沉重。身边虽有得子夫人温婉开导，也难解胸中郁闷。他已经是接近四十岁的人了，四十而不惑，该是大业已成心明气爽不再为世事迷惑的境界了。可是，他怎样才能够走出事业的误区呢？从十四岁步入商行学徒以来，已经奋斗了二十五年了，如今仍然处于生活的谷底，叫他如何不迷茫呢？

古希腊神话中有一篇《西绪福斯的石头》，故事中说宙斯王拐走了美女埃伊纳，她的父亲河神阿索波斯来寻找她，向在科林斯城堡附近牧牛的西绪福斯打听女儿的下落。西绪福斯知道这个秘密，但不肯告诉河神父亲。河神再三恳求，西绪福斯提出了条件，要求河神为自己的科林斯牧场提供一条四季不断的常流河。河神接受了这一条件，让一条珀瑞尼甘泉涌出地面。于是，西绪福斯便告诉焦急的父亲，他女儿在宙斯王那里，河神阿索波斯就去找宙斯交涉了。

西绪福斯出卖了神的秘密，泄露了宙斯的隐私，宙斯王便派弟弟哈得斯来惩罚他。两个人进行了种种较量，天神之弟也未能杀死西绪福斯。

最后，阴间法官们为了杀一儆百，决定给他一种永无尽头的惩罚。法官指给他看一块巨石，命令他把石头推向山顶，推向山那一边的斜坡，并说只要做到这一点，惩罚便告结束。

西绪福斯依仗自己力大无比，高兴地答应了。

他使出全身力气推动巨石，推呀推呀，快推到山顶时，石头便滚到山底。他只好回到山脚找到石头，重新去推巨石上山……就这样，他永远疲惫不堪地推石上山，巨石永无尽头地一次又一次滚下山底，至今，他还在朝山上徒劳地负重而行……

王克昌既没有得罪天神，也没有得罪世人，却也像西绪福斯一样受到徒劳无功的惩罚。现在，他又一次立于山底，面对生活的巨石，又要开始新的苦役了，他能不能登上胜利的峰顶呢……

改弦易辙另辟蹊径

　　1954 年冬天，东京经历了一场从北海道那边过来的寒流，下了好几天的大雪，昨夜终于起了风，云散雪停，气温更加低了。朝阳虽然明丽，却没有多少暖意，覆盖满城的积雪在阳光的照射下闪耀着刺目的寒光，使人们不敢朝那屋顶树梢的银白望去。迎风而行的人一个个缩着身子赶路，倍加感到雪后初晴的早晨所特有的那种透心彻骨的冰冷。

　　王克昌从地铁站里出来，一股寒风直扑额头。他压低了帽子系紧了围巾，东张西望了一会儿，踌躇不定地向路口走去。这里是商店林立车水马龙的繁华街市，路边的行人摩肩接踵，急匆匆地去上班。只有王克昌一边走路一边想着心事，时时与迎面而来的人相撞，只好不住地向人家鞠躬道歉。

　　来到路口，他寻找着丸物百货店的招牌。丸物公司是一家很大的百货公司，在京都、浅草、新宿都开有支店。当他找到这里的丸物支店时，望着马路对面这座漂亮气派的店堂和橱窗，他有些迟疑了，站在横穿马路的人行线这一端，心里一遍一遍地问着自己：究竟该不该迈出这一步呢……

　　他为了寻找门路做点生意，已经奔走了好多天了，找朋友，托人情，今天总算有了一些进展。然而，在他急切的心情中，却又夹杂了几分犹豫。因为他去丸物百货店并不是做日用百货方面的贸易，而是要在百货店里租一张柜台，作为自家外卖中国小吃的专点。百货店里从来没有卖蒸食的先例，做饮食业能否成功毫无把握，弄不好连柜台租金都赚不回来，那可怎么办呢……不仅在百货店卖馒头、包子是谁也没做过的事，他自己也是个炒菜做饭的门外汉，能够胜任这份新营生吗……

说起来，要一个四十岁的人改行去干自己完全陌生的行业，只能是为生计所迫的选择。要一个拼搏了二十五年创办过七个公司的贸易商，从头学起改做餐饮业，而且是从一个饺子一个包子捏起，一个馒头一个烧麦蒸起，这里面又有着多么深重的无可奈何啊！这样重大的转折，这样毫无把握的尝试，使他思虑再三难下决心。

离开新光公司以后，他的心情很沉重。大女儿刚有五岁，小女儿不满一岁，太太在家看孩子不能出去工作。全家四口何以为生，总要想个挣钱的法子。他在家坐立不安，左思右想无以为计。正在彷徨苦闷，走投无路的时候，老朋友增田友弥和华人刘庆澜两位先生来了。他们知道他处境不佳心情烦恼，特意来安慰老朋友，帮他出出主意。

增田先生和福泽先生是十几年前在天津塘沽永利碱厂那一夜美机轰炸结下的生死之交了，多少年来，无论是战争还是和平，富贵还是贫穷，异国还是本土，顺境还是逆境，他们永远是无话不谈的好朋友。人生能够结交一二知己，也算是莫大的安慰了。

增田友弥早就看出王克昌为人过于忠厚，难改重情面意气用事的老毛病，不适合做贸易商，应该及早选择一种靠自己诚实劳动点滴积累的稳当职业，于是，他说："你这样能够吃苦耐劳，起早贪黑，为人又谦和，其实很适合做餐饮业。"

"餐饮业？"王克昌听了大吃一惊，他从未想到过自己和餐饮业有什么关系。

"是啊，餐饮业虽说苦一些，赢利也小，但是比较稳当，风险不大。"增田好心相劝，又介绍了一些情况："战争结束这么多年了，经济一发展，各大公司都在招工，上班的人一多，午饭就成了问题。很多日本人参加过对华战争，吃过中国的饭菜，回国以后常想吃到中国食品，特别是饺子啦，包子啦那些好吃的东西。如果你能找一处外卖柜台，每天供应中华料理式的午餐盒饭，一定会受欢迎。"

刘庆澜先生听了拍手称赞："增田君言之有理！你们日本人中午带饭只带些大米凉饭团，中国的蒸馒头夹小菜，都比吞凉饭团好吃！从送外卖做起，本钱也不大，只是这个活儿……太苦了。"

王克昌已经听得动了心，却又摇头叹道："吃苦我倒不怕，只是我在老家时，有母亲做饭，到天津学徒时吃店里的伙食，成家以后，做饭的事一直是太太和我妹妹的事。别看我嘴馋好吃，却从来没有下过厨房啊！馒头怎么发得白，饺子馅儿怎么调，包子褶儿怎么捏，我都一窍不通啊……"

三个朋友商量了好久，没有一个结论。

虽然这一天没有找到做餐饮业的具体方法，却给了王克昌一个新思路。他开始动了这方面的念头，人到了山穷水尽的地步，没有受不了的罪吃不了的苦哇！实在找不到别的出路，也只好学习做中华料理送外卖，哪怕先赚些零钱，贴补家用以解燃眉之急也好哇！于是，他一边找东海林中华料理店的老板林钧信先生学习做中国小吃，一边四处托朋友寻求卖食品的柜台。

经过老朋友山崎先生介绍，他认识了伊能先生，两人一见如故，相谈十分投机。伊能先生和丸物百货店经理中林仁一郎有深交，经伊能从旁美言玉成，中林老板破例同意在店里租让给王克昌一个柜台卖食品。

今天，他就是按照和中林老板谈成的租赁协议，来到这家支店看柜台的。

可是，在来到百货店门前的时候，他的内心仍然处于犹豫不定的矛盾状态。想到自己对新的行当毫无经验，中途改行是凶是吉前途未卜。他在做最后一分钟的考虑，挖空心思地想：除此之外，还有没有其它路子可走呢……他望着繁华热闹的街市，经营各种生意的店铺鳞次栉比，五行八作的招牌、广告、霓虹灯、商店橱窗里琳琅满目的商品，组成了这座大都市的花花世界。但是，哪里是自己的立锥之地呢？自己既无本钱，又无店铺，要想在异国他乡开拓事业谈何容易！他冷静地告诫自己：清醒一些吧！现在你已经没有资格去想喜欢干什么不喜欢干什么，而是必须适应环境，为了生存什么活都去干！现在你已经没有条件去选择机会，只能任由机会来选择你了！现在有一个做餐饮业的机会，现在有许多上班的日本人需要买物美价廉的午餐盒饭，现在有许多从中国战场回来的日本人能够接受中国小吃。只要埋头苦干，这条路就能够走得通。你敢于在不惑之年从头做起吗？你敢于像少年学徒时那样从头学起吗？你敢于再一次像小时候帮爷爷挑水那样流一番汗水吗？适者生存，既然没有别的路可走，那就勇敢地迈开你的双脚吧……

他对自己点了点头，整理了一下衣帽，挺起胸膛迈着坚定的步伐穿过了马路。

丸物支店的经理客气地接待了他，由于总店老板打过了招呼，经理选了一张位置醒目的柜台交给他，一再鞠躬表示："明天，您就可以来卖您的食品了，需要什么只管找我。祝您生意兴隆！"

他也按照日本礼节鞠了一个又一个深躬："谢谢关照！免不了给您添麻烦！我们小本经营，借贵店大名以壮声威，请多关照！"

经理走后，他站在这张不足两米长的柜台后面，双手摊开撑在玻璃台面上，不由得苦笑了。这个弹丸之地，就是他新的人生航船启航的港湾呢！在他漫长的商旅生涯中，这里究竟是一个暂时的驿站，还是成功之路的始点呢……他顾不得这些了，只能干起来再看了。

他回到家里，向太太说了丸物店的情况，得子听了很高兴，肩背着孩子就要出去购买面粉肉菜调料诸样原料。做丈夫的却面对了新的难题：两个孩子太小，太太要在家里照顾孩子，自己在家里作作食品，就不能去店里卖货，顾上去站柜台卖货，又无法在家里制作，人手不够怎么办呢？他考虑再三，决定节衣缩食咬紧牙关雇一名伙计去卖货。

得子听了丈夫的打算直摇头，她在上大学时学的是数学，做事以来又当过会计，精通财务核算。她说："本来咱们送外卖就是小本生意，利很薄，租柜台的钱已花去了大半，若是再雇工，就一点利润都剩不下了。刚开张这段时间，根本没有能力雇工。"

王克昌说："做了这么多年买卖，这点小账我还算不过来吗？只是我得在家里蒸馒头、包饺子，谁去卖货呢？"

得子笑道："还有谁，当然是我！"

他吃惊地问："你？你能行？"

得子坚定地表示："我怎么不行？我比你还会算账找钱呢！"

他忙解释："不是说你不会干，我是说孩子太小，你得在家看孩子呀！"

得子主意已定，背着小女儿给丈夫鞠了一躬，笑道："看孩子的事，只好麻烦你了！一个人兼顾这么多活，辛苦你了！"

他着急地说："辛苦一些倒没关系，只是……二丫丫还没断奶呢……"

得子听了这话眼圈一红，把孩子从背后解下来揽在怀里给她喂奶。孩子嘟着小嘴香甜地吸吮着母乳，一会儿就睡着了。得子把孩子轻轻地放在小床里，系上衣怀狠狠心说："只好给她断奶了。"

当爸爸的来到小床跟前，怜爱地望着熟睡的婴儿，心中涌起万般不忍："孩子还不足周岁啊……"

得子具有日本妇女特有的坚毅气质，掏出手帕擦干眼泪说："那也得断奶，谁叫她是穷人家的孩子呢！"

事到如今，王克昌也只好忍痛答应了。对于大女儿如何安排，夫妻俩也费了一番心思。五岁的女孩爱蹦爱跳，整天在外面玩耍，如果把她留在家里，爸爸起早贪黑要做三顿食品，既不能常到家门外去照看她，又不能把她整天关在家里看着爸爸做饭，怎么办呢？得子提议："只好送她去幼稚园了。"

可是，离家最近的幼稚园也要乘坐公共汽车，中途还要转一次车，妈妈一大早就要赶着去店里卖早餐，爸爸从天不亮就得起床做卖早餐用的食品，谁送她去呢？得子起初也很发愁，担心一路上车多路口多孩子出危险，转念一想，既然没人护送，也只好下狠心了："让她自己去好了。"

当爸爸的几乎不相信自己的耳朵了："这么小的女孩，自己上车换车去幼稚园？在中国，家长绝对舍不得！"

得子说："我们日本孩子独立性都很强，我先送她接她几天，路上多叮嘱，她自己一定能行！我从很小就自己去上学的。"

王克昌长叹一声，也只好对太太言听计从了。想到自己落到这步田地，为人夫不能养活太太，为人父无力呵护幼女，还称得上什么男子汉呢？事到如今，也只有加倍努力地干活，苦里捞财，争取家境早日好转了。

他推出一辆购物用的自行车，要去购买面粉、发酵粉、肉馅、白菜、葱姜香油一应物品，回来就要为明早的第一顿外卖食品做准备了。他不仅从林钧信先生的中华料理店学来了制作手艺，还订购了来自中国的调料。别看他是个生手，他要做出地道的中国小吃来，让日本食客尝个新鲜。

他推着车子刚要出门，大女儿蹦蹦跳跳跑进院子，亲热地叫了一声："爸爸，上哪儿去？"

他笑道："爸爸去买面、买肉，给你做中国的包子、饺子，好吗？"

她听了直点头，却又茫然地忽闪着大眼睛。她知道爸爸是中国人，但是爸爸从来没有下过厨房，也从来没有做过中国包子中国饺子，爸爸今天这是怎么啦……爸爸倒是领着我去吃过中餐的，包子饺子倒是很好吃的……

她正这样想着，妈妈走出来对她说："过来，妈妈和你商量一件事。"

妈妈说话的口气，像和大人交谈一样郑重，这也使她感到很惊奇，同时也感到很骄傲，这说明自己是个大孩子了，于是，她也以大人般的郑重对妈妈说："有什么事您就说吧！"

妈妈蹲下来拉着女儿的小手说："从明天起，我和爸爸都要做外卖吃食生意了，我一早就要出去上班，天黑才能回来。"

女儿聪明地眨眨眼睛问："是做中国饺子、中国包子去卖吗？"

"是的。你爱吃，别人也爱吃，咱们的生意会很不错的。赚了钱，好供你长大了上大学。不过，现在爸爸妈妈就照顾不了你了。从明天起，你要去幼稚园。"

小姑娘一听撇了撇小嘴，泪珠儿在眼睫毛上转了又转，却未敢哭出来。忍了好一会儿，她试探地问："非去不可吗？"

妈妈表示："非去不可。爸爸一个人，又要做饭，又要照看妹妹，还要送货，实在顾不了你了。"

妈妈一向教育孩子很严，女儿知道妈妈的脾气，于是懂事地表示："好吧！"

"好孩子！"妈妈夸奖了一句，又提出了第二个要求："妈妈先送你两天，等路熟了，你就要自己去了，你行吗？"

这句问话激起了孩子的好强心，她歪着小脑袋大声回答："我行！"

王克昌推着车子止住脚步，在院门口倾听着母女谈心，暗地里心疼孩子，又佩服太太的决断。正在难受之际，只见太太压抑着哽咽搂过女儿，亲着女儿的脸蛋说："爸爸妈妈也是没法子，你只有自己照顾自己了……对不起，实在对不起……"

　　王克昌听到这里鼻头一酸，慌忙扭过头去。得子是个战争孤儿，美机轰炸夺去了她全家亲人。生活的磨炼使她的性格异常坚强。他不敢让夫人看见自己一个男子汉掉眼泪，推着车子上路了……

他又一次朝山上推动了巨石

王家的新事业开始了，虽然只有一张小小柜台，也要有个字号招徕顾客。一只小飞蛾儿一条小爬虫儿还有个名字呢，名正则言顺嘛！尤其是商家自古以来重视字号，起个好名字说不定会带来好运呢！

几个老朋友正在商议，恰巧天津老乡姜茂顺先生来访，他是特意来道贺开张的。王克昌请他起个响亮的店名，他想了想，说："水有源树有根人有来历，不能忘记故土祖宗。我开的'天津饭店'已经有些影响，现在我又改做别的生意了，不如你把这个店名接过去，还能带过去一些老主顾。"

王克昌本来就一直思念家乡，开店以家乡命名自然满心欢喜，鞠躬致谢道："老朋友了，我也就不客气了！"

丸物百货店内，挂起了"天津饭店"的招牌。夫妻俩在小小柜台上方悬挂好这块招牌，设了供案，焚香膜拜。王克昌双手合十默默祈祷·"就从这里开始吧！盼望家乡土地神和列祖列宗保佑我们生意顺利。"

果然，"天津饭店"名字起得好，三十六年以后，这对夫妻成立得昌号（得子与克昌）集团管理公司，公司创建了三十六家"天津饭店"分店。第一个三十六，包含了多少艰辛，而第二个三十六，又代表了多么辉煌的成就啊！

不过，现在离三十六年以后的顶峰还有着一段漫长的人生之路。现在的王克昌，只能站在贫穷的谷底，又一次朝山上推动了沉重的巨石。

家庭制作食品送外卖，是个又苦又累的活计。得子要去丸物店赶上每日三餐的售卖高峰，早出晚归盯在柜台上。王克昌在家里必须分三班把各种小吃做熟，分别装入盒子里，趁热骑脚踏车给妻子送去。丸物百货店离他家并不近，路上还要走几个上坡，用脚踏车送货很费力气。单说送外卖这一项职责，大饭店里就要雇用专人当差了。王克昌没有本钱雇人帮工，只好一个人兼任了采买、面案厨师、菜案厨师、看孩子的保姆和送外卖的伙计，每天夜里只能睡四五个钟头。

开始，王家送外卖的食品花样只有馒头、包子、锅贴、烧麦几种，每天要做馒头一百多个，锅贴、烧麦各几百个，这就够夫妻俩忙碌的了。他们天不亮就得起床，得子伺候两个女儿梳洗早点，打发大女儿去幼稚园。王克昌赶制卖早餐用的食品，装车之后夫妻俩要在九点钟之前赶到丸物店。帮太太送完第一趟货之后，王克昌在回家的路上顺便采购，然后回家系上围裙和面、剁馅、揉馒头、擀面皮儿……包好的包子和烧麦要用笼屉蒸熟，包好的锅贴却要一锅一锅用油煎成金黄色的脆嘎。就是同样上笼屉蒸的包子和烧麦，制作的工艺也不同。包子用经过发酸的面团，烧麦则用"烫面"和发面按照一定比例混合而成，然后一个一个擀成荷叶皮儿，包成漂亮的烧麦褶儿才能上笼蒸。

第二班货要赶在十一点钟之前送到丸物店，这就要全靠王克昌自己了。

他送货回来一分钟也不能休息，立即赶制第三班食品，又是馒头、包子、锅贴、烧麦从头折腾，一个面团一个面团地揉，一锅一锅地煎，一个褶儿一个褶儿地捏，一笼一笼地蒸，一盒一盒地装……日本人吃饭爱吃新鲜的，不能卖上一顿剩下的陈货，而且这些蒸食只有刚下屉出锅的才香味四溢，顾客才来抢着买，他只好蚂蚁搬食一般终日不得停歇。下午这班售卖高峰的时间很奇特，并不在晚饭前后，而是要赶在下午两点半至三点钟送到柜台上。因为上班族一般是回家吃晚饭的，他们要在下班时买些中华料理带回去让家里人尝尝。日本人在战后拼命工作挣钱，也有不少人打两份工，日班下班时买些小吃又赶去上晚班的。

得子每天卖完货六点多钟才能回家，马上接过照顾孩子打扫房间的家务活，做些简单的晚饭全家充饥之后，夫妻俩就又得为明天一早送外卖做准备了，一直忙到深夜……

他们这样拼命干活节衣缩食点滴积攒，每个月才能赚到三至四万日元。当时三百六十日元才能折合一美元，起早贪黑辛苦一个月只有一百美元的收入，但他们已经很知足了。他们相信只要肯吃苦，日积月累日子总会有好转。

　　大女儿很懂事，知道父母做工辛苦顾不了自己，很快地适应了幼稚园的生活，别看她是个五岁小女孩，只让妈妈领了一天路，就自己乘巴士去幼稚园了。中途换车时，她像个成年人似的勇敢地走在繁华街市上，心里感到很骄傲。穷人的孩子早当家，正因为她从这么小的年纪就懂得自立自强，长大以后成为一位比妈妈还要能干的女企业家，此为后话。

　　刚刚断奶的二丫丫可就成了爸爸的小累赘了，妈妈不能带她去上班，爸爸只好充当了她的保姆。日本的男人从来不下厨房，更不会带孩子。虽说王克昌是中国人，在天津和香港已经有了两房妻室四个孩子，却也从来没有做过这些家务活，被生活逼到这一步，他也只好从头学起了。

　　这个时候的王克昌，已经完全失去了当年往返于香港、仁川春风得意的老板风采了。如果在他头上蒙一块花头巾，谁都会以为他是个日本女人。因为他整日在厨房里围着锅台转，身上穿着白围裙，两手沾满了面粉，背后还背着个小孩子。

　　他就这样一边背着小女儿颠哒着脚哄她不哭，一边在砧板旁剁馅和面揉馒头包包子。要干的活太多，他顾不上背后的孩子。孩子睡着了，他也忘记把她从身上解下来放到床上去好使自己轻松轻松。他就这样背着、干着、干着、背着，像一头负重的老牛。有时，他的脊背感觉到贴上了一团热乎乎的小脸，这才意识到孩子睡着了，连忙轻轻地解下孩子好让她的小身体躺到床上舒展舒展。谁知这一番惊动闹得孩子又醒了哭起来，他只好重新背上女儿去干活，一边揪着面团儿一边哄道："噢噢噢，乖乖不哭，乖乖不愿意到床上去是吗？愿意在爸爸身上是吧？好了好了，爸爸给你做肉包包儿吃……"

　　男人带孩子毕竟没经验，掌握不好孩子大小便的时间规律。该干的活太多又要赶时间，他忘记给女儿换尿布，孩子尿湿了他的后背这才有所觉察。本来太太已经训练出孩子定时大便的良好习惯，交给他以后又乱了套，一旦弄脏的尿布更麻烦了，又要洗孩子又要洗尿布。这边蒸锅水干了，那边孩子哭叫，忙得他满头大汗万分狼狈……

这么小的孩子整天跟着爸爸，虽说爸爸亲她爱她，毕竟不能像妈妈一样细心，孩子受了不少委屈。单说喂奶这件事，爸爸只顾干活顾不上给孩子喂牛奶，等到孩子饿极了哭叫，他才想起来热牛奶。刚煮沸的牛奶哪里能喂孩子啊？他只好一边哄着哭闹的孩子，一边把牛奶晾成适当的温度，再把牛奶灌入装有橡皮奶头的瓶子里，孩子伸出小手抓住奶瓶像见了妈妈一般亲，咕嘟咕嘟吸吮一尽。等到女儿吃饱睡着了，他把她放到床上盖好小被子，用手巾轻轻擦干孩子脸上的泪痕，坐在床边长叹一声。他捶了捶酸疼的腰背，用沾满女儿泪痕的毛巾拭去额头上的汗水，抬眼望见钟表到了该揭锅下屉装盒送货的时间了，他又飞跑着来到厨房灶台边。送货要速去速归，但愿这段时间孩子一直安睡才好，若是醒了从床上掉到地上……

有好几次孩子在他背上无端哭叫，怎么哄也哄不好。他反过手去拍着孩子问："怎么啦？乖宝宝，哪儿不舒服？刚刚吃饱了，刚刚换了尿布，是不是啊？肚肚儿疼？好宝宝，不哭……"

孩子还是哭，泪水流个不止，小眼睛都哭红了。他以为孩子被什么尖利的东西扎疼了，急忙解下孩子来检查，又脱下自己的衣服看看后背，没有针，没有刺，什么也没有哇……

后来他才发现，每当自己在做烧麦馅剁洋葱时，洋葱的辣味刺激了孩子娇嫩的眼睛。烧麦馅里必须放洋葱，把洋葱剁碎时连他自己的眼睛都呛得直流泪，小小孩子如何受得了？他恨自己的粗心，紧紧地抱住女儿，把脸颊贴在女儿的脸蛋上，父女俩的泪水汇作一处……

他用女儿的小胖手打着自己的脸喃喃地说："都怪爸爸，爸爸以后不背着你剁洋葱了。爸爸没本事，让你跟着受这份罪……"

骑着自行车送货也是个辛苦活，一辆单车驮满装食品的盒子，在车后架上一摞老高，骑车时就难以保持平衡了。骑到那段上坡路时，本应该下来推着走，但他既担心店里误了售卖高峰时间，又惦记家里的孩子，心急火燎只顾赶路狠命蹬车上坡。车子后架上驮的货物太多，本来就前轻后重，哪里还经得住上坡呢？无论他如何用力压住车把，前面车轮都要翘起来，重心不稳

的车子趔趔趄趄终于摔倒了

正巧这一天有主顾订货多，车上装了三百多个馒头。雪白的馒头翻了出来，顺坡往下滚了满地，惹得不少路人驻足观看。也有好心人帮他捡回馒头，但捡回的脏馒头也无法卖出去了，气得他用脚狠狠地去踩地上的馒头，一边踩脚一边捶打着脑袋骂自己："你怎么做这种生意！你怎么这么没出息……"

狂风暴雨的天气，送外卖就更加艰难了，用防雨布把食品蒙得严严的，他蹚着没过脚踝的雨水推车跋涉着。为了赶上三餐售卖时间，得比好天气时更早地从家里出来……

王克昌每天三次送货，总是把小女儿丢在家里，他们夫妻俩十分不放心，做小生意略有盈余之后，雇了一个计时工。这样一来总算有了替手，或由这个小伙子去送货，或留他在家里看孩子，王克昌的日子好过多了。

一个大雪的上午，送午餐的时间又到了。今天那位老主顾不仅预订了面食，还预订了许多菜。自从增加了小菜售卖，可赚的利润比单卖主食要多了，夫妻俩很高兴。可是，今天的雪这么大，由谁去送货呢？派临时工去吧，小伙子骑车技术不够熟练，还不如自己有自打年轻时就在乡间土路上骑车的锻炼。望着窗外的鹅毛大雪，他决心自己骑车去送货。

昨天下了一天的雪，经路上车辆一轧，板结成块，又经昨夜西北风一飕，冻成一层冰，光滑如同镜面。他小心翼翼地骑着车子，一路平安，眼看就要望见丸物百货店了，不料迎面跑来几个打雪仗的孩子。他只顾躲闪前面车辆，一打滑摔了个老远，精心制作的各色菜肴翻在地上一塌糊涂。

他不顾自己摔得疼痛，爬起来扶起车子就往丸物店跑。幸亏装面食的盒子捆得紧，馒头、包子什么的没有弄脏，他把还可以卖出的食品交给太太，转身就往外跑。他要回家重新做菜，重新送来。生意虽小，也要讲究信誉，不能让订菜的主顾失望。只有做到物美价廉准时，主顾才会越来越多，生意才会越做越好。

他飞车回家，滑倒了爬起来，骑上去又滑倒，他仍然不顾危险在冰凌上奔驰着，争取时间！重新做菜！摔筋斗算什么，只要还能爬起来，就要争取时间！行人们惊愕地望着他的背影议论："这个人准是疯了……"

樱花盛开又凋落

王克昌和得子夫人只顾起早贪黑辛苦劳作，未曾留意樱花已经两度盛开，又两度凋落，转眼间两年的光阴过去了。王克昌每天三次送货，往返于从家门到丸物百货店的路程，两番春夏秋冬风雨无阻走了两千多个来回啊！

随着时光的悄悄流逝，王氏中华小吃的生意也在悄悄扩大。丸物百货店的老板见了王克昌和得子夫妻总是笑盈盈地鞠躬致谢，因为他们的美味价廉的食品吸引了越来越多的顾客，顾客们频繁登门，也给百货店带来了生意。人们来买饭的同时，顺便买走一些日用品，这种意外的经济效果是当初老板招纳王家夫妻时始料不及的。

正像增田友弥和刘庆澜两位先生估计的那样，日本经济发展了，各大公司都在招工，上班的职员吃饭成了问题，餐饮业随之繁荣起来了。特别是花钱不多花样不少的中华小吃，越来越受日本人的欢迎。起初，只是当年去中国尝过这些美味食品的遣返人员来买，后来经过他们宣传介绍，更多的日本人爱吃中华料理了。

食品柜台的生意兴隆，和得子夫人的热情售货也有关系。她对每一位顾客都笑脸相迎，殷勤鞠躬。顾客临走时她又再三致谢，欢迎再来。日本人爱干净，讲究饮食卫生，她不仅把柜台餐盒里里外外擦得一尘不染，自己也注意仪表整洁，让顾客买着高兴吃着放心。丈夫把装在大盒里的食品送来以后，她动作麻利地改成小盒，便于顾客携带。

丸物百货店开设食品柜台取得成功的消息不胫而走，引起别的百货店老板的艳羡。他们也来找王氏夫妻，欢迎他俩到自己店里去租用食品柜台，于是，王氏夫妻又在一家新的百货店增设了一个柜台，现在他们拥有两个售卖专点了。

为适应扩大了的营业，他们在家里雇用了一个男伙计，帮助王克昌做饭，在店里雇用了一个女孩子，帮助得子卖货。虽然要同时照料两处柜台的生意，几个人辛苦一些也能应付了。

这样做了两年，第三个年头上又在几家百货店增设了柜台。生意扩大了，家里的厨房也施展不开了。

他在东京都中野区的东中野租了一间小房，连他自己一共五六个人，在那里制作加工的食品中，除了传统产品包子、烧麦、锅贴之外，增添了日本人最爱吃的中国点心和八宝菜、糖醋肉等等，仍然供应他们设在百货店里的柜台外卖。由于加工品很受顾客欢迎，生意一天天兴旺，进入的百货店由一两家增加到十几家，大有供不应求之势，名气很快传了出去。

单靠脚踏车送货已无法应付了，他们买了一辆有篷子的小卡车，用来分送十几家百货店的食品柜台。生意扩大了，雇工也多了起来，有厨师、送货员、售货员。

虽然有了干活的工人，王克昌却一点也不敢松懈。每天早晨五点钟，他第一个起床，叫醒年轻伙计们赶制卖早餐用的食品，分货送货。一日三餐忙下来，下午五点多钟工人们下班了，晚上夫妻俩还要清点、打扫、结账，为明天的营业做准备，一直忙到深夜。

夫妻两人劳作虽然更加辛苦，脸上却绽开了舒展的笑容。现在，一家四口的温饱是不成问题了，如果他们只想保持一般店户的水平，本来可以直一直腰身喘一口气了。但他俩和一般的夫妻店不同，丈夫是历经商海沧桑，见过大世面，一心想做大老板的人；妻子是个受过大学教育，饱尝战争之害，缺乏安全感，拼命存钱以改变命运的人。他们决不满足于眼前的成绩，一心要在餐饮业取得更大的发展。

中国有句俗话："男人是搂钱的筢子，女人是存钱的匣子，不怕筢子没有齿儿，就怕匣子没有底儿。"此话讲的是内当家的重要性。他们这对夫妻算是配合默契最佳组合了，丈夫有商业头脑是挣钱的能手，妻子精通财务管理是存钱的宝匣。夫唱妇随，珠联璧合，事业蒸蒸日上了。

1956 年，他们发展成为一座小工厂，名叫天津饭店食品加工厂。那一年的下半年，他们准备建筑厂房，在东京都丰岛区买了一块一百坪的地皮。但是，买地皮花光了他们的全部积蓄，盖厂房的钱就没有了，只好找银行去贷款。

王克昌向银行申请贷款 350 万元，申请交给银行以后，银行审查部长对这个中国人和他经营的中华料理行业不信任，不同意给他贷款。

说起向银行贷款，一般到日本谋生的中国人是连想都不敢想的。因为二十多年来中日之间始终是交战国，日本战败以后又和中国大陆断绝了外交关系，银行是不会轻易拿出钱来支持中国人开工厂的。

王克昌从银行碰了一鼻子灰出来，没敢回家告诉太太，来到了丰岛区这块新买的地皮上，一筹莫展地望着空空的厂址发呆。几年的心血换来了这块属于自己的土地，但是没钱盖厂房又有什么用呢？当时日元已有所升值，已不是几年前 360 日元才折合一美元的行情了，眼下 350 万元相当于两万多美元了，到哪里去找这笔钱来呢？

在日本做餐饮业的华人很多，但他不能去找他们求得帮助。因为日本银行不给华人贷款，华人社会便在私下里兴起了"打会儿"的风气。它不同于商会，商会只谈生意业务，不搞借贷。"打会儿"则是一种以同乡或同民族为凝聚力的黑市金融。急需借贷者叫做"请会儿的"，出钱当债权人的叫做"随会儿的"，"随会儿的"每人出借不少于 50 万日元，大家凑出一笔钱借给某会友使用。随着借贷人每月分期还款，每月"拔会儿"一次，所谓"拔会儿"即是会友们按照抽签定下的顺序分期得到还款的本息。组织"打会儿"者往往是有人缘有威望的热心人，每月一次的"拔会儿"也由张罗人来监督执行。华人们为了解决不时之需，一般都要"随会儿"。如果别人有困难你不"随会儿"，你若急需用钱就休想从会友那里得到借款了。

日本法律视这种黑市金融为违法，因为无法管制信贷双方的税收等等。再说，这种帮会式的信贷毫无法律保障，一些借贷者到期还不上借款，赖账逃跑了。债权人气急败坏只好登报寻人，警视厅就要把有关人等都叫了去，审查，训斥，惩罚。凡是参与"打会儿"行为的，不管是借贷人还是债权人，一经官方发现，双方都以违法论处。

虽说发生过许多不愉快的事情，华人社会的"打会儿"风气仍然很盛行，后来发展成只要是华人，就不敢不"随会儿"，不然就会受到孤立。在异国他乡经商的人，都怕失去了群体的帮助，也就从众随俗了。

只有王克昌不"打会儿"，他更相信自己的汗水和节俭，他一向是个守法商人，也不愿意违犯日本法律。

于是，华商同胞们骂他："不是中国人"，"看财奴"，已经冷淡他十几年了。在一些华人聚会的场合，人们都不理睬他。他感觉到了自己的孤立，但他决心不改初衷。

现在，他遇到了贷款危机，华人社会是指望不上了，只好再去央求日本银行审查部长。

他设法打听到审查部长的住址，买了几个苹果去拜望他。几个苹果这样的小礼物，既算不上贿赂，又表达了自己的心意。审查部长看到他为人忠厚，言辞恳切，对他产生了好感和同情。他向部长介绍了自己的经营情况，天津饭店的信誉，并表示愿意以地皮和自家住宅作为抵押，请求部长重新审查他的贷款申请。

部长同意了，果然做了认真审查。调查情况件件属实，银行破天荒给了这个中国人贷款。

1957 年的春天，王克昌高兴地和银行签订了五年还清本息的合同。

350 万元的贷款资金，对于建座厂房来说是远远不足的。王家夫妇只好决定边建厂边营业，以营业利润弥补建厂资金的不足，厂房是分三期完成的。他们像燕子筑巢一样，一点一点衔泥，终于盖成了一座设备现代化的食品加工厂。

厂址扩大了，工人陆续增加，客户也随之激增，生意意想不到地兴隆。本来应该五年还清的贷款，他们用不到两年的时间就连本带息全部还完了。

为了早日还贷，他们是怎样一个小钱一个小钱地积攒啊！全家人仍像过穷日子时那样节衣缩食且不说，生意上也得仔细算计，尽力避免浪费。每天下午七八点钟，小卡车总要拉回一些卖剩下来的食品。日本人口味很讲究，从不吃隔夜的陈旧食品，这些剩下来的东西明天就不好卖了。开始，他们把食品卖给夜间卖酒的酒馆，但酒馆需求量不大，扔掉又可惜，怎么办呢？后来，他们想出来一个聪明的办法，用搅拌机把这些食品搅碎，连夜下油锅炸成酥馅，第二天把它调进肉馅做成肉饼就好卖了。

精打细算开源节流，一边营业一边扩建厂房，还做到了两年还清贷款。这样的奇迹，使得许多人误以为他有日本岳父作为靠山，当人们听说他的日本夫人得子是一个一文不名的战争孤儿时，一个个瞠目结舌，百思不得其解。

还清贷款这一天，王家老小四口举行了家庭欢庆晚宴。得子夫人在下班回家的路上，特意给家里每个人买了一份礼品。多年来她养成了节约每一枚硬币的习惯，起初，她只给丈夫和孩子们买了三份，自己嘛，就算啦！她又一想，这样丈夫会生气的，她站在百货店里犹豫了好一会儿，才狠狠心为自己也买了一份相同的用品，这是替丈夫挑选的送给太太的礼物，不然他也会跑出去再买一份的，自己人嘛，就不客气啦！

晚上，全家人像过圣诞节一样，揣度着盒子里的礼物。两个女儿瞪大了眼睛，摸着花纸包装的盒子猜了又猜，妈妈肯花钱为每个人买礼物，还包括她自己，这真是不寻常的事呀！现在加工厂属于咱们自己的了，妈妈才肯这样破费呀！可是，盒子里到底装的是什么呢……

一、二、三！全家人拍了三下巴掌，一齐打开了盒子，呀，每个人的盒子里都有一双皮鞋和一双袜子！两个姑娘欢叫起来，一左一右抱住了妈妈。太好啦，我们的鞋袜早就破旧啦，新皮鞋太漂亮啦！

孩子都有个毛病，见新不穿旧。姐妹二人当即脱下旧鞋袜，换上了新皮鞋新袜子，用皮鞋底踩出响亮的节拍跳起舞来。

王克昌看着孩子们的高兴劲儿，心里不由得感慨：唉，这几年只顾着节俭存钱了，连鞋袜都舍不得买，看把孩子们熬渴的……抚摸着太太给自己买来的锃亮的皮鞋，他忽然也像女儿们一样童心大发，迫不及待地想穿上新鞋试一试了。

当他脱下鞋子时，露出穿了多年的破袜子，虽然太太给他补了又补，大拇指还是露了出来。小女儿眼尖，扑过来抓住爸爸的脚喊叫："妈妈，姐姐，快来看呀，爸爸的袜子里钻出一只小老鼠！"

全家人都笑了起来，王克昌笑得前仰后合，从胸腔里冲出一阵阵洪亮的大笑声，他好久没有这么痛快地笑过了。

太太帮助他脱下破袜子，换上新鞋新袜子。大女儿要把破袜子扔掉，他却又要了回来。抚摸着袜底上的补丁，他百感交集：唉，穿着它走过多少路啊，送外卖，联系客户，找贷款，建工厂，现在刚刚有了自己的立足之地，今后的路还长着呢……

望着手舞足蹈的女儿们，他更是感到心酸，别人家的孩子有许多新衣服，新鞋袜，新玩具，看看咱们的孩子，得到一份这么普通的礼物，都像过年一样快乐，为人父，我欠孩子们的太多了……由心底涌起的歉疚之意，使他想起了几年来一次又一次对孩子们的许诺，至今还没有兑现，那就是带她们去旅游……

日本的中小学校有个传统，每年暑假都要求家长们带孩子去旅游，远的地方去著名旅游胜地，近的地方去东京郊区，动物园，游乐场也可以。开学时，学生们把游玩的感想心得写成作文向老师交卷。因此，家长们再忙，也要抽暇带孩子出去走走，只有王家夫妇连孩子这一点小小心愿都未能满足。

他们实在是连半天的空闲都挤不出来，餐饮业的生意，一顿饭都不能耽误。平时起早贪黑上岗盯班自不必说了，年节假日更是难以抽身，客人们放假生意兴隆，饭店老板和老板娘怎么能走开呢？带孩子去游玩的诺言，只好一年一年往后推了。

想出去看看外面的世界，是孩子的天性，不能把孩子像家养的小鸟一样关在笼子里。二女儿四五岁时就跑丢过一次，那天当爸爸的急出了一身冷汗……

那天下午，太太照例去上班，大女儿已经上了小学，小女儿仍然在家里跟着爸爸。可是爸爸太忙了，顾不上和孩子说话。她一个人在屋里呆腻了，就到门口玩耍。门口也没有小朋友，她就顺着马路走下去，想找个好玩的地方。

爸爸只顾干活，没有发现孩子已经走远了。等到他把加工食品忙完打发伙计去送货时，这才想起好半天没看见孩子了。他东找西喊，到邻居家挨门挨户询问，都不见女儿的踪影。这下子他可着急了，三四个钟头过去了，马路上这么乱，孩子要是出了事可怎么办？会不会出了车祸？会不会掉到河里了？会不会遇上歹人被拐走了……她妈妈不在家，丢了孩子我可怎么向太太交代啊……他找到警察署，警察四处打电话告知各方丢失女孩的模样……他在警察署里坐不住，又跑回家慌慌张张四处找孩子，正在焦急之际，有邻居喊："王先生，找到啦——"他往路口一看，只见房东老先生把哭哭啼啼的女儿给领回来了。孩子一见爸爸，老远地扑过来搂住父亲哭喊："爸爸——"

他急忙抱住了女儿，用手帕给她擦眼泪。看来孩子是受了惊吓，冰凉的小手搂住爸爸的脖子久久不松开。他再三向房东老先生致谢，问老先生在哪里找到的孩子。原来，孩子拐了几条街发现一座街心公园，公园里有许多孩子在玩耍，她高兴地跑了进去，游戏久了忘记了时间，眼看天快黑了。坐在长椅上的家长们逐渐领上他们的孩子回去了，公园里只剩下她一个孩子。她走出公园想回家，但辨认不出回家的方向了。她在公园周围找了好几个路口，不知为何又绕回了公园。她又怕又饿，坐在公园门口哭泣。正巧房东爷爷路过这里，发现了她，便把她领回来了。

自从出了这件事，他再也不敢放孩子到门外去了。孩子真的成了笼中鸟，总是可怜巴巴地问："爸爸，您什么时候带我出去玩呢？"

后来，小女儿也上了小学。每到放暑假，孩子们无法出去郊游的问题变得更加尖锐了。守在家里过了个沉闷的暑假，两个小姑娘都没少抹眼泪。开学时同学们都写出了漂亮的游记交给了老师，老师挑选优秀的文章念给大家听。唉！同学们的爸爸妈妈带着他们去了多少好地方呀！奈良、京都、千叶、富士山，最远的还去过北海道呢……

有时候，学校集体组织去郊游，但要求有家长陪同。姐妹俩向父母央求了一次又一次，爸爸妈妈除了好言哄劝没有别的法子。后来，得子夫人拜托了孩子班上女同学的妈妈，请她们一路上帮忙关照这姐妹俩，她俩才有机会去了动物园等近处的地方。

孩子们回来特别高兴，写了生动的作文交给老师，受到老师的表扬。得子买了礼物去感谢女儿同学的母亲，想到自己身为母亲的失职，她和丈夫商议，一旦条件许可，全家一定要去个好地方旅游一次。可是，他们每年春节都这么向孩子们许了愿，但每到暑假临近，又都因为这样那样的事情取消了全家出游的计划。

王家夫妇于忙碌中错过了一度又一度樱花盛开的时节，转眼已经到了1965年。大女儿已经成为一位亭亭玉立的大姑娘，二女儿也上了中学，可是，她们还没享受过一次随父母出去旅游的快乐。八月盛夏学校又该放暑假了，夫妻俩合计着这一次下决心放下厂里的事情，全家人去千叶县玩儿天。

当他们把这一决定向孩子们宣布时，两个姑娘噘起小嘴连听都不要听，因为爸爸妈妈自食其言的次数太多了，她俩压根儿就不相信这种好听的话了。当她们看到爸爸真的张罗着去买火车票，妈妈真的收拾起行李箱时，高兴得搂着妈妈转了一圈又一圈儿。

出发的头一天晚上，她俩兴奋得睡不着觉。第二天一早就打扮得漂漂亮亮，提着行李箱催促爸爸妈妈上路。走出家门，她们碰见邻居就说："爸爸妈妈带我们去旅游啦！""我们要到千叶县玩去啦！"

火车开得好快呀！一路上她俩坐在靠窗的座位上，望着车窗外面的美景，见到什么都觉得新鲜，发出一声又一声的欢叫。夫妻俩会意地对望着，想到自己多年来的日夜辛劳，如今终于有了这一份闲情逸致，也不由得长长地舒了一口气。

他们来到了千叶县，住在山上一家极富山野情调的温泉旅馆里。

在旅馆刚刚住下，王克昌惦记厂里，抓起电话来，打回东京天津饭店食品加工厂，告知助手这里的电话号码，并关切地询问厂里的情况。助手在电话里说："厂里一切都没问题，请您放心好了，在外面多休息几天吧！"

他还要叮嘱助手多加小心，小女儿一把夺过电话听筒放好，大女儿拉住爸爸的胳膊就往外拽："厂里，生意，您就知道厂里生意！别管那些事啦，好好玩儿天吧——"

"好好好，听你们的！"

一家人走出了旅馆，加入了游人的行列。千叶县风光秀丽，山峦起伏，是有名的旅游休养胜地。两个姑娘拉着爸爸妈妈疯玩了一天，晚上回来美美地洗了温泉澡，计划着明天一早儿去爬山。啊，今天玩得太高兴啦，太累啦，一家四口很快地进入了甜美的梦乡。

　　清晨五点多钟，疲惫而愉快的王克昌沉睡正酣，忽然被一阵急促的电话铃声惊醒。他懵懵懂懂地爬出被窝抓起电话听筒，只听助手惊慌地呼叫："老板，老板，不好了！厂里失火了！火势很大……"

夫人的眼睛平静如水

　　王克昌呆呆地立在厂门口，望着火场遗留下来的废墟，犹如做了一场噩梦。朽黑的残垣碎瓦，横七竖八的断梁破窗，烧焦了的机器设备，消防水龙把厂区冲成了水洼，到处浸泡着鱼肉食品。几年的心血毁于一旦，他痛苦地蹲在了地上，伸出无力的双手捂住了眼睛……

　　昨夜的值班人员愧疚地向老板讲述了失火的原因：

　　本来，厂里有规定，夜间不准进行加工食品的操作，除了值班人员，任何人不许进入加工间。

　　老板不在家，员工们多少有些放松。这一天晚上，值班员有点事需要外出，他巡察了一遍全厂，把加工间的门锁好，请了一位新来的毫无经验的大学生代他值班，自己则放心而去。大学生一个人坐在值班室里，看看一切平安无事，也就躺下睡了。

　　不料想，有个十七岁的小伙计，一直躲在外面盼着他睡觉呢！小伙子的姐姐明天结婚，他很想去参加姐姐的婚礼。但是明天一早的活儿还很多，炸鸡块、炸虾仁……这些都是供应西武百货店的食品，耽误不得的。他想连夜把明天的活儿提前做完，才好告假去送姐姐出嫁。好容易等到值班员睡着了，他偷了值班员的钥匙打开了加工间的门，溜进去把门关好，蹑手蹑脚干起活来了。

　　夜深人静，他把虾仁洗净晾干，切好鸡块，蘸好佐料，然后把生油倒入锅里，点着了火。锅很大，要炸的东西很多，要用两桶生油。瓦斯炉的火苗把这么一大锅油烧热得花些时间，等到油烧热了才好炸鸡炸虾。他坐下来等待油热的时候，已经到了后半夜。白天干了一天活儿，夜里又忙碌了一阵子，坐下歇息等待便不胜困乏，打起瞌睡来。他毕竟年纪小，睡得沉，不知不觉中油锅被烧着了，火苗夹着滚油蹿到灶台上，伴着瓦斯气顿时燃起熊熊大火。

小伙计被大火烤疼了才惊醒，吓得大喊大叫起来。大学生闻声闯进来把他拉出火场，眼看火势太猛，已经无法进屋扑救。他们急忙打电话报火警，等到消防队赶到灭火，工厂已经烧毁了大半。

小伙计早已吓得面无人色，见到老板兔子捣蒜似的鞠躬赔罪："老板，我对不起您，都是我的罪过，我愿去警察局受罚……"

新来的大学生也低头认错："是我睡觉了，没有发现他拿钥匙进加工间，您处罚我吧……"

老职工值班员早已羞愧满面了，痛心地说："他俩都年轻，没经验，责任在我，该我值班，可是我……"

王克昌摆了摆手，叫他们都别说了。他自己也没有气力去斥责他们，事到如今，说什么也没有用处了，不管责任在谁，好好的厂子一夜之间毁得这样惨……

屈指算来，自己改行做餐饮业也有十个年头了。人生能有几个十年啊，而且，它本应该是一个男人最有抱负最有成就的壮年十载啊！三千六百五十多个日日夜夜，我，少有的勤劳的男人，像个打更人一样坚守着自己的家业，那可是未敢有过半点慵懒疏忽啊！像一只工蚁一样不知疲倦地搬运着冬粮，那可是一个馒头一个饺子一个烧麦地搬运啊！像一只工蜂一样兢兢业业地垒筑蜂巢，那可是呕心沥血一点一滴的积累啊！四十岁那年的重头起步，那已经是第八次从零开始了。正因为有了前七次的惨痛教训，我才不得不选择了餐饮业这个苦里捞财的稳当行业，满以为只要付出辛苦就能够取得成功，哪知道人算不如天算，老天爷怎么忍心降下这一场大火啊……

如今，我已经年届五十，到了知天命的时候了，回首大半辈子走过来的路，竟是一次又一次地成而转败，竟是一轮又一轮的前功尽弃，难道这就是我的宿命么……莫非命中注定我在劫难逃，再勤奋再努力也是竹篮子打水一场空，那我何必还要白白受苦呢？果真天命如此，那就不如放弃奋斗；放弃这一切，放弃人生……

他蹲在地上捂着脸在心中哭泣，不愿再睁开眼睛看见凌乱的火场。这时，他感觉到背后有温柔的抚摸，一双瘦小而有力的手在揉搓着他的双肩，颈部的酸热便顺着脊柱传导到全身。随后，他的耳后送来得子的鼻息，好像什么事情也没有发生一样的平静均匀的鼻息。这位在战争中死去全家亲人的孤儿，自从她还是个少女时伏在亲人尸骨上那一场死去活来的嚎啕之后，似乎人世间任何事都不会引起她的悲伤绝望了，她学会了冷静而乐观地面对人生的一切磨难。此时，她凑近丈夫耳边轻轻地说：“别伤心，我从大账中早打出另外一些钱存着了，足够恢复厂子的费用。”

“你的意思是说……还要想干？”他听了妻子的话，惊诧地站起来想看看她说这话时的表情，想知道她怎能拥有这一份超人的坚强。

他审视妻子的眼睛，这双眼睛平静如水。

失火以后的善后工作是十分棘手的，去警察署接受质询，去消防署结案，接待保险公司的调查员，还要安抚受了惊吓的邻居。

肇事者小伙计一再认错，他的父母和姐姐也来厂里一再赔罪。这一家是毫无偿还能力的穷人，王克昌拿他们又有什么法子呢？可是，警察署和消防署一再追究起火原因，他只好领着小伙计去警察署，警察反复询问了十几次，消防署也不厌其烦地调查了十几次，最后，考虑到直接责任者是个十七岁的孩子，事情也就不了了之。

着火后王家夫妇赶回东京时，遭到邻居们的围攻责骂，同情者是少数，多数人七嘴八舌口出恶言：

“昨天夜里吓死我们了，住在你们旁边算是倒了霉啦！”

“你们扔下厂子去游玩，有你们这么当老板的吗？”

“消防车再晚来一会儿，就要烧着我们家了！”

“这里根本就不应该开工厂！”

“混账东西！”

“丧门星！快点滚蛋吧！”

王家夫妇只好忍受着责骂堆下笑脸向大家道歉，邻人们这才怒气冲冲地走了。为了给邻居们压惊，得子又买来二十多盒点心，让丈夫带着两个伙计，提了点心挨门挨户去赔罪，总算压下了众怒。

保险公司来的调查员就更难缠了，五六天过去了，他们还在现场一一详查。审查委员会有规定，火灾遗留下来的物件，只要还有一点价值的都要从保险赔偿金中减除，这样一件东西一件东西的评估论价，可就浪费时间了。在他们没有估算完毕之前，失火现场不允许收拾打扫。可是，时逢八月酷暑，厂里厂外满地臭水，泡臭了的鱼虾肉类，使整条街都臭气熏天，邻居们不堪忍受，又跑来提出抗议。

王克昌只好央求保险公司的审查员："辛苦各位了，只要估个大概钱数就可以了，这些小损失，我们一律不要保险费了，只要允许我们清理现场，就很感谢了。"

但是，火场清理之后，邻居们又来交涉，这里是住宅区，四邻早就厌恶工厂吵扰，正好借失火之机联合起来反对工厂重建。

王克昌和得子商议，觉得这块地皮太小，重建工厂也不好发展，夫妻俩合计着，利用这块地皮重盖公寓，收房租也是一笔进项。

1966年，他们在东京都练马区买妥一块地皮，这里是工业区，适合工业发展。夫妻二人倾全力缜密策划，经历了又一场拼搏，终于在转年九月建成一座现代化小型工厂，四层楼总面积有三百坪以上，做食品加工的设备很完备，足够使用的了。他们还在工厂院子里挖了很深的井，因为食品加工业用水多，一次性投资挖了自用水井，从长远眼光看能够节省很多水费。

王克昌望着宽敞明亮的新厂房，紧锁的眉头舒展了，脸上绽开了笑容。他佩服地对太太说："怪不得人家都说男人成功全凭有个好太太，多亏了你会管账，早早地存出这一笔钱来，要不然那场大火，我真没有勇气重新做起了！"

得子笑道："现在看，那把火烧了也好，烧出了那边的新公寓和这边的新工厂。你们中国有句老话，旧的不去，新的不来嘛！所以我总是劝你，不管遇到多大的挫折，也不要灰心，只要肯干，事情总会有个转机。"

夫妻两人正在庆幸柳暗花明又一村时，岂料火神又吞噬了他们的另一爿店铺。虽然这一次火灾的责任不在他们，但是店里损失巨大，几乎烧得一无所有。这是设在一家百货店里的店铺，百货店主利用休息日洗刷门脸橱窗，消毒时用了易燃的化学药品。一个青年工人不懂得化学药品的厉害，点燃火柴抽烟，一下子引燃了大火，把整个百货店都烧光了。由于百货店里的商品大多易燃，火势迅猛烧死了七八个人。

如果算上王克昌在香港创建的新光公司那场大火，火神这已经是第三次光顾了！1952年发生在仁川仓库那场大火烧光了他运去的整船毛线，也烧毁了他的第七个希望。天津饭店，是他创办的第八个公司，没想到又经受了两次火的洗礼。

百货店的火灾大部分损失尽管有保险公司承担，但百货店老板已经自顾不暇，食品店则全靠王氏夫妇自己花钱重新建造，他们咬紧牙关从头干起，用了一年多的时间，恢复了这个店铺的营业。

王克昌在他的前半生遭受了韩国骗子掠走全部资本，一次海难，三次火灾，七次创办公司的失败和无数次的磨难困苦，现在他对再大的灾难也是见怪不惊了。一个人在人生道路上闯过了这么多难关，再也没有什么好怕的了。他已经具备了一个成熟商人的素质，开始进入人生的金秋时期，期待着丰硕的收获了。

如果人们了解大多数在日本的中餐馆华人店主的状况，则会更为惊叹王克昌夫妇的成功了。他们在经历了两场毁灭性大火以后，能够在短时期内东山再起，堪称华人餐饮业的奇迹。

因为中国的烹调文化格外优秀，到世界各地谋生的华人大多以开餐馆为业。这些餐馆店主的文化程度大都不高，创业初期，只懂得一些简单的烹调技艺，起早贪黑肯下辛苦，租下一爿店铺开设餐馆。惨淡经营，点滴积累，逐渐家底殷实，有所发展。在日本的许多华人餐馆老板就属于这类人，王克昌显得和他们格格不入。

首先是"吃喝嫖赌抽"，成为流落异国的华人难戒之癖，"华人好赌"尤为突出。在东京有位王克昌熟悉的餐馆老板，开始创业时颇有成绩，很快发展成几爿店铺。手头有了一些钱，他便经不住朋友怂恿，业余时间打打麻将牌作为消遣。开始只是下小注，限于戏赌寻开心。谁知赌瘾越来越大，到后来深陷其中不能自拔。有一次，他赌一个通宵，竟然把一个店铺输掉了。事后，他追悔莫及，一只好好的店铺在一夜之间归于他姓，这可是自己十几年血汗挣来的啊！幸亏他还有别的店铺，不然就彻底破产了。在王克昌的劝说下，他下决心戒赌，重整旗鼓做事业。

还有的华人老板沉湎于赌马，有个人赌马一输就是几百万元，不仅输掉全部家产，还负债累累，落得个身败名裂贫病交加。

王克昌堪称华人老板中的"清教徒"，洁身自好，勤俭为本。他不仅不沾"嫖赌抽"，连"吃喝"也很有节制。他自幼立下远大志向，一心要做个大老板，从不甘心沉沦放纵。

他的严于律己，得益于两个女人的影响。一位是他的母亲，一位是得子夫人。

他的不近赌场，归功于他母亲的教育。他母亲对赌博的深恶痛绝，则是来自切身的痛苦。当初，他的爷爷奶奶连生三个女孩才喜得贵子，全家对他父亲不免过于溺爱。父亲自幼沾染上好赌恶习，一个强壮聪明的男人，不仅一事无成，还造成家贫如洗。他母亲嫁到王家之后，百般规劝丈夫戒赌，都没有效果。眼看着年迈的公爹担负起养活全家的重担，她心里痛苦万分。她只有把希望寄托在儿子身上，自从克昌懂事起，她就不厌其烦地叮嘱："孩子，你这一辈子绝对不能赌牌，千万别赌！"

他记住了母亲的教海，从来不上赌桌，再加上他不参加华人行帮的"打会儿"，不免鹤立鸡群，天马独行，在日本的华人都认为他是个怪人。

幸亏他娶了大学生得子，文化素质高的太太的熏染和规劝，也促使他有了高格调的精神追求。他总是笑嘻嘻地对人说："我有个好太太，她对我的精神支持很大。"

拥有像得子这样在事业上和丈夫共同奋斗，并有出色的管理才能的太太，确实是一个男人的幸运。一般说来，日本传统女性能够吃苦耐劳，对丈夫的温柔体贴，对家庭的责任感都很强，不像有的华人老板太太，一天到晚只知道打牌消遣或打扮奢费。但是，并不是所有的日本男人都能娶到好妻子，高桥铁雄回国以后的命运就很悲惨。1939 年天津发大水时,王克昌和他结下了深厚的友谊,那时的高桥铁雄年轻有为,任日本东京市役所产业局天津办事处所长。就他的能力工薪而言,他是能够事业有成的。不料,他回国以后太太离家出走,扔下几个孩子给他一人负担,从此生活拮据积郁成疾,去世时靠几位老朋友出资才得以安葬。他的太太是夏威夷籍日本人,日本战败以后,夏威夷归属美国,她改嫁给一个夏威夷日侨,从此一去未归。

想到老朋友的过早离世,王克昌总是庆幸苍天赐予自己一个好女人,如果叫自己碰到那个夏威夷女人一类的太太,那么整个生活会是另一番光景。

日本是个男权社会,妇女地位低下,王克昌这个中国男人却总是公开表达自己对太太的尊重和称赞,这也使得子获得极大的满足和欢乐。

然而,社会人际关系并不像他俩之间一样总是充满理解和温情。正当这对夫妇医治了火灾的创伤,天津饭店食品加工厂求得新的生机蓬勃发展的时候,不料又陷入了一场旷日持久的人祸纷争。

他险些迈过生死界墙

世界各国每个公司的老板都会遇到程度不同的劳资纠纷，王克昌却是第一次遇见，对此他完全没有思想准备。他信佛，又信奉列祖列宗，他敢对如来佛和祖宗发誓，这场几乎把他置于死地的劳资官司的起因，却是出于他的一番好意。

从事饮食业最大的难度是聘用和培养中餐的厨师人才，因为一家饭店或食品加工厂能否闯出名气来，除了物美价廉讲究卫生之外，主要依靠厨师的高超手艺。天津饭店食品加工厂的扩大，技术人员不足成了大问题。王克昌每年都要花费精神到外县去招募中学毕业生来店里当学徒。新来的学徒先在厨房里学习做饺子、烧麦、包子、锅贴等面食，每一道工艺都要严格遵循师傅的指导。一两年以后，他们再跟切菜师傅学习切各种菜肴肉类的刀法，然后再跟掌勺师傅学习炒菜。但是，他们学成手艺以后，往往都想去独立经营吃食店，甚至有的利用"天津饭店"的招牌。王克昌对这些人都给以善意的成全，尽力帮助他们站立起来。他没有忘记他少年时在学徒师满后，也曾渴望自立门户放单飞，恩师于老板不仅理解他，还给了他无私的帮助。

1966 年，店里招收的学徒比往年都要多，来了二三十个男女学生。遵照商业界的老规矩，学徒和店方都要订立合同，合同上写明学徒期限，服从调派，违犯店规予以解雇等等，人人照章办理。每年三四月间，店里照例为新学徒举行一次"入社式"，相当于学校里的开学典礼。在学徒中，有个姓江村的小伙子，是从千叶县来的。江村的母亲特地从千叶县赶来参加这个仪式，见了王老板再三鞠躬请求道："江村这孩子就拜托给您了，请您严加管教。不管分配他干什么，他一定服从调遣。他父亲在千叶也经营小吃店，只是不会做中华料理。拜托您和师傅们对江村多给些特别指导，好让他在两年学成以后回家给他父亲做个帮手。"

王克昌听了这位母亲的请求满口答应，特别注意了江村，看这小伙子低眉顺眼像个听话的孩子，心里记下了这事，有机会让他多学一些手艺。能帮人处且帮人，他一向是乐于助人的，何况是一位母亲的郑重拜托呢！

练马区新工厂全部竣工了，开业前需要把在工厂做工和在饭店做工的人员给予统一安排。经过周密思考，王克昌做出了人事调配计划表。在员工登记册上发现江村的名字时，他想起了江村母亲之托，特意考虑给他找个能够学习烹调技艺的去处。于是，他特派江村到静冈店去学习，因为在天津饭店中属静冈店最大了，有中国大厨师掌勺，能够开大宴会，到了那里可以学习中餐全面技术。能够去静冈店学徒，对别人来说是求之不得的机会。不料，当全厂和各店人事调配通知公布之后，唯独江村拒绝调派。王老板耐心地向他说明了派他去静冈店是自己出于栽培他的一片好意，他却毫不领情，坚决不去。

王克昌万万没有料到会发生这种事情，心里可就为了难。本来，静冈店是人人抢着去的好差事，江村不愿去也就罢了。但是，人事调配通知已经在全厂员工大会上公布，如果开了员工不服从调派的先例，今后对众人就不好立规矩了。新工厂刚刚开业，只有整肃纪律才能避免管理上的混乱。

思忖再三，他觉得江村年轻不懂事，把他的父母请来商量。江村的父母倒是十分客气，百般规劝儿子，但不知为何，江村固执顽强，死活不去静冈店。事情僵到这步田地，王克昌觉得自己已经做到仁至义尽，为了在全厂树立守规精神，只好按照商规和学徒合同规定对不服从调派的职工予以解雇。

本来，这种事在日本社会并不少见，老板辞退员工或员工辞职属于家常便饭。再说，江村来店里学徒时间并不长，既然在这里不如意可以及早另谋高就。当时日本经济发展，求职是很容易的。但是，"天津饭店辞退江村事件"却在社会上掀起了轩然大波。

1966年9月的一天，忽然有几个自称是某党派代表的人来找王老板，大吵大闹指责厂里无故辞掉江村，并威胁他违犯了日本劳工法。

王克昌客气地接待了他们，和蔼地说："我的初衷是想帮助江村学习技术，我问心无愧。多少年来的商规不可违反，不服从调派就只好解雇，不只是我一家饭店如此。对不起，请各位多谅解！"

不料，从第二天起，不知什么人组织了不同的人群，改用轮番的方式来闹事，每天大约有四五十人在加工厂门外摇旗呐喊"开除不公！""要求复工！"等口号，天天从早晨吵到下午六七点钟。到了深夜十二点钟，总是有不同的人打黑电话到王家，用尽威胁恐吓谩骂的恶言恶语，害得王家夫妇疲惫不安，无法入眠。

每天清晨，王克昌得比往常更早地起床，趁着示威人群还没来溜进厂门，以免在门外遇见被他们围攻。生产不能停工，身为老板必须像将领一样坚守他的阵地。他的办公室朝街的窗子蒙上了厚厚的窗帷，以免下面的人群看见他的一举一动。外面的示威者嚷得太厉害了，他把窗帷掀开一条缝隙往下观看，只见示威队伍每天变换着横旗，上面写着"金属组合""电子组合""农田组合"什么的，看来这些人来自不同的行业。但是，自己和他们并不认识，更无冤仇，不知为何他们起早贪黑慷慨激昂喊破了喉咙来这里折腾。他想起了当年日本民众的示威队伍，那时人们举的旗帜上写着"反对日美安全条约！""反对核战争！""广岛，记住！"等等，现在的抗议方式和那时是一样的，人们或摇着小旗振臂高呼口号，或挽起胳臂来组成一道人墙，一边呐喊一边有节奏地左右摇摆。难道他们把我这个普通老板当成日本政府制定政策的要人，或是美国占领军头领了？可是，这到底是为了什么呢……

幸亏按照日本法律规定，示威者不许闯入私人所属地界，不许进行人身伤害，人群从不进入厂门一步，只在外面大声叫嚷。王克昌在烦恼懊丧中又有一线庆幸，既然他们愿意天天来这里叫喊，那就随他们的便好了。只要工厂不停产，我就能坚持下去。这一年是 1966 年，示威抗议始于 9 月。从 6 月起，他就从报纸和电视上关心中国大陆发生的事情了。8 月以来，中国的红卫兵掀起了全国性的打砸抢运动，多少国家文物古迹，多少私人财产，多少平民的生命毁于一旦了。或许，这是一股世界潮流？相比之下，日本的抗议队伍虽说喊声震天搅得人心烦意乱，总还算是和平示威的。这便是他能够在这场震惊东京的纠纷中尚存一丝庆幸的原因了。只要工厂不被损坏，只要全家还有这块赖以生存的基业，我就豁了性命和他们周旋到底。

寒冷的冬季来临了，示威人群并未退缩，每天仍然变换着不同的队伍来到王氏工厂门外呐喊。王克昌以一个普通商人的头脑和经历，对这件怪事百思而不解。他甚至想找到江村，问一问他：你一个小小的青年怎么会有这么大的活动能量天天集合这么多人来和我作对呢？难道你不感到疲劳或厌倦吗？有这份时间和精力，你满可以去找一份更好的工作去赚更多的钱呀……他懂得商业竞争，利润之争，信誉之争，甚至能够理解个人之间或公司店家之间的恩恩怨怨，但他不懂得政治斗争，党派斗争，他从来对政治不感兴趣。可是，这一次他却被深深地卷入了一场出于党派利益的政治斗争。

原来，江村的姐姐是某党派中的激进分子，正是她和她的派别战友不顾父母的劝阻，巧妙地利用了弟弟被解雇事件，掀起了吸引公众注意的示威运动，借以扩大该党派的影响。日本大选临近，他们实际是借此争取劳工阶层的支持，以便获得更多的选票，增加在议会中的席位。"江村事件"小题大做，个中深层次的含义，一个靠做馒头包饺子起家的外国来的小商人哪里能够懂得呢？

不过，政治上的狂热分子低估了这个华人小商人，别看他见了谁都低眉顺眼的谦恭样子，当他知道了"江村事件"的政治背景之后，他被深深地激怒了。而一个被深深激怒的中国燕赵男儿，他的不惧顽敌英勇抵抗，其勇猛的程度并不亚于日本武士。

这场背景复杂的"劳资纠纷"，成为一场疲劳的马拉松。开始，由东京市政厅劳工部门负责调查调解，每月双方代表都要去市政厅谈判，对方要求王克昌必须作为资方代表亲自出席，他只好每月去谈判桌上忍受他们的纠缠。几乎每一次会谈，都以对方无礼谩骂掀桌子而告终。王克昌不吵也不闹，但他顽强地坚持原来的立场，拒绝给江村复职。眼看着市政厅调解无效，而他的工厂和家庭长期受到骚扰，他只得求助于法律，请了律师和对方打起了官司。

劳资谈判和劳资诉讼，前前后后竟拖了整整三年。

长期的折磨，使得王克昌的精神崩溃了，他的心理压力太大，失眠、厌食、心情烦躁、坐立不安，继而出现了抑郁症的一些病状，变得孤独忧郁而悲观厌世了。这些日子，他在工厂里一呆就是好几天，丈夫不回家住，得子心里很着急，怕他一个人在厂里出事情。工厂离家里有五六里路，只要他出了厂门，不管走哪条路，都会有人拦住他纠缠，或是示威的人群，或是记者采访，或干脆是好奇者好事者乱打听。他对这一切实在受不了了，不愿意见任何人，只想一个人躲在角落里独处。

这些日子，他常常到工厂楼顶阳台上徘徊，望着下面呼号的人群和招摇的旗帜。他和对方打起官司以后，江村的姐姐组织更多的人以更大的声势来厂门口吵闹，厂里的年轻员工被他们吵得实在不耐烦了，几次要冲出厂门和他们讲理，都被王克昌劝阻了。一旦双方发生冲突，矛盾立即升级，伤了人命，王克昌就会坐牢，这正是对方所希望出现的局面。厂里员工的怒气总算压下去了，但这种僵持的状态长此下去，何时才能了结呢？一个人有再坚强的意志，也受不了三年来天天如此遭人找上门来呼喊辱骂啊！一千多天，天天过的是地狱般的日子，如何才能解脱呢……

或许，一死了之才是唯一的解脱……自己自幼辛苦，奋斗了大半辈子了，做人做事业，已经尽了最大的努力。命运不济，总是这样不顺。眼看这些不认识的仇人越来越多，所谓"江村事件"早已在社会上把我和天津饭店的名声搞臭。一个小小的饭店老板，怎么有力量去和一个有纲领有组织的党派抗衡呢？一旦官司打输了，我的下场就更惨了……

想到这里，他把心一横走到阳台围墙跟前，双手颤抖地抚摸着齐腰的墙头，只有纵身一跳，落到下面嘶喊的人们面前，就能把他们驱散，给得子，给女儿，给工厂换来平静……只要迈过这生死的界墙，一了百了……

他闭上了眼睛，俯下身去……

"克昌君！"随着一声亲切的呼喊，有一双纤细的手搭在他的双肩，随即是妻子温热的脸贴在他的脊背上："不要难过，不要灰心，事情总会解决的……"

双肩和脊背感受到的温热和熨帖，使他强烈地意识到生命的美好，意识到一个男人的责任。唉！妻儿家庭，他不仅在这异国他乡有妻儿家庭，在故土天津，在南国香港，都有妻儿家庭，严父慈母还健在，还盼望着长子早日还乡，身为男人的人生责任还没有尽完……

对于所谓"江村事件"的劳资双方来说，这场长达三年的纷争是一场意志和耐力的较量。江村的姐姐作为一位狂热的党派骨干利用其党派的号召力调动一批又一批"组合"来到王氏工厂门外示威。这时，在"一衣带水"的邻邦中国大陆的"文化大革命"中，也正流行一句时髦的口号：战斗正未有穷期。

每到傍晚下班时刻，围在厂门口的人们叫喊最为猛烈："王克昌出来！王克昌出来！"

王克昌不敢走出厂门一步。只好在厂里日夜困守。太太着急还可以打电话安慰他，最不安的是他最忠实的朋友秋田了。秋田来到他家时还是一条刚断奶的小狗，如今已是条威风凛凛的十岁狼狗了。它目睹了主人夫妇第一次买地盖工厂，工厂着火，第二次买地盖工厂的辛劳过程，它也以它那名犬的聪明体会到人与人之间的残杀比动物之间的弱肉强食更为剧烈。多少年来，每天傍晚，它都在家门口迎候主人。望见主人从路口拐过来的身影，它会立即摇着尾巴欢跳着去迎接。主人会从厂里带回一些美味晚餐喂它，那是它一天最快乐的时刻。晚上，主人总是搂着它对它说着许多话，那是相信它能够听懂把它当作平等朋友的亲密谈话。主人总爱抚摸着它的脑门和脊背说："哎，你来咱家的时候还是个小不点儿，现在长这么大了。老人们说，狗的年龄过得快，人一岁你十岁，你来咱家十年了，现在你就是一百岁了！哈哈，长命百岁！你有一百岁啦！那么比我还年长啦？比我还聪明啦？"这些话主人说了一遍又一遍，它听了一遍又一遍，渐渐地听懂了，它心里产生了一条百岁狗应有的沧桑感，于是它变得更聪明了。这两三年，主人没有心思理睬它了，倍受冷落的它对主人仍然一往情深无限忠诚，它盼望着有朝一日主人回来仍然像从前那样安闲地搂着它，亲昵地说"人一岁狗十岁……"它知道主人陷入了难以解脱的困境，它知道主人不回家是为了躲避那些充满敌意的人们，于是，它以人类所不具备的狗的独到的聪明来解救主人了。

傍晚，加工厂下班了，员工们陆续回家了。在厂门外示威的人们看到王老板没有出来，知道他还在厂里，高声喊叫着不肯散去。王克昌正在办公室里发愁，忽见秋田用嘴拱开房门蹿了进来，见了主人亲昵地撒欢。他笑道："你怎么来啦？你是来接我回家的？可是外面堵满了人，回不去呀！"

秋田咬住主人的衣袖就往外拽，他问它："你想保护我回家呀？那咱也不能出厂门呀！你可不能伤他们，咬伤了人，他们会告我的！"

秋田仍然拽着主人往外走，他怕它扯坏了衣袖，只好随它下了楼。它领着主人从后门出了工厂，走上一条人们不知道的小路。一路上没有人群堵截，顺利地到了家。为此，他搂着秋田亲了又亲，赏给它一顿丰美的晚餐。至于秋田怎么弄懂了主人不能走大路回家，又是怎么知道那条鲜为人知的小路，那就只有给它这份聪明的造物主知道了。

从此，每天清晨秋田都护送主人沿小路去上班，傍晚又去厂里接主人沿小路回家。王克昌经常抚摸着它的额头说："唉，人与人间这么残忍，真还不如你这个朋友啊！"

1970 年春天，东京法院对"江村事件"做出了裁决，天津饭店食品加工厂胜诉。

收到法院判决书以后，王克昌回到家里就像散了架子似的倒头便睡，竟然一连睡了三天三夜。

他搭上了经济快车

　　"江村事件"长达三年多的纠缠，给王克昌造成的精神损耗和心理压力是巨大的。官司虽然以胜诉告终，但他也已心力交瘁，常常觉得疲劳烦乱，总是对太太抱怨："太累了，心气儿不行了，散了……"

　　后来，加工厂内部又有人从中煽动，影响工人情绪，出产的食品屡出质量问题。有时产品太差，大受顾客责难，赔罪退钱还是小事，长此下去天津饭店的信誉会一天比一天低落，那可就无法维持继续供应各百货店的外卖食品生意了。以王克昌的经验和能力而言，是可以整顿内部的，但他现在的"竞技状态"不佳，精神还没有完全恢复。整顿内部人事问题十分复杂，也觉得无从下手。夫妻俩经过再三考虑，决定把加工厂停业，集中精力发展餐馆生意。

　　考虑到加工厂多数员工同仁的忠诚协作，王克昌以一位老板的负责态度处理善后诸事。愿意去天津饭店所属各餐馆工作的员工，他都尽量留下安排合适的工作。自愿离职者，他给每人付相当于一个月工资的退职金。有的想离职的人一时找不到理想的去处，他还通过自己的朋友关系一个个把他们介绍到其他公司去任职。把一切解决得干净利落，他才去掉压在心头的一块巨石。在为几位老职员举行的欢送酒会上，他举起酒杯充满感情地说："感谢各位同仁多年来对我的帮助，朋友满天下，到处可相逢，今天的惜别，留下一个将来见面的机会！"

　　自从夫妇二人决定以餐馆业务作为事业发展的主营方向之后，便集中全部精力和财力扩大天津饭店阵容，一座一座地开发新店。随着经济的复苏，日本房地产业迅猛起飞，到处都在盖商业大厦。雨后春笋一般拔地而起的商厦里面有许多空房急待招商，租金都比较便宜。一座商厦里面开设了不同的店铺，百货店、时装店、首饰店、古玩店、皮革行、礼品店、饭店、咖啡厅、娱乐厅、美容店、健身房、桑拿浴……五花八门，应有尽有。

饭店设在这种综合性商厦里最合适不过了，因为不同的店铺吸引来不同的顾客，增大了客流量，对各自的业务都是一个促进。商界有句老话：无商不成行，无街不成市。商厦实际上是伸延的空中的商业"街"，这种立体的商业"街"代表了现代大都市的繁荣。王克昌凭着多年的商业经验，瞅准了房地产业急待回收资金出租房屋的机会，在东京全市各区选择适合开饭店的黄金地段。以很低的租金一鼓作气签订了几处长期租房的合同，东京的主要繁华区都亮起了"天津饭店"的霓虹灯招牌。

本来，天津饭店在食品加工厂时代就以物美价廉的中华风味小吃取得了良好信誉，拥有众多客户。现在，只要打出"天津饭店"牌子的餐馆，王克昌都严格管理，要求员工保持一流的菜品质量和一流的服务，开办一座，在声誉上打响一座，逐渐取得了名店的品位与风格。

开头的几座饭店闯出了名气，为接踵而来的"小兄弟"铺平了道路。王克昌从 1949 年来日本谋生存，奋斗到 1985 年正式成立得昌号集团管理公司，做到了平均每年扩建一座新店。到了 1992 年，全公司的年销售额达到三十二亿日元，利润在三亿至四亿日元，这就是他引以为自豪的"三十六年开办了三十六家饭店"的卓越业绩了。

天津饭店总是能够租到黄金地段的店址还有一个原因：饭店的字号打出名气之后，本身就成为一种财富。很多新建成的商厦房产主主动找上门来，希望天津饭店能到他的商厦里去开设分店，借以抬高其商厦声誉，招徕更多客商。天津饭店的名牌身价成了皇帝的女儿不愁嫁，在谈判租金的时候，产权方往往为了广告效应而作出让步。房产主宁可降低租金或者分期付款，也要把名店拉到手，以提高商厦的规格档次。

得昌号集团管理公司所属三十六座"天津饭店"分布情况：

东京：十二座，其中，两座经营宴会大菜，十座经营大众菜和小吃。

京都：一座，兼营宴会大菜和大众菜。

广岛：一座，兼营宴会大菜和大众菜。

筑波：一座，兼营宴会大菜和大众菜。

九州：四座，经营大众菜和小吃。

宫崎：一座，经营同上。

米子：一座，经营同上。

冈山：一座，经营同上。

福山：一座，经营同上。

滨松：一座，经营同上。

静冈：一座，经营同上。

名古屋：一座，经营同上。

北海道：两座，经营同上。

福岛：一座，经营同上。

大阪府：一座，经营同上。

二俣：一座，经营同上。

山梨县：一座，经营同上。

浦和：一座，经营同上。

立川：一座，经营同上。

东京练马区：两座，经营同上。

全公司共有三百多名员工，加上他们的家属有一千多人。日本人在一个公司工作大都希望终身制，因此，除了大厨师二厨师常常流动以外，公司所属职员已经形成了稳定的整体。这样的阵容和实力，在日本华人餐饮业一跃而成为名列第二的大企业。

对于天津饭店集团从50年代初期至80年代中期这段时间里迅速壮大的原因，王克昌清醒地看到了亚洲形势和日本形势所给予的客观条件。他说："我们公司的发展，是沾了日本经济发展的光，而战败国日本能够很快地实现经济繁荣，又是沾了亚洲两场战争的光。1945年宣布无条件投降到1950年这几年，日本人真是穷透了，衣食住行都无法达到起码的生活标准。朝鲜战争，给予了日本一个经济复苏的机会。美国和联合国军队参战，日本是后方基地，后勤啦，补给啦，士兵休假啦，都把大量的钱花在日本，推动了日本的工商业。后来的越南战争，又是美国人花钞票，日本人赚钞票，而日本作为战败国自己又没有国防军费，财政积累可就更多了。对于国有资金的用场，日本政府又制定了两项正确的国策，一项是把在两次战争中赚的钱用到欧美国家去购买高技术，拿回来促进经济发展，救活了许多大中小企业。工商业繁荣以后，又进一步增加了国家税收。另一项国策是投入大量资金普及国民教育，提高了日本青年一代的知识水平，为后来进一步的经济起飞准备了高级人才。我们的公司发展正赶上这段好时候，人们都忙着挣钱，没有时间回家吃饭，再加上商业贸易发达了，应酬多，餐馆营业自然火爆。房地产发展迅猛，急需返还资金，所以那个时候商厦租金很便宜。现在，要想在餐饮业从头开始可就难了，首先店铺的租金就付不起，还有巨额保证金，本钱小的老板很难做到初期启动。现在想起来，我在50年代投入餐饮业，是正确的决策。"

受过高等教育的得子夫人虽然也承认社会客观条件对他们公司的推动作用，但她还笃信另一门学问——风水学。或许是嫁给中国人的缘故，从十几年前她就迷上了这门中国的古老学问，专门拜了师傅，定时去上课，学会了看阴阳宅，据说在"风水界"还小有名气呢！为此她还学习中文和汉字，但她的事情太多，没有更多的空闲学习语言文字，只学到能够听懂汉语的程度，口语水平始终未能得到丈夫的承认。

夫妻俩深深懂得，开饭店第一要紧的是选择店址。只要选址正确能够招来众多顾客，财源就会滚滚而来。因此，每扩建一座饭店，他们在确定店址上都是颇费心思的。

做老板的人很多，但能够做到当大老板的人却如凤毛麟角。因为当大老板既要有才能，又要有天赋，而天赋高的人并不是很多。一位老板在作出重大抉择时，除了凭借丰富的经验与扎实的调查之外，往往还凭借着本能和直觉。王克昌虽然没有受过正规商业教育，但他却具备才能与天赋兼而有之的素质，再加上吃苦耐劳的作风，坚韧不拔的毅力，所以总是在重大关头做出高人一筹的决断。

一位老板必须有预测市场行情的本领，尤其是餐馆老板在选择店址时，要能够预见到几年以后，十几年以后甚至几十年上百年以后的发展远景。凭着预测做出投资决断，则需要敢于冒风险的勇气。

东京有一块昂贵的地皮上有一座适宜开餐馆的店铺要出租，王克昌去看了店址。店堂很宽敞，从发展的眼光看可以扩建成一座大饭店，他心里很喜欢这个地方，但是租金太高，附近街市又不十分繁华，能不能吸引来众多顾客呢？助手们提出这个地段有些僻静，车马行人不多，又不是交通要道，似乎不适合开饭店，劝老板谨慎从事。

王克昌走出店铺，仔细观察附近的街道和建筑物。他发现这里车辆行人稀少的原因，是前面有一片建筑工地，一座大厦刚打地基，混凝土搅拌机忙个不停，运送砖瓦灰砂石的卡车把路面搞得尘土飞扬，所以许多车辆都绕道而行了。那么，工程竣工恢复正常秩序以后呢……他来到工地，向工程人员打听即将盖起的这座大厦的用途，对方说是东京市政厅办公大厦。他一听心中大喜，也没有对助手们多说什么，回到待出租的店铺就对房产主说："好，成交了，这个店铺我租下了！而且，我愿意签长期合同。"

助手们惊愕万分，花这么高的租金租这么个远离闹市的店铺？还要签长期合同？他们都为老板捏了一把汗。

在回家的汽车里，王克昌笑眯眯地对助手们谈了自己的预测："你们想想，正在盖的大楼是做什么用的？东京市政厅要迁到这里来办公！市政厅少说有几千名职员，再加上来公干的客人，职员们的用餐和他们的公务应酬，该有多少顾客！这里没有其他饭店，咱们是独此一家别无分号，生意错不了！"

助手们这才茅塞顿开，不得不佩服老板目光远大了。后来的事实证明，市政厅大厦交付使用以后，职员们果然成了天津饭店的常客。王克昌考虑到政府公务应酬和职员个人用餐，朋友聚会等多种需要，把店堂装修得典雅大方，不失"政府体面"，从香港请来名厨，设了宴会大餐，官方宴会也常常在这里举行了。考虑到公务员们的需要，饭店主要经营大众菜肴和快餐小吃多层次的饭菜。王老板还调查了市政厅中午用餐休息时间短暂，特备了快餐盒饭。这样一来，每天中午市政厅职员们都蜂拥而至，饭店生意兴隆，应接不暇。

几年以后，因为市政厅设在此处的关系，附近地价疯涨，店铺租金更加昂贵，后来的餐饮业老板想在这里立足，一听租金只好却步。

王氏夫妇每一次选择新店址，一般都经过审慎的考虑。他们开设饭店开出了名气，常有朋友来介绍某某地方有好店铺出租，或是房产主找上门来怂恿，他们共同去看了街道铺面，大致定下可以考虑的意向，便开始做细致的调查。他从营业角度对某处店铺首肯之后，太太还要带着罗盘亲自去看风水，门朝哪里，窗朝哪里，周围的建筑、地形、街道方向，都要考察一番。当她确定新的店铺属于吉宅佳屋之后，丈夫才和房产主签订租赁合同。

风水学在中国古代是十分盛行的，上至帝王选择王宫寝陵，下至平民百姓盖房迁居，都要请风水先生来勘查一番。不过，那时候的建筑与山川地貌自然环境有着更为密切的关系。随着现代工业文明而日益繁华的大都市，若干式样近似的大厦拥挤在一起，远离大自然，甚至远离地面而悬于空中，个中的阴与阳，风与水和古代建筑相比实在是大不相同了。虽然如此，亚洲名城香港、汉城、东京、台北、澳门、新加坡等大都市，却仍然盛行风水学，个中奥妙真是个新课题。

有人曾经问王克昌先生："你们事业的发达，跟太太看风水有没有关系呢？"

他毫不迟疑地加以肯定："当然有关系啦！房子吉利，万事才顺嘛！"

他还笑着说起一个巧合，广州、深圳、香港、澳门一带的粤语方言把"八"读作"发"，因此，"八"便成了最吉利的数字，以喻发财之意。很多商号不惜以重金为电话号码和汽车牌号购买带"八"字的吉利数字。王家私宅的电话号码，几十年前就以四个八字作为尾数，这真是天公作美了。对于这件别人求之不得的好事，他却仅仅作为笑谈："日本话，八和发并不同音。我是北方人，北方话八是八，发是发。可是很多香港朋友都羡慕我家这个号码，倒是件开心事。"

社会形势促成的有利条件和神秘力量暗中的扶助，都为王克昌壮年以后的成功提供了机缘。但是，事业不断发展的更主要的因素，还在于他们夫妇学习掌握了现代企业管理的新方法。

巡回大使式的老板

  天津饭店集团公司，发展成为日本华人餐馆业数一数二的大企业，在日本高速起飞的经济环境中，如何管理好这个枝蔓众多的公司，严格地说，小商人出身的王克昌缺乏思想准备。但是，他以顽强的毅力和好学精神，努力跟上现代商品社会的运转轨道。

  到海外创业的第一代华人老板，其经营餐馆的路数大多是因循守旧的。他们中间有的沿袭了"夫妻店"的小生产方式，有的甚至是"口袋账"，大一些的餐馆也只是请了同乡亲戚帮忙，出不了手工业作坊的模式。由于没有建立科学管理的制度，不少有名气的餐馆出现了"老子打下基础，儿子经营不善"的悲剧，花天酒地的少东家甚至把老一代创业者辛苦挣来的店铺赌光赔净，前功尽弃。

  在学习现代企业管理知识方面，王克昌和得子也是志同道合的一对。得子上大学时是数学系高才生，以后又在多年的创业实践中精通了财务管理。王克昌虽然没有受过高等教育，但他自幼好学，来到日本以后又肯于学习西方传来的管理科学。所以，他们为本公司制订了走现代化大企业管理的方向，摆脱了手工业作坊的小生产经营模式。

  90年代前后，年近八旬的王克昌多次回到中国大陆探亲，顺便对家乡的餐饮业作了考察和比较。当有人问到他对中国大陆餐馆的看法时，他断然表示："存在问题很多，饮食业绝对不能是国营公有体制，一定要私营才能做好！"

  他就自己开的饭店和中国大陆的饭店在成本、利润、菜品、服务、卫生、管理制度等各方面作了比较。

在成本方面，中国大陆的国营餐馆成本大多居高不下。鉴于国内员工工资比日本要低得多，这种现象使王克昌十分吃惊。尽管在日本要以高薪雇用厨师、职员和服务员，他的公司所属各地餐馆的成本仍然能够控制在较低的水平。

这种明显的差距除了体制不同的原因以外，在很大程度上在于管理的水平。

成本高低利润多少之间的反差，说明私营的王氏天津饭店为顾客提供的饭菜更加货真价实。还有一种不容忽视的区别，中国大陆的名牌饭店的主要利润来自大菜宴会上昂贵的山珍海味，而这些宴会主要是"公款请客"。中餐馆到了国外境况就不同了，日本人不懂得中餐，常到中餐馆摆宴的顾客并不多。王克昌的三十六家饭店中只有五家可以经营大菜宴会，多数分店只是经营大众菜和小吃。大众菜和小吃所用原料成本并不比宴会菜数量少，但所获利润就低多了。世界各国风味的餐馆云集东京，顾客选择余地很大。天津饭店要立足日本，只有靠物美价廉，薄利多销。

在管理体制上还有一项有趣的反差：在中国大陆，不论是公有制、集体所有制的饭店，还是私营、中外合资、外方独资的饭店，都是散兵作战，各自为政，极少有遍布各地而集中管理的饭店集团公司。恰恰相反，王克昌的私营公司，却形成了公有制企业才有的统一计划统一指挥的"大兵团"效益。

王克昌是怎样实现对众多分店集中管理统一指挥的呢？他常对属下说："降低成本和赢得顾客，保持一流的服务和一流的菜品，甚至留住一流的厨师，都依赖于全面的科学管理。"

在应用现代化管理科学方面，他一点都不守旧。得子夫人则是财务管理部的首领，他们任用了一批具有高等文化水平的年轻人做公司的业务骨干。总公司对各地分店的指挥通过现代化的通讯设备，及时有效地进行联系。除了电话、汽车电话、BP机随时联络之外，每天晚上各地分店都要用传真机向总部报告当天营业情况。公司员工的薪水一律由银行汇付，公司的各种税务，老板、职员、工人的个人所得税等，也都一律纳入东京财税部门统一管理。

公司每月有预算申报和当月结算制度，老板要求各地分店做到"三点达成"，即预算达成，成本达成，卖上达成。"卖上"是日本华人餐馆用语，即营业额。每个店员都要定下"卖上指标"，达标以后另有花红（奖金）。

总公司每半年要公布一次账目，各个分店的营业情况一目了然，三十多位店长的能力和业绩随之自有公论。这种"排行榜"式的账目公布制度，也增进了各分店之间暗中的比赛。哪一家都不甘落后，共同形成了一种永不松懈的进取精神。

统一采购，是降低成本的另一项有力措施。

总公司设立采购部，负责购买各地分店的全部原料和用品，大到粮油鱼肉仓储，小到餐巾纸，筷子之类，都要成批购进。成批采购有一个好处，价格相当于批发价。这样的管理方法，比各个分店各行其是零星购买要节约多了，能够较大幅度降低成本。采购部和批发商订立长期合同，同时和运输公司订立总合同。日本有把触角伸向各地的一条龙运输公司，他们会把货物直接送到各地天津饭店分店，尤其是肉禽海鲜一类"生鲜货"，他们会从海边或产地飞速送往各地饭店，保持其生猛鲜活。其严密的组织和运输速度，令人叹为观止。

总店采购部发往各地的原料，有严格的计算，"卖上达成"必须完成多少，都有明细规定，做不到就会被炒鱿鱼。

采购部和一些肉菜水产公司建立多年的供销关系，也可以保持相对稳定的价格，减少受物价上涨的侵害。销售公司为了留住天津饭店总公司这家大型老主顾，往往会在价格上作出让步。

供销双方能够力克物价波动，保持在低于市面价格基础上的长期关系，是因为天津饭店总公司一向保持付款信誉，三十天之内一定给供应公司付款。其他饭店都得在九十天之后才返款，相当于天津饭店返款后资金周转三圈了。所以，经营猪肉禽蛋一类的公司宁可以低10%的价格卖给天津饭店，借以保证流动资金的周转速度。

王克昌作为老道的商人，常常告诫属员："信用是商人在商场上征战的武器，一定要按规矩及时返款，有钱大家赚，与人方便，自己方便。"

果然，天津饭店长年以低价进货，降低了原料成本，菜品比别的餐馆便宜，自然提高了竞争力。

在进货业务上，当老板的也要有对市场行情预测的本领，王克昌堪称这方面的高手。当年，他在东京市政厅大厦刚刚施工时就决定在那一带开设分店，后来那里成了人人羡慕的"旺铺"，每当重大关头，他都表现出这种预见未来的禀赋。有一次，他得到信息说，猪肉和一种进口虾都要涨价，他立即通知购买部提前向批发商大量订购，预付现金后由批发商负责存库冷冻。果然，不久这两种常用原料就涨价了。天津饭店可以从库存肉虾中随用随取，卖出的菜品当然比别的饭店低廉，大受顾客欢迎，"卖上"反而比涨价前还要多。

这就显示了集团公司的优势，一般小型饭店是无法与之竞争的。这也是王克昌的事业越发展越好做的原因，他已经有了雄厚的资本应付市场上的风云变幻。他为了战胜原材料价格波动和不断地装修店堂更新陈设，设立了巨额流动资金。全公司流动资金的银行利息，每年就高达五千万日元，其本金之多就可想而知了。

中国大陆的餐饮业正在向私营化或者承包制转化，可惜还没有出现一位有能力组建集团公司的大老板。中国人口众多，做餐饮业有着世界上最大的"顾客资源"，随着商业活动的日益频繁，餐馆酒楼将会成为人际交往的重要场所。有远见卓识的企业家如能兼并若干小型饭店组成集团公司，将会拥有"一览众山小"的优势。

餐饮业赚钱的根本在于赢得顾客，在各国风味的饭店竞争激烈的东京，要在"列强林立"中出人头地，除了饭菜物美价廉以外，卫生条件也是立足之根本。

多年来，各国顾客已经对中餐馆形成了一种成见：中国菜虽然好吃，华人饭店的卫生水平却不如西餐馆、日式餐馆和韩国餐馆。很多华人开设的饭店端上来的菜虽然漂亮，但不能到后面厨房去看。顾客要是看了那里又脏又乱的场面，马上会倒胃口。

王克昌深知华人餐馆的这一弱点，从他在家里制作食品送外卖时起，就严格注意清洁。因为他知道日本民族非常爱干净，想在这个国家做餐饮业，不讲卫生是不行的。首先要解决厨房的脏乱问题，他要求厨师们及助手们做到后面厨房与前面的店堂一样干净。同时，购置现代化的烹调锅灶和除尘除烟设备，也对改变厨房卫生面貌起了很大作用。厨房和店堂卫生，属于饭店的"脸蛋"，更要洁净如洗。餐桌上不能有一丝油腻的痕迹，每一批客人用餐走后，服务员用清洁剂擦完桌子，再用净水湿布擦，然后还要用干布擦干擦亮，椅子、陈设、地板、窗口玻璃，皆要一尘不染。

餐具消毒，在日本更是马虎不得。一旦被卫生检疫部门查出毛病，这家饭店立即名誉扫地。天津饭店对餐具的洗刷严格保持"三关消毒"——刷碗机刷洗，消毒水浸泡，高压蒸汽消毒。

来饭店用餐的顾客大多数是日本人，考虑到日本顾客对卫生特别讲究和挑剔的特点，王克昌对雇员们特别提出了要求：卫生叫客人安心，客人才吃得开心。

在国外发展中餐业最大的困扰是聘请厨师的问题。

烹调是中国文化的代表，而烹调的水平依赖于厨师的技艺和经验。一家餐馆兴隆与否，在很大程度上取决于有无高级厨师。

王克昌一提起厨师问题就长吁短叹，多少年来他一直在为了聘到好厨师费心思。在日本很难请到中国厨师，就算找到了，索要工资之高，令人咋舌。他们多半已经在日本居留了两三代，中国话一句也不通，工作起来也有许多不便。那么，只有到台湾、香港等地招聘厨师了。但是，日本政府法律规定，来日本工作的厨师单身者只准居留三年，携带家属者只准居留五年，这就注定了中国餐馆无法长期安定地聘用厨师，要不断地去香港、台湾物色人选。人事不能安定，餐馆的风格和拿手名菜也就难以统一，这件事真叫当老板的伤透了脑筋。

王克昌也曾想过招收日籍学徒的办法，就地培养厨师人才，"江村事件"等烦恼使他深感失望。日本青年渴望学中国菜，但很多人都难改有始无终半途跳槽的毛病，只学得一知半解，即认为自己可以出去独立经营了。所以，天津饭店的学徒犹如过江之鲫一般长流不断，却很少有人安下心来为公司长期效力。

在中国，旧时的学徒必须经过一段艰苦的日子。学餐馆生意，店内人员的三餐，屋里屋外的清洁都要学徒来做。老板见到学徒中有炒菜够味的，有机会派他帮炉灶。谁做面类食品熟巧的，就有上面案帮忙的机会。用刀比较仔细利落的，有机会到墩上给师傅做助手。经过几年的磨炼，若有个学徒无论在炉上、灶上、墩上、案上统统能拿得起来，并且能讨人喜欢，他才有机会再受到提拔，跟着大厨二厨学手艺了。像这样选拔出来的厨师人才，能够掌握全面的技术，若有名师指点，便会有拿手名菜为餐馆顶门立户了。

在日本的情形就不同了，学徒大多没有长性。日籍学徒初来时，任何条件都唯命是从，洗盘刷碗，擦桌抹椅，做饺子烧麦，也都埋头苦干。但是，他们打杂不到一年，只学到一点皮毛，他就厌烦了，要求调到墩上工作，墩上做了不久，又要求做灶上工作。等他略懂些门径，学得一知半解，一不如意，便以辞职要挟。他们学不到中餐烹调的高级手艺，还有一个原因是中国厨师与日本学徒之间语言有隔膜，师傅传授时不够清楚，再加上一般日本人根本对中国菜毫无认识，学到一点手艺便自命不凡了。他们未等真正出师，看到别家工资给得高，就见异思迁。离开天津饭店时，他们借口回家自营店铺，王老板常常蒙在鼓里，还为他们举行送别会，赠送礼物，欢送一番，其实他们完全背信弃义。王克昌在东京混久了，明白了这种现象已经是此行业中人人皆知的惯伎了，也就见怪不惊，淡然处之。

他知道，这样浮躁而去的"中餐厨师"永远无法和天津饭店竞争，只要天津饭店保持正宗中餐的水准和风格。

他冷眼观察过早"放单飞"的日本学徒，如果他手艺平平，不能满足顾客的要求，拉不住长期固定的客户，这个饭店很快便会门庭冷落，厨师也只有离店另寻出路。近年来日本客人已经懂得吃中国菜了，没有真本领，就不易瞒过他们的味觉。中国师傅手艺好的，做菜决不放味精，一桌十几样不同的菜，就有十几种不同的味道，各有其美，这才是真功夫。所以一个好手艺的大厨师，他至少得有十年以上的下厨经验。

多少年来，天津饭店每增设一个分店，他都要去香港和台湾聘请厨师。一般经朋友介绍，经过面试，看人品，问家庭环境，满意后进行"试菜"。试菜无需让厨师做很多菜，只要他能做好海参和糟溜鱼片，就能知道他的炒菜水平了。因为这两个菜要的是真手艺，这两个菜做得好，别的菜也差不了。海参是中餐的独有菜，有其独到的操作工艺。海参本身没有味道，在不放味精的前提下要做出鲜味来，而且火候不好掌握，火小了进不去味儿，火大了海参就塌软如泥了。糟溜鱼片不仅要求刀工好，口味也要求得十分精到。王克昌看中厨师的个人素质和手艺之后，还要去家访，确实了解到他出身于本份人家之后，才决定聘用。然后，他拿着应聘人提供的十年以上厨师证明和健康证明，回日本为其办理入境手续。

80年代以后，他也从中国大陆招聘厨师。中国大陆来的厨师大多数比较朴实，任劳任怨埋头苦干。但是，也有一些人逐渐暴露出一些问题。这些人出国打工大多数要经过中国的劳务输出部门推荐，所赚工资由劳务输出部门收取一定比例的提成。因为中国大陆工资低，他们未出国时非常渴望到日本工作，什么条件都答应。王克昌为了使他们在日本安心工作，事先签约时谈好：他们在日本的天津饭店工作两年以后，确实做到炒菜手艺和工作表现俱佳，可以把他们的太太接到日本，并在天津饭店当服务员。可是，他们到日本工作不到一年，就闹着找老板接太太。有的厨师接来太太能够安心工作，有的厨师夫妇文化素质低，终日吵闹不休甚至动刀子打架，害得王老板还要和东京警视厅打交道。中国大陆来的厨师中还有一些人有个难改的毛病，喜欢把饭店的东西拿回家。可能因为中国大陆的餐馆多为国营买卖，"大锅饭"管理不严格，厨师下班回家捎走饭店的菜肴几乎成了天经地义的事，而这种作风在日本餐饮业是绝对不允许的。天津饭店坐落的大商厦里，商厦大门口有保安员检查下班员工携带的物品，如发现偷窃行为，立即找各商家老板是问。哪位老板教育不好自己的员工，是很丢脸的事，他要低声下气向保安人员道歉，立下若干保证，才能把自己的属员领回。

王克昌怎么也想不明白，厨师夫妇一日三餐吃饭店的饭，住在由饭店提供的宿舍里，他们何必还偷拿饭店的东西呢？为了纠正这种恶习，他不得不采取一些措施，由管理员掌握一把职工宿舍的钥匙，不定期地去宿舍检查，收缴属于饭店的物品，并以此作为对职工品质的考察。

说到这些不愉快的事，王老板总是长吁短叹："唉，我也不愿意这样做，为了维护饭店的名誉，不得已而为之呀！"

不管是香港来的，台湾来的，还是大陆来的厨师，天津饭店都面临同行业"挖墙脚"的威胁。你辛辛苦苦选来的人才，只要他炒菜手艺上乘，能够为饭店招徕顾客，便有别的店不惜出高价暗征名厨，该厨师也就寻机"跳槽"了。这种同行业之间明拉暗抢的坏风气，成了日本料理界的竞争手段之一。同时，这也说明了中餐在海外的日益受欢迎和中餐人才的缺乏。在这方面，天津饭店不情愿地扮演了"孵蛋母鸡"的角色，不断地为日本社会培养和输送"中华料理"人才。除此之外，王克昌别无他路可走，只好年复一年地奔波于日本和中国大陆、香港、台湾之间去物色新的厨师。他苦笑道："当餐馆老板的，一辈子都要受到厨师问题的困扰，全世界的餐饮业都一样。"

为了尽量求得人才稳定，王克昌和得子夫妇在饭店管理上绞尽了脑汁，以多年的经验看来，比较行之有效的方法是实行红利制度。天津饭店在用工制度上规定，厨师工作在一年以上者可享有红利。若在期限之内离去的就得不到红利。这样可以安抚人心，因为别的地方工资也许高几万日元，但一年计算下来，也并不一定比拿红利合算。除了逐年涨工资和红利以外，王老板也注意对饭店业务骨干的感情投资。厨房工作烟熏火燎，忙的时候大汗淋漓，十分辛苦。老板理当尽力解决他们的困难，体谅他们的辛酸，关心他们的福利，例如医药看病，子女就学，家庭意外急需等等问题，都应尽可能帮助他们。王老板是个心慈面软善心人，但他已懂得处理这些问题要有智慧，免得形成员工的依赖性。

"孵蛋母鸡"的角色并不轻松，需要担负很大的责任。天津饭店每年七八月间招募学徒，王克昌率领人马到各县奔波劳碌，与当地学校接洽所要人数，来年三四月间学生陆续入店工作。这些来自各地的中学生，多半心无牵挂努力工作，但也有少数学徒初到东京生活不习惯，不辞而别不知去向。王老板还得派人四处寻找，并打电话和其家属联系。他总觉得这些孩子的父母把子女交给公司，公司有责任善加爱护。为此，他也仔细研究青年人的就业心理，改善宿舍设备和管理。公司规定，每两个人居住一个房间，高等生工作二年以上可准其在外找房居住，中等生必须住在宿舍里受管束。

管理一个拥有三十六座饭店的集团公司，不是一件容易的事情。从成本、利润、价格、服务、卫生、菜品、店堂布置，到人员安排、人事制度，无一不由老板操心。多少年来，天津饭店分布在各地的分店，王克昌坚持每两个月就要到每个店去一趟，加上路程平均每两天看一个分店。路近的坐火车去，路远的坐飞机去，他成了一位巡回大使。

谈起这种奔波劳碌的生活，他叹道："做首领太辛苦了，但是不这样不行。要让各分店店长总是担心，不知老板什么时候来，不能'从此君王不早朝'。当老板，要紧的在于持久，不能今天高兴多干，明天不高兴少干，长年累月天天如此，才能管理好这么大的集团公司。"

经营"七巧"财源滚滚

得昌号管理集团公司对庞大的饭店群体的出色管理，除一般现代企业必备的财务、人事、供销、运输、价格竞争、信息通讯等环节的高效率运转之外，还要在最具有饭店特色的两项管理手段上出类拔萃——保持一流的服务和一流的饭菜水准。抓服务和菜品，恐怕是王克昌最下功夫的两件事情了。

保持一流的服务，既恪守中国商界的古训"和气生财""买卖不成仁义在"，又学会了日本餐饮业的用语"顾客永远是正确的""顾客是上帝"，他以这两种行为准则要求自己和全体属员。积多年经验，他以朴实的语言道出饭店老板的管理诀窍："经营餐厅，老板最大的任务是人和，这包括内部的人和，与顾客关系的人和。"

内部的人和，他重点做了对厨师的稳定军心和教育提高工作。给厨师的报酬力求合理，根据每位厨师的技艺和辛劳定下的薪水，为了长期留住优秀厨师，采取每一年涨一次工资，每月超额另有奖金，半年发一次花红（红利）等办法。发给花红的人数和等级由六七个人组成的董事会上商定，分发数额是保密的，由店长或老板本人单独找厨师"送花红"，并趁机和厨师谈心以示关怀："最近有什么困难啊？"

厨师之间的不和，除了菜系和原籍不同等原因之外，主要是个自尊心的问题。老板找他谈心，他往往这样表示："我做的菜不比他次，却给他当二厨。""二厨比大厨炒的菜还好，还多，但薪水不如大厨"云云。

遇到这种情况，王克昌总是好言安慰，然后留心观察，如果该厨师确实不错，有机会就把他调到另一个分店去当大厨。老板对属员的信任和提拔，使他感激老板的知遇之恩。一位饭店老板拥有一批忠诚的高级管理人员和高级厨师，称得上是金字塔尖上的宝贵人和了。

餐馆内部的人和，最终还是要达到与顾客关系的人和。为此，王克昌不厌其烦地对员工进行这方面的教育："你是为自己工作，不是给店里工作。""你的薪水是从顾客那里来的，不是老板给的。"他深深懂得，只有在每个员工心中牢固地树立"顾客至上"的思想，他们才会保持做到一流的服务。

一流的服务和一流的菜品，是不可或缺的两个方面。一家餐馆只有服务好，而饭菜不好吃，顾客也不会满意，因为他毕竟是来品尝美味的；反之，饭菜水平上乘，但服务不好，顾客不开心，也就尝不出饭菜的美味了，甚至生气而去。聪明的王老板正是手握"服务"和"菜品"的双剑，游刃有余，运筹帷幄。

天津饭店的"卖上"总是兴隆，是因为它有一些切实而独到的经营思想，堪称"卖上七巧"：

一巧：中餐到了国外，要适应当地顾客的口味。

这是"适者生存"的道理在餐饮业的表现。如何既保留中国菜的传统，又能为当地民众所接受，成为海外中餐业必须研究的课题。日本人吃饭也用筷子，所以容易接受"中华料理"。和西餐相比，中餐又比较便宜。再加上日本菜太单纯，生菜多，生鱼生虾片，炒菜菜谱样式不多，日本人是喜欢到中餐馆换换口味的。日本人吃菜大多"口轻"，不喜多放盐。王克昌在日本居住多年，深知这一点，每次来了新厨师，他都要叮嘱炒菜口味要淡。针对日本人喜食生菜的习惯，他也要求厨师炒青菜时保持爽脆碧绿，在这方面香港来的粤菜厨师比较得心应手。他常常告诫各个"帮菜"的厨师："各位在中国可以分成京菜、鲁菜、川菜、淮扬菜、粤菜各大菜系，但来到日本都要考虑日本顾客的饮食习惯。咱们的字号是天津饭店，本应属于中国北方的京菜和鲁菜，口味偏咸，在日本发展，便有许多菜接近粤菜了。"

打破门户之见，集各家之大成，因地制宜，入乡随俗，求得日本顾客的认同，才能使自己立于不败之地。

这个道理同样适用于中国国内，川菜东移，不宜过辣；江苏菜北上，不宜过甜；北菜南迁，不宜过咸；粤菜进京，不宜生得冒血筋。如果饭店老板和厨师缺乏这种灵活性，那就要划地为牢作茧自缚了。

二巧：从大众菜里取利润，从看家菜上保持水准。

中餐各个菜系有许多名菜，几乎每道名菜都出自于一段历史典故或名人轶事，蕴含丰富的文化气息。一代一代名厨创造的本菜系拿手菜，表现出中国饮食文化的高水准，在世界各民族烹调艺林中享有公认的荣誉。但是，中国名菜移到海外，遇到了"少有慧眼识英雄"的生疏境地。如果一位餐馆老板还像在中国境内那样以经营名菜作为"领衔主演"，在外国必然会曲高和寡，门可罗雀了。

善于经营的王克昌早就发现日本人中间懂得中国菜的人很少，如果饭店只端出"中华高级料理"，不会招徕多少客人。他们看着文字优雅，典故深奥的菜谱不知所云，自然不会像中国美食家那样能够品得出色香味俱佳，就其菜名典故"吃出文化"来。再加上名菜价格较贵，他们不肯轻易多花钱来吃一种素昧平生的食品。一般名菜多在宴会上品尝，但日本人宴客选择余地很大，日本餐、西餐、韩国餐、印尼餐……西餐里又分为法式、意大利式、英式……中餐大宴面临激烈的竞争。

王克昌细心总结饭店"卖上"收入的比例，发现营业额的85%以上来自大众菜。日本顾客来中餐馆吃饭，一般人只是听说有几样菜物美价廉，一传十，十传百，大家便只认这几样菜。久而久之，形成了大众菜的主要阵容：糖醋肉、回锅肉、八宝菜、春卷、烧麦、饺子、炒面、炒饭等等。这些菜虽然价格低廉，但顾客如过江之鲫，也就积少成多蔚为大观了。所以，王克昌响亮地提出了办店主旨：从大众菜里赚取利润，从看家菜上保持水准。

说起看家菜，也很有意思。天津饭店集团公司除了五家大分店开设宴会，拥有自己的一流名菜作为看家菜之外，其余三十多家分店的最叫座看家菜竟然都是"老三篇"——糖醋肉、回锅肉和八宝菜。这三个菜在日本受到普遍欢迎，被日本人认为是中餐"代表作"，其中尤以糖醋肉的食客最多。糖醋肉，在中国称为咕老肉，外焦里嫩，酸甜适中，色泽金黄，在中国是个连街头小店都会做的普通菜。或许得益于特殊的工艺和味道，这个菜像插了翅膀飞遍全世界，日本人、欧美人、俄国人都钟情于此菜。不知为什么，日本妇女尤其爱吃这个菜，而多数已婚妇女不上班，有时间邀集女友到餐馆聚谈。所以，凡是中餐馆都设有此菜。寻常一盘菜，因其食客多，各家饭店便设法提高质量吸引顾客。日本人尝得多了，也能够品评出谁家手艺高低了。于是，围绕小小糖醋肉展开的激烈竞争堪称海外中餐业一大奇观。

回锅肉原属于川菜菜系，后来传到各地经历了千差万别的改造。和糖醋肉一样，这个菜虽然普通，但要做得地道，适合日本顾客口味，也要求厨师具有高超的技巧。

八宝菜在中国国内属于"素什锦"的近亲，此菜的走俏，真得感谢日本人照顾中餐业了。这个菜用的原料冬菇、竹笋、木耳、荸荠等八种干鲜素菜，其实是墩上师傅把各种东西切剩下来的头尾。用这些下脚料炒成的八宝菜大量端上餐桌，中餐馆的原料就没有可扔的东西了。既能充分利用原料，又能作为看家菜热销，老板心里岂不美哉悠哉。因此，王克昌不厌其烦地告诫厨师："一定不能小瞧了这三个菜，它们成了咱们赚钱的命根子，同行业都在这三个菜上下功夫争取顾客，咱们一定要保持高水准。"

三巧：餐馆要想生意好，固定客人是一宝。

在一方站稳脚跟的饭店总是想方设法留住一批老主顾，固定客人的常来常往，能够增加店里的稳定收入。王氏饭店里的大小雇员都懂得，对经常来吃饭的老顾客格外亲热，招待格外殷勤，记住他喜欢吃的菜，尽力投其所好笼络感情。老板和店长也总是和这些主顾拉家常，交朋友，不仅在收费上给予优惠，还记住他家的喜寿日期，他公司的纪念庆典，礼节周到地前往应酬致贺，他喜欢的孩子或宠物，以及他最爱聊天的话题，甚至他爱坐的桌子，有好感的侍者等等细节，事事显示出对他的尊敬和欢迎。争取到这样长久的好朋友，他不但自己常来惠顾，还会介绍新朋友，不断扩大店里的主顾队伍。

四巧：不怕客人提意见，就怕客人不说话。

天津饭店有条老规矩，客人吃完了饭，老板、店长或者侍者领班都要来到客人桌前，笑容可掬地征求他对菜品和服务的意见。如果客人比较满意，就会讲哪个菜好，哪个菜不好，希望下一次有何改进。店方人员要牢记这位客人的意见，下一次他又来用餐时，要接着上一次的话题表示："我们接受了您的指导，这个菜已经做了改进，请您品尝一下。"客人发现店方如此重视自己的意见，会非常高兴，逐渐会成为店里的老主顾。通过长期的观察，王克昌发现凡是你征求意见他什么也不讲的客人，往往是心里不满意，以后就不大会来了。遇到这种情况，他总是召集有关人员现场回忆和研究一番，看看是何原因不能取悦顾客，以待日后改进。

五巧：饭店要发展，菜谱常出新。

一家饭店就像一个剧团，既要有自己的保留节目，也要有新节目，才能不断丰富，常演常新。天津饭店在菜品出新的研究上从两方面做了努力：一方面要变换花样出新菜，另一方面是对同一种菜研究加工提高精益求精的新方法。

王克昌特别注意训练厨师，提高厨师技艺，要求每位厨师每星期想个新菜。各分店都于每星期一举行"试菜"，由厨师炒出新菜来供大家品评研讨，获得通过以后即作为饭菜菜谱。总公司每月一次把各分店的主要厨师集中到总部楼上，举行大试菜，由烹调专家和美食家们共同研究炒菜味道。这种试菜盛会，因为有五大家宴会餐厅的大厨参加，实际上形成了比菜的阵势。良好的研究风气，促使一些墨守成规的厨师也要思考改进，参加竞争了。厨师们人人有了不进则退的危机感，饭店的菜品水准就会不断提高和更新了。王克昌注意博采众家之长，只要有新餐馆开张，他都要去品菜。各国风味的餐厅都去领略一番，学到了人家的好菜，结合自家的风格加以改造，琢磨出新的菜品。

正因为他注意学习别家的优势，每周把店长找来，他都有新设想。每月召开厨师长会试菜时，他都有新要求。

菜品更新，并不都要变化得眼花缭乱面目全非。同一个菜的改进和提高，也是更新的重要措施。

六巧：丢弃味精找味道，减少油腻出清香。

王克昌多次回中国大陆用餐，总是批评饭店的炒菜放油过多，可惜国内厨师不大理解海外食客一致嫌中餐过于油腻的意见，在追求清淡方面不思改进。

在日本开餐馆可就不能一味固守多放油的老手法了。日本民族的饮食习惯是喜清淡忌油腻，必须适应当地顾客的口味。例如：看上去简单的炒面，不同的制作方法有着大不相同的效果。传统的做法，炒面需要多放油，才能把生面条焖熟而又不会糊锅，火候小了面条夹生，火候大了面条没有嚼头，只有用油来解决了。但是，放油一多日本顾客就会皱眉头，这可怎么办呢？一位大陆来的厨师提出新建议，并在试菜时作出示范，先把生面条蒸熟再上锅炒，这样吃油少，面条又爽口，顾客特别爱吃。事先把大量面条蒸熟，用饭高峰时间做炒面时还能提高上菜速度。经过改制的炒面，省时又省油，大受顾客欢迎，成了饭店的主力菜，不能不归功于厨师的研究精神。

中国大陆的一些厨师，喜欢依赖味精"提味儿"，但海外食客总是对味精心存疑虑。味精究竟对人体有无害处且不论，王克昌早就知道味精放多了使人的喉咙发干，不大舒服。所以，他向厨师们提出不能滥用味精，不放味精或少放味精。在海外的这种压力下，厨师们必须学会在炒菜时不靠味精和油腻去追求清香味道了。

七巧："定食族"不可轻看，"宴会客"倍加小心。

"定食"，又叫做份饭，实际上属于中式快餐。每份饭菜包括米饭、一份炒菜、小咸菜和一份汤，其中炒菜可有几种"看家菜"供挑选。每份"定食"的售价一千日元，相当于四十五元人民币，和日本的生活水平相比是十分便宜的。这种份饭很适合上班族和学生们的需要，大公司的职员中午饭时间很短，份饭上菜速度快，有菜有汤吃得舒适，价钱低廉，还可以装盒带走，符合日本人生活的快节奏。

定食菜，充分体现了薄利多销的原则。每份饭菜虽然营利不多，但拥有众多的"定食族"顾客群，饭店也就发财了。天津饭店拥有的这类老顾客占客流量的 10%，是一笔可观的收入了。

如果说"定食族"和"大众菜族"组成了饭店顾客的金字塔基，那么"宴会客"就是金字塔顶了。得昌号总公司所属的五家承办宴会的大分店，制定了精益求精，争占潮头，攀登中餐烹调艺术高峰的经营方向。这里名厨云集，店堂高雅，陈设讲究，餐具华美，侍应小姐美丽出众，适合上层人士或阔绰老板在这里宴客会友。饭店里设有大小雅间和宽敞大厅，东道主可以在这里洽谈生意，举行婚礼，庆祝生日，公司或团体的冷餐酒会，应有尽有，功能齐全。因为天津饭店是字号响亮的老牌名店，"宴会客"以到此设宴为荣，一般都需前一天订座，节假日高峰时间，半个月前就要预订了。宴会所赚利润是相当高的，代表了天津饭店的名店水准。

王克昌不断督促五家大户的店长和领班，竭尽全力拉住"宴会客"。他知道，争取到"宴会客"和"定食族"，中间再有一些中等顾客，饭店顾客群的金字塔结构就形成了稳定的框架。

店家十二条"军规"

面临日本社会的激烈竞争和现代科技的迅速发展，中餐业作为一种古老的艺术，除了保持一流服务和一流菜品之外，还必须学习许多科学知识。为了跟上社会的进步，步入老年的王克昌像个青年学生一样钻研饮食营养学和针对顾客的应用心理学。同时，在饭店管理和中餐菜肴研究方面，他几乎飞遍全世界，遍尝中餐精华，取经回来改进经营。虽然他已经两鬓斑白，但他的进取精神使得天津饭店永葆青春。

在天津饭店所属三十六家分店的员工们中间，传颂着老板的十二条创见之美谈，这些改革措施已经形成大家遵守的十二条"军规"。

一条：创立中餐菜谱营养分析表。

日本是一个医学发达的国家，食品营养学、食品疗法、绿色食品、养生学、饮食卫生等越来越成为时髦的应用科学。其实，中餐自古以来就在这些方面有着优秀传统，但是餐饮业一般人员不大重视运用现代科学理论和仪器对中餐菜肴的营养成分做出科学的评价和分析。日本顾客更是不明白中餐的营养成分，一些生疏的顾客便不敢贸然就餐，或听信某种误传不敢长期食用。

王克昌看到了这些问题，开创了科学办店的路子。他请来营养学专家、食品疗法专家、医生、化验专家等权威人士，把中餐菜肴的成分加以分析，并拿到医院和研究部门去化验。化验分析的结果和专家论证报告拿回来以后，他叫人在每家分店橱窗里张贴"中餐菜谱营养分析表"，并写明此为经过某权威机构化验分析的结果，表上标明哪一种菜含有哪几种维生素，有哪些营养，对哪些病症有疗效……日本人看了产生信任，也就很想进饭店尝一尝了。

日本的中餐馆，只有天津饭店一家有这种菜谱营养分析表，独占了饮食科学化的新潮头。

二条："把"英国蜡像"搬进饭店橱窗。

在海外普及中国菜，让外国人了解中国菜，是中餐业需要研究的新课题。上一章已有叙述，中餐每道名菜几乎都出自一段历史典故或名人轶事，菜谱上的用语充满诗情画意或只有中国文人才懂得的深奥典故，例如：踏雪寻梅、丹凤朝阳、桃园三结义、金钩钓银针、平地一声雷、霸王别姬、佛跳墙……单就这些菜名看去，人们很难弄清楚是什么菜，即使能够顾名思义的菜名，诸如东坡肘子、烧二冬、爆三样、素四宝之类，日本人也并没有一个形象的认识。

面对这种情况，王克昌心里很焦急，想个什么办法，才能叫日本顾客在点菜之前就对这个菜有视觉形象呢？经过了多日思忖，他想起英国蜡像馆里栩栩如生的人物形象和蜡制逼真的水果工艺品，于是他出了个巧妙的主意——在橱窗里摆上蜡制的中国菜样品，让日本人看了一目了然。在这些样品后面立上小牌作文字介绍，再加上营养分析表的配合，日本人产生了兴趣，踊跃地走进饭店了。

三条：盒菜——多尝口味的选择。

盒菜，也可以称之为合菜，是几个人合吃的菜。大盒里放入餐馆帮助安排的几种菜，几个人围在一起可以多尝口味。

十几年前，总店的一个新店开张，店铺比邻近餐馆大，但"卖上"不如人家。王克昌看在眼里，又动开了脑筋，如何想出新的经营招数，有些一筹莫展。他听说美国旧金山唐人街的中餐业很兴隆，就参加了"食品访问团"去美国看个究竟。

在旧金山唐人街，他一家一家餐馆了解情况，仔细研究菜单和顾客成分。他发现在这里打工的有许多日本女人，常常利用短暂的用餐时间在这里吃饭，餐馆里为她们端上来的菜很奇怪，只有一个椭圆形的大盘子。菜单也很简单，几个人围坐吃这一盘菜，点菜、上菜、用餐、离去都很迅速。这种合菜方式，很符合打工族在上班时间急来急去的需要和节俭的要求。

王克昌深受启发，回到日本后便要尝试着卖合菜。起初，得子夫人坚决反对，几个人只吃一盘菜，这算什么吃法？日本人能接受吗？王克昌还是决定试一试。他并没有生搬硬套旧金山唐人街的做法，而是把合菜改制为盒菜，特制了一些有隔的大菜盒，放入不同的几种菜。盒菜根据菜品价格和人数，分为a、b、c、d各个种类。日本人来到了中餐馆本来不会按菜谱点菜，只要说点三人用、五人用的某个等级的盒菜就成了，侍者自会迅速端上荤素搭配好的盒菜、主食和汤。点菜简单，上菜迅速，又能不费口舌地尝到多种美味，这很符合日本人的心理。

王克昌得意地记住了盒菜上市的日子，那一天是7月14日，星期六，吃盒菜的顾客空前踊跃，这家原来生意冷落的新店一天就卖了四十万日元。第二天是个星期日，全家人来吃盒菜的顾客挤满店堂，一天的"卖上"高达八十万日元。

得子夫人笑着承认了自己的估计不足，钦佩地称赞丈夫："这项改进太妙了，你成功了！"

四条：香港之行——坐着飞机去喝汤。

饭店经营品种的走销，不一定出自宴会大菜，往往爆出冷门。哪怕是不起眼的汤，烧得好也会成为吸引顾客的热门产品。

俗话说，馋人爱喝汤。日本人就很喜欢吃中餐馆的汤面，就餐时总是先喝一口汤尝尝。汤的味道鲜美，他就喜形于色，对后面端上的菜也就容易满意了。本来，天津饭店的汤面是很有名的。但是，某种美食一旦受到欢迎，各家餐馆便群起效法，一经广泛采用，也就失去特色了。

王克昌决心创造出一种新汤来，力争要成为日本中餐业第一汤。他想起曾在香港喝过一种粤菜汤味道极佳，时隔多年，那种汤的原料和制法已经记不清了。他买了飞机票，专门到香港去学习熬汤。到了香港，他通过朋友找到当年用餐的饭店，虚心向做汤师傅请教。师傅一一说明，他心里暗自惊讶怪不得味道如此浓郁，要放这么多原料呀——猪肉，猪骨头，老鸡，鸡骨头，牛肉，海带，干贝，海米，料酒，葱姜蒜等等，放在大锅里用温火煮三个钟头，才能把汤取出备用。他喝了一口尝尝，不由得赞叹："哎呀，天下一品汤呀！"

他把这种汤的做法带回东京，师傅如法熬好之后，店里人员先品尝，人人都说好吃。端上餐桌以后，日本顾客又惊又喜。天津饭店有神仙汤的消息不胫而走，新老顾客都赶来先尝为快。

小小一碗汤，为饭店赚取了巨大的利润。不墨守成规，不甘于现状，勇于进取，虚心学习，这是一位成功的老板应该具备的素质。

王克昌没有正式学过心理学，但他在多年的经营实践中，时常注意对顾客心理的研究，称得上是一位应用心理学的专家了。下面几条独到的创新，正是迎合了不同顾客的心理需要：

五条：汤面里的心理学，以少胜多客再来。

顾客常常说："某某饭馆做生意厚道，饭菜实惠，数量多，价钱公道，以后还去那里吃饭。"

实惠，不偷工减料，似乎永远是值得褒奖的商业道德。王克昌一直恪守这一古风，为顾客端上的饭菜总是给足数量的。然而，他细心观察到了一种意外情况，同样一种汤面，数量的多少得到了两种相反的评价。面条多放，汤多盛，店方本是好意，但顾客喝下满满一碗喝腻了，认为这种汤面不好吃，下一次就不来了。

王克昌为此做了一番实验，原先每碗汤面的份量是 130 克，他吩咐厨师用从香港学来的高汤做汤面，但把份量改为每碗 100 克。顾客尝到这样好吃的汤面，吃到最后一口还想吃，他便倍觉此汤的浓香，不久还会来尝。

从此以后，天津饭店端上来的汤，永远以少胜多，令你意犹未尽，成为这里的回头客。

六条：安民告示——敝店炒菜使用植物油。

中餐的烹调炒菜方法有许多炒菜喜欢放猪油，但是现代人的饮食疑虑越来越多，对胆固醇的恐惧，对肥胖症的担忧，人们不愿意多吃有猪油的食物了。王克昌及时发现了日本人的这种心理，便叮嘱厨师改用植物油炒菜。开始时，每当有顾客问起来，店方人员都要解释一番："我们这里使用的是植物油，请放心好了。"

久而久之，他发现许多顾客在店门外徘徊、观望，选择的结果，日本顾客还是宁愿去吃清淡生鲜的日本餐。

必须让门外的顾客知道我们店里使用的是植物油，要在他们的选择阶段开展心理攻势……王克昌这样想着，派人在店门口张贴了醒目的标牌："敝店炒菜使用植物油。"果然这一招很灵验，顾客们放心大胆地进店落座了。

后来，日本的中餐馆相继都改用植物油了。但是兵贵神速，天津饭店的率先改革，已经招徕了众多固定客人。

七条：减肥菜谱，女人露出笑容。

日本虽然继承了唐朝遗风，却不像唐朝人那样崇尚杨贵妃式的肥美人。现代日本女郎深受欧美时髦潮流的影响，几乎个个患了肥胖恐惧症。

问题的严重性在于，女性顾客，特别是趋于发福的中年妇人，是餐馆的基本主顾。因为只有这些家庭主妇白天有时间出来逛街，三五成群在餐馆里聚谈。如果她们为了减肥这也不敢吃，那也不敢吃，那餐馆的美味佳肴可就要大受冷落了。

天津饭店像一台反应灵敏的雷达，立刻捕捉到了这一社会民情的信号。他们迅速找医学专家请教，率先推出了减肥菜谱，并同样列出菜品成分分析表，说明若干减肥的功能。虽说一时还无法监测其减肥效果，但有一项效果是显而易见的——女士们笑容可掬地纷纷落座了。

八条：研究日本人的心理定式。

王克昌从年轻时就在天津和日本人打交道，后来又在日本居住了四十多年，对日本民族的性格有很深的了解。在中国人看来，很多日本人都是"死心眼儿"，用心理学术语来说就是有着顽固的心理定式。诸如第二次世界大战结束时，一批日本军人说忠于天皇就真的为天皇剖腹自杀，而中国古代的文官武将都标榜自己忠于皇上，却很少发生过为皇帝集体自杀的事情。现代日本人进入一家公司工作，宁肯为公司效力终生，很少有人中途"跳槽"，而中国人就容易见异思迁，讲究"良禽择木而栖"了。日本人的这种心理定式，也表现在到餐馆点菜上，他们往往喜欢吃什么菜，就永远吃什么菜。有的人来吃水饺，十年八年的只吃水饺。有的人总是吃汤面，有的人总是吃烧茄子。大量日本顾客公认的中华料理"老三篇"——糖醋肉、回锅肉、八宝菜，也和这种心理定式有关系。出现这种情况的原因，可能是日本人去餐馆用餐的选择余地比较大，日式料理、韩国料理、西餐、印尼餐，各国风味他们每样认准一两个菜，对他来说轮换着吃并不乏味。所以，他们来到中餐馆，就只点自己爱吃的食品了。

遇上这种"感情专一"的顾客，既给饭店带来便利，同时又造成了压力。王克昌时常告诫员工们，不能对这些偏食者掉以轻心，正因为他们常吃某一种东西，才越吃越精，成了这方面的行家。必须保持这种食品的高水准，稍有疏忽他们就会挑出毛病。也正因为出现了这些"定食族"，各家中餐馆都竞相经营几种热销菜，在同一种食品上的竞争是非常激烈的。因此，对某一种口味偏爱而内行的顾客，有时比五花八门随意点菜的客人更难伺候。

九条：为特殊口味的顾客提供特殊服务。

王克昌总结出的另一条经营诀窍是，了解顾客的特殊口味，为其提供特殊服务，是留住老主顾的有效方法。

对顾客特殊口味的了解和周到的关照，来自全体店员细心的观察和敬业精神。

某公司老板古贺先生，特别爱吃回锅肉，属于"死心眼"的定食族。他每星期来三次，只吃这个菜。年长日久，他成了川菜回锅肉的专家，哪怕一换厨师，他都能品尝出味道的不同来。每逢新厨师上灶，店长都要问他："您觉得这位厨师手艺如何？"他便很内行地品评一番，孰优孰劣，头头是道。但是，他和一般日本人的口味不同，爱吃偏咸的回锅肉。他来到店里，侍者已不用他点菜，自会殷勤相迎："古贺先生来了，我会嘱咐厨师，回锅肉多放一些盐。"

厨师炒的这盘加盐回锅肉，侍者要特别仔细地记住端给古贺先生，如果错端给另外的顾客，"口轻"的日本人就会大惊小怪了。

只要古贺先生在店门口一出现，侍者立即跑进厨房告诉师傅："小心点儿，古贺先生来了！"

厨师自会为这位特殊顾客炒出对他口味的回锅肉来。周到的服务和地道的手艺，使店方人员和古贺先生建立了深厚的感情，王克昌和他也成了好朋友，古贺先生成了天津饭店长达二十多年的老主顾。

还有一位特殊口味的顾客，侍者们背地里称他为"酒坛底儿"，因为他专门喜欢喝绍兴花雕酒坛中最后十分之一的酒。他认为坛底酒绵稠浓郁，口感好。绍兴酒的坛子很大，有一次他正巧赶上了坛子底儿，夸赞了一声："要是总能喝上这种酒就好了。"细心的店长便记住了这句话，留下了他的名片，等到第二坛酒卖到只剩下十分之一的时候，热情地打电话给他："我们特意为您留下了坛子底儿的绍兴酒，您来尝尝吗？"他欣然而至，喝了酒赞不绝口。从此，他几乎"承包"了每个酒坛的坛底酒，只要店长打电话给他，说这坛酒又卖得差不多了，他就呼朋唤友来吃饭了。

十条：针对日本人的急躁性格，菜贵神速。

自古以来只有兵贵神速，王克昌却发明了"菜贵神速"，并这样要求饭店同仁。于是，天津饭店的厨师中间出现了"快手刘""快手陈""快手黄"，……天津饭店的侍者几乎人人成了"飞毛腿"。

日本人当中有许多急性子，再加上生活节奏的加快，他们更不愿意为吃饭多浪费时间。尤其是午餐，职员上班族只有一小时吃饭时间，吃完饭还要上街去买书，喝咖啡，餐馆上菜速度稍有拖延，他就起身走了。

生活节奏加快，是麦当劳、肯德基一类快餐店火爆的原因。王克昌看到这一点，决心使中餐炒菜的速度向快餐业看齐，只有神速上菜，才能争取到大量上班族顾客。

其实，天津饭店的上菜速度本来就不慢，但这里又涉及一个心理学的问题——人的"心理时间"。因为顾客心里着急，刚落座三分钟，就大声叫嚷："怎么这么慢呀？半小时啦！"

面对这些急性子顾客，饭店必须在速度上下功夫改进。午餐高峰时间的饭馆店堂，最能够形象地体现现代商品社会的风景线——速度就是利润，时间就是金钱。

十一条：鸳鸯盘——营造爱侣们的浪漫情调。

王克昌学习人家的经验，并不满足于生搬硬套，而是举一反三，加以创造。他从美国旧金山唐人街的合菜受到启发，回来开创了盒菜，又从三五个人合吃的盒菜，想到了情人们的需要。青年男女出来约会或游玩，都喜欢到饭馆里用餐，这是一大批顾客。可以说，一家饭店争取到众多的"情人族"，就是借爱神的力量请来了财神。

考虑到情人们喜欢僻静的环境，王克昌吩咐属员在店堂的角落安排双人座小桌，桌位之间用较高的板墙隔开，墙上配以柔和幽暗的灯光，桌上摆着蜡烛和象征爱情的红玫瑰花。这样优雅抒情的环境，很适合情侣们低声絮语。他还请工艺品设计师专门设计了一种花纹美丽的鸳鸯盘，然后找有名的瓷器厂定做了有天津饭店独家标记的瓷盘。盘子中间分出隔断，两旁各盛入一个日本人爱吃的菜，无非是糖醋肉与八宝菜什么的，每人只花八百日元，就可以既吃出美味又吃出情调，也可以由男顾客为女朋友点两样高档佳肴，盛入鸳鸯盘便另有一层深意。

鸳鸯盘，成为一种示爱的语言。它为初恋而羞涩的男女传递着内心的情感；为热恋的情人营造了一种浪漫情调；为新婚夫妻加深爱情的甜蜜；为偷情的露水鸳鸯平添刺激与暗示；为中年夫妻祝福家庭美满爱情的坚贞；为老夫老妻唤起美好的回忆。这种巧妙的构思，受到爱侣们的热烈欢迎，每天的"卖上"高达几百份，到了情人节更是供不应求，即使在平常日子里，人们的订婚日、婚礼宴会、结婚纪念日，也都喜欢鸳鸯盘。

十二条：全家福——突出家庭温馨气氛。

中国大陆城市的星期天或节假日，儿女们要去看望老人，举行假日家宴。大家庭聚会吃一顿饭是很麻烦的，采买、制作、刷碗、打扫卫生，搞得人们很疲劳。有的儿女吃完饭纷纷离去，把洗刷的劳动留给老人，增加了老人的负担。在香港、台湾和日本，随着人们收入的增加，家庭聚餐移到了酒楼饭庄。所以，每到节假日，餐馆生意格外兴隆。星期日的"卖上"，比平时要超额好几倍。

精明的王克昌瞄准了这一赚钱的好机会，对家庭聚餐做了一番细致的研究。他发现这种聚会大多是老人请客，而老人特别喜欢孙子孙女或外孙外孙女。于是，他提出了以老人与孩子为中心，突出家庭温馨气氛的服务主调。

为什么日本的老人喜欢请儿女们到酒楼吃饭呢？原来，日本社会风气越来越西方化了，女儿出嫁，儿子娶妻，都觅屋另居，极少有像中国大陆人那样和父母居住在一起的。老人生活孤独，想念可爱的孙子孙女或外孙外孙女，为了能见到孩子们，他们宁愿做东道打电话给儿子媳妇或女儿女婿，约他们星期日带孩子到酒楼聚会。

老人做东道，而老人最大的兴趣是小孩子。王克昌掌握了老人请客的心理活动，吩咐店长要特别注意渲染"祖孙亲情、天伦之乐"这一家宴主题。如果顾客让侍者安排菜谱，那么侍者就要照顾好两头的口味——给老人上一些酥软的菜品，为孩子上一些儿童喜好的食品。饭店里为幼儿准备了有扶手和护带的高椅子，使小孩子能够不费力地坐在餐桌前用餐。在安排座位时，要征求老人的意见，把老人最宠爱的孩子移到他身边。在上菜的空隙，店长或领班要到各个家宴桌前向老人问候几句，拉拉家常："您好福气呀！儿孙满堂！""您的孙子多可爱呀！""这位小小姐好漂亮呀"……老人听了这些恭维话，就会心满意足。

星期天的天津饭店，是最热闹的一天。在现代商品社会人际关系淡漠的今天，似乎只有在这里还保留着传统大家庭的古风。王克昌本人也是一位老人了，他对来这里请客换得子孙笑颜寻求天伦之乐的老人们有着深切的理解和共鸣。每逢星期日，他会轮流出现在各个分店的店堂。和老年顾客们亲热攀谈。天津饭店能为众多家庭提供温馨的聚会，他从内心里感到欣慰，因为商人的奋斗毕竟不只是为了赚钱，更希望为人类带来一份美好的情感。

天津饭店发展成为年利润几亿日元的大公司，赚钱对于王克昌来说已经没有太大的意义，他把工作的乐趣作为一种事业心，在精神上得到了自我实现。

他写了一本自传体小册子，名为《一个小商人的奋斗》。在总结自己当老板的体会时，他写道："无论是厂家，或店铺，领导人是非常重要的。他必须具备的条件：一、有耐力，能容忍属下。二、判断力。三、领导力。四、谦虚，能采纳部下的高见。五、有坚强的信心做属下的榜样。六、要以真诚的心对待属下。七、对属下以身作则。八、赏罚分明。一个领导者若具备以上八点的基本条件，他事业的成功已经占一半以上了。"

提起当老板来，在私下里他也满腹牢骚，他竟然这样形容："做老板的地位等于公共厕所，来者不拒，才能胜任。来者的要求比你重要，你要满足他。"

他这是太挖苦自己了，其实，他更像一座火车头，拖着三十六节车厢迅跑的火车头。有人说，童年的情结能够影响人的一生，现在他已历经漫长的商旅生涯，但他还没有忘记少年时在故乡的盐碱荒洼里拾粪时对火车的向往，没有忘记伏在铁轨上倾听远方驶来火车的颤音，没有忘记越过贫瘠的地平线的铁轨引导他对外部世界的向往。或许，正是这种火车情结，驱使他漂泊天涯，落脚异国。至今，在他心底仍然隐埋着一桩遗憾——那就是没有当上火车司机。

日本的轻井泽山区是一处避暑胜地，天津饭店集团在那里设有在旅游热季营业的临时分店，所以，王克昌常去那里视察。从东京至轻井泽有一段铁路旅游专线，到达轻井泽就是终点站了，火车要在这里停留一个多小时再返回东京。王克昌每次在这里下车，都要在月台上走过长长的列车，来到火车头旁边和司机攀谈。他递给司机一支烟，亲切地聊起家常。他几乎年年夏季来这里，有的司机已经和他熟识起来，知道他对开火车特别感兴趣，不解地询问："干我们这一行好苦啦，又热又危险。您当老板的，怎么总问我们开火车的事呢？"

王克昌回答："这是我童年的梦想，我一直觉得当火车司机是伟大的工作。我想上去看看可以吗？"

"当然可以！"司机把他拉上铁梯，来到火车头上。这趟季节性的旅游短线，用的还是烧煤蒸汽机车头，驾驶室里又脏又热。王克昌却望着驾驶盘饶有兴趣地问："开快车，怎么办？"

司机说："添煤，猛烧锅炉。脸上都是煤灰，黑鬼一样。我是五十多岁的老司机了，从来没见过羡慕我们这一行的老板！"

王克昌却站在火车头的瞭望窗上，神往地望着伸向远方的铁轨。闪闪发光的铁轨是通往东京的，但是他却顺着这道在山区起伏的铁龙一般的轨道回到了童年时的家乡。是啊，出来的年头太久了，转眼间已有二十多年了。越过日本海，在渤海之滨还有自己的家，父母还健在，还有一房妻子儿女呢……

在家乡贫瘠的地平线上，奔驰而过的火车呼啸的汽笛，在呼唤着多年未归的海外游子……

举牌子相认的亲人

1972 年 9 月，继美国基辛格博士秘密访华。中美发表联合公报之后，日本新任首相田中角荣正式访华，中国和日本建立了外交关系。第二次世界大战结束以来，亚洲两大巨人历经长期的隔绝与敌视，终于恢复了邻国之间的正常来往。

这个消息对王克昌来说是天大的喜事，他立刻给天津亲人写信畅叙别情，问候父母亲、妻子儿女、妹妹一家和故乡的亲属们。很快地，他收到了宝贵的家书，读着长子王培基代表祖父母、母亲、姑姑和姐姐写的信时，他激动地流下热泪：1946 年离家出走时，万万没有想到和亲人们一别就是二十六年。如今，父母亲已经是七十多岁的老人了。家书中说，这么多年来，母亲天天烧香拜佛，盼着我回去……长女已经三十多岁，长子也快三十岁了，当年我离开天津时，女儿才四五岁，儿子才两岁啊……他们不记得我的模样，对面相逢，我也认不出他们是自己的骨肉了呀……我离开家乡亲人的时间实在太久，太久了，已经占了人的生命的三分之一的时间了。我一定要在有生之年回家去，一定要赶在两位老人健在时去拜见慈颜，也该让而立之年的儿女认识一下父亲了……还有那位苦命的原配夫人，正是她代替我在父母面前尽孝……

浓郁的乡情亲情，使他彻夜不眠，他真想立刻飞回天津，去和阔别多年的家人团聚。可是，另一种担忧又使他坐卧不安，日本的新闻媒介不断报道中国大陆"文化大革命"的可怕消息……多年来，那里的政治运动一个接着一个，"阶级斗争"越来越激烈，自己作为加入日本国籍的资本家，回去以后……大陆有海外关系的人都遭了殃，为了保护亲人们，中日建交之前我一直不敢给家里写信，只能拜托香港朋友或外国朋友辗转捎信或捎钱。到了"文化大革命"中，连这点偶然的联系也不敢继续了，弄不好，家里人就要被诬陷成"日本特务"啊……

种种担心和疑虑，使他仅以书信和汇款方式和家人恢复了联系。好容易盼到了1976年，中国的"四人帮"垮台，"文化大革命"结束了，他终于登上了飞往北京的飞机。

得子夫人知书达礼，很支持丈夫归家探亲。若不是有种种不便，她也想随丈夫一起去拜见公婆。她吩咐公司里的办事人员为丈夫买了头等舱机票，又替丈夫在北京新侨饭店预订了房间。王克昌打电报告知家人归期之后，全家老幼都要从天津赶往北京迎接他。所以，他又打回电报说在新侨饭店订了房间，请父母亲在那里歇息等待，由晚辈去机场接他就行了。

云海之上的苍穹，纯净得犹如冲洗过的蓝玻璃。俯瞰翻腾飘飞的云涛，他的心越发难以平静。越过日本海，飞机离故国的土地越来越近了，久违了，生我养我的热土……

形容游子归根的诗句很多，他首先想起了贺知章的名句："少小离家老大回，乡音无改鬓毛衰。儿童相见不相识，笑问客从何处来？"是啊，当年离家时我还是个三十一岁的年轻人，如今已是年过六旬两鬓苍苍了，终于实现了"老大回"，圆了归乡梦，但此番回去，不仅是"儿童相见不相识"，而是令人伤心的"儿女相见不相识"了……

机舱里轻轻传来一首英文歌曲，日语播音员说歌名叫做《归家》。他不大能听懂英文，但他听懂了那充满深情而又惆怅伤感的优美旋律，因为它表达了一种全人类所共有的思乡之恋和骨肉亲情：

> ……风儿阵阵吹过机场，
> 我能任游四方，
> 但我要回家乡，
> 那是我永久的愿望。

我已经多年没见过爹娘，

当我还是孩子的时候，

我们共享的快乐，

已随岁月淡忘。

回到我出生的地方，

那是我永久的愿望，

父母等待的孩子，

已不是他们心中的模样……

当飞机的轮子轻轻地擦着北京的土地的那一刻，他顿时觉得脚底下一阵温热，这股热流涌上心窝，涌上喉咙，涌上鼻腔，涌上眼眶，他闭上眼睛沉静片刻，才压住了奔涌而出的泪水。刚才悬浮在空中时，他还怀疑这只是一场梦，现在双脚真的踏上故国的土地了，他才相信自己真的回到了家乡。

通过海关时遇到了一点小麻烦，他带来的东西太多了。他知道中国大陆"文革"刚结束，家里生活困难，粮食和食油还靠票证配给，携带的行李里除了两箱赠送亲属的礼品之外，还有一大桶香油，一大桶豆油，一包大米，一包面粉，两辆自行车……海关人员发现他的行李超重，要求他上税，但听说他是三十多年才回乡的日籍华人时，为他来了个特殊放行："免了罢！祝贺你们亲人团聚！"

他走出海关通道，看见在迎接的人群中，有人高举写着"接王克昌先生"的牌子，举牌子的是一男一女两个年轻人，他便知道这是自己的长女培珠和长子培基了，想到一家骨肉还要举牌子相认，他不由得一阵心酸，不顾手提包的沉重，三步并作两步朝着亲人跑去……

王培珠和王培基见过父亲从日本寄来的照片，但相片和本人毕竟是两回事。他俩看见提着大包小包直奔自己而来的老先生，才敢确认这便是父亲了，培珠还模糊地记得童年时见到的父亲的影子，叫了一声："爸爸……"

王克昌慌忙答应着，女儿的眼圈一红，泪水顿时挂满双腮。

父亲离家时，培基刚刚咿呀学语，那时的他还没有记忆力，他长到三十一岁，还从来没有叫过爸爸。这个刚强的北方汉子，多年来侍奉着年迈的祖父祖母和母亲，还要照顾妻子和一双儿女。姐姐出嫁以后，他成了家里唯一的顶门立户的壮劳力，自幼担负起繁重的家庭责任，"有海外关系"这顶政治帽子在"阶级斗争"的年代压得他透不过气来，使他们姐弟都没有机会受到高等教育。命运早已迫使他练就一副隐忍平和的性格，这一刻却难以保持镇定了，为了掩饰自己的窘迫，他接过父亲手中的提包，涨红了脸叫出人生第一声："爸爸……您回来了……爷爷奶奶、大姑都在饭店里等着您呢……"

培珠嗫嚅地补充："我妈妈也来了……"

王克昌紧握一双儿女的手，无言地点了点头。骨肉之情和生疏之感，同时袭击了疏离已久的两辈人，他们除了互相紧紧握手以外，找不到适当的语言来表达如此复杂的感情……

在北京新侨饭店的一套客房里，坐着四个望眼欲穿的人，他们就是王克昌的父亲、母亲、妹妹和他那位受了半辈子冷落的原配夫人。两位老人和大姑心里充满了欢乐，高兴地谈论飞机航班，机场到市里的距离，几时能见到克昌等等，大姑说着这些话题也是为了减轻父母亲等待儿子的焦灼。王家的三个儿子都出国谋生去了，两个在日本，一个在韩国，幸好父母跟前有这个女儿陪伴，大姑和大姑夫一家人在西安工作，但大姑为了照料两位老人的生活，长年在天津尽孝，顾不上自己的丈夫和儿女。现在，她也是个年近六旬的老妇了。

有一个人始终沉默着，垂着眼帘面无表情。如果这时进来一个生人，人家会误以为她是这次难得的亲人见面的局外人呢！其实，此时此刻她的内心卷起了汹涌的波涛，一生的辛酸和委屈，被封在了五味瓶内倒不出苦水，她是培基娘。她自从嫁入王家门，没有得到多少丈夫给她的爱，举家进城不久，丈夫就从上海带回了二房太太，丈夫离家出走时没有来得及和她告别，那时她才是个不到三十岁的少妇。她本来就寡言少语，性格抑郁，多年来的单身生活更养成了她外表的冷漠。在有生之年能够见到丈夫一面，对她来说或许是一种实现，一种多年来期望的目标。身为一个不识字的农村妇女，东方传统道德使她并不怨恨丈夫，如果说年轻时还有一些闺怨的话，后来也早已随着岁月的流逝而淡化了。何况，她虽然不懂得政治，中日之间的民族仇恨，"文革"中追查海外关系等等事情她还是知道的，丈夫不能还乡也有他的难处和苦衷，她那颗善良的心早已原谅了丈夫。然而，她心中有一个永远无法回答却又永远无法化解的问题：我为什么这般命苦呢……

房间的门"砰"地一声被推开了，培基气喘吁吁地提着东西前来报信，他要抢先一步让爷爷奶奶和妈妈有个思想准备，以免他们和爸爸相见时情绪过于激动。

屋里的四个老人一齐站了起来，屏住呼吸盯着敞开的大门。走廊里光线明亮，阳光斜射在地上铺洒了一张耀眼的光毯。当一个身影颤颤地映在这一方光毯上时，室内的空气一下子凝固了。阔别三十多年的亲人相见，大家竟然都像傻了一样说不出话来，偌大的房间，似乎只有光影在摇曳，一切声音都静止了。大家这样呆呆地凝视了好一阵子，醒过神来的王克昌这才颤声喊出："爸爸——娘——"

他扑到年迈的父母跟前俯下身子要跪拜，八旬老娘不知哪里来的力气冲上去一把拉住了儿子，早已喜泪纵横了："儿啊……娘可把你给盼回来啦……"

"大哥……"大姑叫了一声，也抽抽答答陪着老娘哭起来了。

老父亲的眼泪也直在皱纹纵横的眼角滚动，但男人不像女人的感情容易宣泄，他只是拉着儿子的手说："一路上累了吧，坐，坐下说话……"

在亲人们相见的最初一刻，培基娘始终未能走到跟前来。她只有站在婆婆和小姑身后垂泪，好像她只是个陪衬。王克昌问候了父母，特意走到妻子面前想说句更为亲切的话，但他怎么也找不到合适的话语来安慰她，或者感谢她替自己孝敬父母和拉扯儿女，支吾了好一会儿，他只冒出一句："这么多年，你辛苦了……"

本来就拙嘴笨腮的培基娘，更是想不出贴切的话来表达自己的复杂感情，满肚子话涌到口边，也只是重复了一句："你在外面……也辛苦了……"

幸亏老母亲见了儿子有说不完的亲热话，这才缓解了大家的生疏感和窘迫感。母亲的话语犹如从壶嘴儿斟出的热茶，大家憋在胸膛里的千言万语这才找到了疏导的渠道，那么就让老人家替大家说罢："儿啊，那年你们哥儿仨说走……都走啦……娘让你们逃条活命去，只要在外面有吃有喝就行……留下我和你爸爸，死就死，活就活，老了怕什么……你们走的那天，我拿着扫帚在屋里转圈圈儿，也不知道扫地，也不知道哭，只是一个劲儿地叨叨：'走了……都走了……'这些年来，我天天给观音菩萨烧香……每天早晨起来，洗漱干净先烧香，拜了佛才敢吃早点……佛爷有眼，菩萨灵验啦，听见了我的念祷……娘没有一天不替你们求佛：'阿弥陀佛，保佑孩子们在外面平平安安，保佑全家人早日团圆'……菩萨灵验啦……"

全家人在新侨饭店围坐一桌吃了第一顿团圆饭，席间亲人们畅叙别情。王克昌知道亲人们一直过着清贫的生活，特意点了丰盛的饭菜。在酒菜过后上饭时，他问大家要几碗饭。不料，培基说要十碗，培珠说要八碗。虽然饭店的碗很小，但还是出乎当父亲的意料。他看着狼吞虎咽的儿女，便明白了他们平日的生活状况，他内心升起一股怜爱和歉意，觉得对不起原配夫人和长女长子。第二顿团圆饭，王克昌率领全家去东来顺吃涮羊肉，一盘盘堆成小山的羊肉片又被家人一扫而光。王克昌不由得暗自叹息：看来，我带回来的食油、米面等等，对于靠票证配给的亲人们来说是雪中送炭了。

他关切地询问培基娘："看你的气色，又瘦又黄，是不是有什么病啊？"

培基娘说："也没什么毛病，只是不胖。"

此时，她自己和亲人们都不曾料到，她已经是病入膏肓。和丈夫见面之后不到一年光景，她就因乳腺癌辞世了。她苦守了三十多年空房，就是为了和丈夫见这一面？还是她见到丈夫以后，期待的目标已经实现，儿女成家立业今后有父亲来照管，她已了无牵挂撒手人寰？如果拥有优越的家庭生活和医疗条件，勤劳一生的她是会健康长寿的，可惜，她的病未能及早诊治。她在王家默默地操劳了一生，盼到丈夫终于归来的时候，她便默默地抽身而退了，是不是她体贴到丈夫的一些不便，自己不愿意在这个家里做个多余人呢……一年以后，得子夫人随夫来华认祖归宗，当她深深鞠躬拜见公婆时，老婆婆心里悲喜交集，喜的是终于见到了日本儿媳，悲的是在自己身旁侍奉一生的中国儿媳已经人去房空了……

海河畔的大郑村，和三十年前相比似乎变化不大，虽说大多数村民们住上了瓦房，但村里仍然是泥泞的街道。这里距离天津市只有几十里地，从津塘公路下坡只有四五里地，但村里仍然未改贫穷的面貌，和许多乡镇企业发展迅猛的地方相比，这里的工厂显得太少了。尽管如此，当王克昌回到这个他出生的小村庄时，心中仍然充满了喜悦，在他眼中，这里的一草一木都显得无比亲切。他终于又站在了故乡的土地上，回到了人生的始发站，远处的地平线上驶过一列鸣着长笛的火车，他恍惚地觉得自己仍然是个站在荒洼里向往着外部世界的少年……

历经多年的平整改造土地，村外的稻田显得很整齐。爷爷的墓地，如今变成了稻田，坟茔早已平了。王氏叔伯兄弟和子侄们领着王克昌找到原来的地方，用树枝在地上划了一个圆圈说："这里就是当年爷爷的坟。"

王克昌在圆圈外面摆上供果，点上香炉，跪拜下去。他一面烧着纸钱一面念祷："爷爷，我回来看您老人家了……我小的时候，您老人家总是给我讲航海的故事，要我出去学本事，重振家业。现在，您的三个孙子在国外都做成了事业，咱王家有了出头之日了……"

他一遍又一遍喊着爷爷，他以大半生的奋斗和成果来为爷爷献上最宝贵的供品，他匍匐在地额头触到了故乡的泥土。这时，村头传来了录音机播放的乐曲，那是一首当今很流行的游子归乡的歌：

> 天边飘过故乡的云，
> 它不停地向我呼唤。
> 归来哟，归来哟。
> 浪迹天涯的游子。
> 当身边的微风轻轻吹起，
> 吹来故乡泥土的芬芳，
> 归来哟，归来哟，
> 浪迹天涯的游子……

殷殷深情与莘莘学子

得子夫人来中国拜见公婆，一见老人居住的破房子就哭了。

这是天津旧城区一条小马路上的大杂院，住着三十八家人。住房已经多年失修，家里人口多，只能挤着住在一起。厨房设备、卫生设备几乎都没有，真不知这么多年来家里人是怎么熬过来的。

没等王克昌提出来，得子就对丈夫说："这里的居住条件太差了，赶紧给父母亲买房子。"

王克昌请天津市政府侨务办公室的朋友帮忙物色一处好房子，朋友们热心奔走了一番，他选中了地处新住宅区的一座漂亮的花园洋房。他希望父母在晚年能够在新房子里享受一下，可惜，年迈多病的父亲没等住进新房就去世了。

中国已经推行火葬多年，但政府对海外华人和华侨有特殊照顾，允许他们的父母土葬和回乡修葺祖坟。于是，大郑村为王克昌的亡父拨出半亩地作为陵园，王克昌三兄弟趁此机会修建了王氏坟茔。

在一片绿油油的稻田边上，安静的陵园垫了高地，灰白色的石墙四周挖有石砌的排水沟。墓前种植着青翠的松柏。汉白玉石碑上刻着几个大字：王氏列祖列宗之墓，落款是王克昌、王克志、王克祥兄弟三人敬立，立碑时间是 1986 年 10 月 1 日。王克昌请了叔伯弟弟王克茂当看墓人，随时清扫锄草。

王克昌每次回国都要到祖坟前祭拜扫墓，对长眠地下的祖父和父亲倾诉自己的心声。他对祖先的崇拜，不仅继承了中国的古风，也深受日本民俗的影响，或者说，日本人发扬光大了大唐文化传过去的古风。日本人非常重视祖先，每年要扫墓五六次，供奉鲜花，洗刷墓地，虔诚备至。商家更认为不去祭扫祖坟，经营就不会发达。王克昌在日本生活几十年，每天清晨都要烧香供奉祖先，祈求祖宗保佑他事业顺利。

他怀着一颗认祖归宗的中国心，想为家乡做些事情。北方不像广州、福建一带出去的海外华人那样多，得不到更多的资助，朋友们都希望他支持自己的项目。但是，他心里早有了打算，决心支持教育事业。为了鼓励学生学习，奖掖优秀，他计划出资设立"王克昌奖学金"。关于这个打算的初衷，他对朋友说："我幼年家境贫寒不能上学，终生觉得遗憾。自己有过失学的痛苦，不希望别人再走失学的路。祖父去世时，老家那么多人赶来送葬，给我留下深刻印象，说明民众尊重兴办教育的人，国民渴望振兴国家。日本本来是战败国，我去日本时是它最穷的时候，目睹了当时的创伤和混乱。日本就是走的教育救国的路，国民普遍重视教育。现在，日本人最低文化水平的也都是高中毕业，四十岁左右的母亲大多数是大学毕业生。她们负责孩子的家庭教育，这样每个孩子都等于有个大学水平的家庭女教师了。日本的父母不希望给儿女留下遗产，但他们对供儿女上大学则认为是应尽的义务，孩子如果读博士，他们也继续供给学费。这种国策使日本出了一代高级人才，日本国土缺乏资源，它就注重开发国民头脑资源，这是富民强国的根本。所以，就想从帮助青年一代学习做起，我以为这是从根本上帮助家乡振兴。"

南开大学校长母国光先生等教育界著名人士和天津市政府、高教局热烈欢迎王先生的义举，并帮助筹备"王克昌奖学金基金会"。

王克昌回到日本，以捐助故乡教育为由向日本国税局提出了申请，要求把一亿日元汇给中国天津"王克昌奖学金基金会"，不久得到了批准。

1990年，设在南开大学校园里的王克昌奖学金基金会正式成立。当时的一亿日元折合八十余万美金，存入天津工商银行。虽然每年利息只有3.5%，每年也可以有十几万人民币为优秀学生发奖了。奖学金分别发给南开大学、天津各高等院校，及王克昌家乡东丽区（原东郊区，下同）中学的学生。获奖标准是很严格的，经过评比，德智体全优的学生才能获此殊荣。首届奖学金颁发时，南开大学有本科生1 065人，获奖学生161人，每人奖金600元，每十名学生中即有 1.5 人获奖。在研究生中获奖人数就更多了,几乎达到二分之一的比例。在王克昌的家乡东丽区,重点中学 100 中学获奖人数独占鳌头,占了全区奖金数额的五分之三。高中生奖金 100 元,初中生奖金 80 元,很多孩子是平生第一次得到奖金。

本来这是一件功德无量的大好事,不料,因外币兑换中的某种技术性问题未能及时把奖金发给学生。王克昌回国知道了这件事,非常重视,亲自去了 100 中学。在大会上公开向同学们道歉,痛心地检讨:"奖金未能及时兑现,我对不起各位同学。"

他回到日本以后,三天内竟给儿子王培基打来六次电话询问此事,直到听说学生们领到了奖金方才放心。

鹤发老者对毛头少年如此谦卑,使学生们深受感动。有人很替他鸣不平:"明明责任不在您身上,说明情况就行了,何必公开道歉呢?"

他却郑重地表示:"为人要讲信用,成年人要是欺骗孩子,他们长大了就会欺骗社会。"

王克昌奖学金基金会颁奖几年来,不断总结经验,改进工作,于 1993 年重新做了调整。天津市有二十多所高等院校,大学生们提出意见说,南开大学评奖比例占全部奖学金金额的 50%,而其它大学和中学共占另一半,这种分配方式缺乏同等竞争的法则。学生们的学习积极性都很高,要求机会均等。基金会理事会通过集体讨论,认为学生们的意见是正确的,重新安排了奖金分配比例。大致分配情况如下:

南开大学占 15%。

天津市各高等院校占 35%。

天津中专师范学校占 10%。

专门培养小学教师的幼儿师范、外语师范等几所学校占 10%。

王克昌的故乡东丽区的中学占 10%,其中包括每年拨出一万元给大郑村小学。

资助其它教育活动占 20%。

这样的分配方式,使得王克昌奖学金在全市的覆盖面更为广泛了,不仅学生们满意了，王老先生本人也很高兴。

王克昌和基金会理事们又为了基金升值多为学生发奖而奔走，争取银行多付利息。在天津市政府和侨务办公室的支持下，王克昌把八十余万美金存入天津市财政局，财政局破例按照人民币比价每年支付利息10%。这样，基金会每年可以有六十多万元人民币为全市大中小学生发奖了。

问题并不在于金钱，学生们都以获得奖学金为一种崇高荣誉。高中生在考大学时把它填写在"获奖栏"第一条。当学校把获奖喜报寄到学生家里时，家长们欣喜若狂，纷纷给学校来信表示感谢。外地来的大学生放假回乡，亲属乡邻都打听王克昌的身世。一位农村来的大学生说："喜报寄到我家乡，先在村委会挂了几天，认为是全村的光荣，然后才在我家悬挂。"

几乎每一位获奖学生都激动地表示要努力学习，报效祖国。他们还说："我们强烈地感觉到了海外赤子的爱国爱乡之心。""我们时时感到王老先生对我们的厚望，各方面不敢有疏忽的地方。"

王克昌在东丽区100中学颁奖时，发现有个大郑村的女孩，非常高兴，拍着她的头鼓励："好好学习，一定要考上大学。"她说："王爷爷的奖学金，本村人得了更加光荣。我长大了想当老师，回乡任教，完成王爷爷的宏愿。"

关于奖学金所派用场，学生们回答得很有意思。中学生中除了少数人拿出10元作班费，买了书本纸笔等学习用品，大多数孩子把钱存入了银行。家长们认为奖学金有纪念意义，舍不得花，尤其女孩们认为存起来可以积蓄荣誉心和进取心。这虽不是王克昌的初衷，却也另有一番意义。相比之下，大学生们的开销就大多了。刚考入大学的新生正需要用钱，有许多一次性投资，录音机、工具书、学杂费等等，奖学金减轻了家长的经济负担。一些家境贫寒的学生入学时找学校借了无息贷款，获奖后还清债务之外还能补贴伙食。

1994年，中国的高等教育试行了大学部分收费的做法。物价上涨、通货膨胀等因素，也使得收入微薄的学生家长们愁眉紧锁。在这种情况下，王克昌奖学金愈发显出了举足轻重的地位，它能为学习优秀而生活拮据的青年提供雪中送炭式的温暖。

一位著名教授在一次颁奖会上对学生们说："奖学金是王老先生养老金的

一部分，他本可以用这笔钱颐养天年，过着优裕的生活。他平生没有奢侈过，他的全部爱心倾注给你们。老人不指望你们对他本人有任何的回报。他唯一寄厚望于诸位的是成为中国真正的栋梁之材。"

王克昌捐赠奖学金的义举，受到天津市民的爱戴，《天津日报》刊载航鹰撰写的长文《鹤发赤子》给予报道，天津市政府聘请他为天津荣誉市民。

王克昌已经年届八旬了，每当他戴着老花镜审阅获奖学生名单时，脸上都显出慈爱的光芒和欣慰的笑容。他的二儿子在美国是博士，二女儿在香港是硕士，这是他的骄傲。在他看来，获奖名单上的青少年都是他的孩子，他们中间会出现更多的博士、硕士，那是他更大的骄傲。

五十年沧桑痴心未改

　　他久久地站在海河堤上眺望，大郑村的一切对于他来说是这样熟悉，像一张久存的陈旧照片。四十多年过去了，这里仍然这样贫穷，虽说多了几排瓦房农舍和小工厂，故乡景物几乎还是老样子。而这四十年中，外面的世界有了多么大的变化呀！

　　海河河床仍然这样舒缓平直，并无"十年河东，十年河西"的巨大变化。他很奇怪这里距离京津塘高速公路近在咫尺，现代化的足迹却疏忽了这座小小村庄。他眼前浮出了当年封冻的河床，有一少年坐着冰排子艰难地滑过……还有这块到河边打水用的踏脚石，仍然伸到水里忠实地等待着当年挑水的少年，可是少年已经变成挑不动水桶的老翁了……海河畔几间中西合璧的老屋，便是当年正心小学的旧址了，而今成了堆放农具的库房。房子已经破旧，门窗掉漆，地板坍塌，但他依然听到了当年学生们的琅琅读书声……爷爷的坟茔没有了，但他依然望见了当年为爷爷送葬的乡亲们自动组成的队伍。乡绅们敬献的挽联上写着"兴办教育，造福桑梓，王氏祖公功德无量"……凡是有子弟在正心小学读书的家长，正心小学全体教职员和学生们，竟然有上千人前来送葬。富人家的老人发丧，也享受不到那样盛大的哀荣。乡亲们对祖父的尊重，是出于对兴办教育者的感激啊……离乡多年，恍如隔世，这里不能说没有进步，但现代化的进程太缓慢，太缓慢了……

　　祖父的弟弟的一支后代来看望他了，堂叔伯侄子王培和亲热地喊："大伯父，您可回来了！"

　　亲属们拉起家常，有着说不完的话题。培和有十兄妹，是个人丁兴旺的大家庭，但日子过得都不富裕。王克昌关心地问到他们的文化程度，却听说了他们十兄妹及其配偶几乎都不识字。他心中不由得一沉：培和还是个不到三十岁的年轻人啊，他的弟弟妹妹年岁更小，怎么都荒疏了学业呢？中国的文盲太多，太多了……

他想帮助这一支宗亲找到致富之路，便说："咱家离天津市这么近，可以发展暖窖种菜，引进一些国外和南方的细菜品种，很有赚头呀！"

王培和却畏难地摇头："那是一门学问，得是内行把式才行。"

王克昌回到天津市区，找到天津农业科学院院长请求帮助，院长答应让王培和去农科院学习温室种菜技术。但是，后来院长很为难地告诉王克昌，他的侄子不识字，老师教授起来十分困难。他听了万分感慨，对培和说："你们这一代是牺牲了，你们的孩子可一定要受教育啊！"

1991 年，他又一次回乡探亲时，村里的老人们和他叙旧畅谈，说起当年正心小学的学生如今有许多人在城里工作，遍布天津、北京、上海、青岛、秦皇岛各地，校友中出了十几个大学生，有的在北京当了部长，有的在天津美术学院当了干部，有的在大企业当了研究室主任，还有区政府干部、教师、军人……小小的农村小学，也是桃李满天下了。如果当年三位校董没为那些农村孩子提供上学机会，说不定如今他们还是目不识丁的农夫呢！听说了这些情况，王克昌心里感到甜滋滋的，自己当年的心血没有白费，五十年后已看到成果。看来，真是十年树木百年树人啊，兴办教育，是需要几辈人相继努力的事业啊！

现在的大郑村小学校长也来看望他，请他到小学校参观，并期望得到他的帮助。他当场决定拿出两万七千元人民币，于 1987 年为学校盖一座图书馆。又拿出六千元为小学鼓乐队添置乐器和服装。

他这次回乡，还为村办工厂出资三万元购置了四十多台缝纫机，让妇女们到村办工厂去上班。

乡里和村里集资修一条由村头通向公路的柏油路，他也捐赠了两万元。

为家乡做了这些事情，并没有使他的心愿得到满足。村干部们希望他拿出更多的钱来支持村办企业，他也有此热心，但一向慷慨大方的他却有了审慎的考虑。上一次他为村里出资买设备，一年以后再次回乡时，却发现村办工厂由于没有管理水平而陷于混乱。作为一位成功的企业家，他清楚地知道，缺乏有文化有经验的管理人才，乡镇企业是无法办好的。捐赠再多的钱也是治标不治本，而他多么想从根本上改变家乡贫穷落后的面貌啊！

在参观村办小学时，他看到操场很大，一排平房教室也是瓦房，但操场却泥泞蹚水，教室也很潮湿。他问这是为什么，校长说："近年来村里各家各户盖房时都垫高了宅基地，学校相对地低洼了，夏天下雨这里便成了水塘，蚊蝇孳生，臭气熏天，师生苦不堪言。"

从校长那里他还了解到，乡亲们仍然不重视教育，男学生上学应付了事，女孩子常常辍学在家干家务劳动。因此，年轻一代农民的文化水平仍然是很低的。

故里之行，使他心中升起一股新的激情——重建正心小学，为家乡打下治本的基础。半个世纪以前未完成的事业，要在五十年后的今天实现为家乡兴办教育的梦想。

有了这个想法，他专程拜访了当年正心小学的校长华泽泉先生。华老先生已经八十一岁了，住在天津东马路东门里一座幽静的院落里。他听说阔别四十多年的老朋友来访，喜出望外地一把握紧了王克昌的手。两位老人促膝长谈，华先生听了老友重建正心小学的计划，心情更加激动，一遍又一遍地说："刘少波、陈锡华两位老校董在九泉之下听到这个消息，该多么高兴啊，该多么高兴啊……"

天津市东丽区区政府、教育局和乡里都非常支持重建正心小学的计划，在申报手续各方面提供了方便。村里为新学校划地三十亩，并在附近洼地挖土垫高学校地基，然后把洼地开成养鱼池，其收入将超过原来的稻田。重建正心小学这一善行，真是一举两得的好事情。

为建校舍，王克昌初期出资一百二十万人民币。他亲自画了草图，并对建筑材料做了规定。他深知家乡的盐碱地和海风对砖瓦的侵蚀，因此要求采用比较耐盐碱的青砖盖校舍。村干部们看了校舍草图，却认为如果采用当地出产的价格便宜的红砖，费用会大大降低，他们仍然希望王先生同意把节省下来的钱资助村办工厂。对此项建议，王克昌给予了委婉而坚决的拒绝，他再三告诫这些不懂得教育之重要性的农民干部们："学校是百年大计，甚至是几百年大计，咱们的学校一定要坚固耐久，漂亮新颖，多少年后也不显得土气。要为子孙后代一辈辈孩子着想啊！"

正心小学的建筑工地开工了，施工在顺利进行。但是，也出现了令人不愉快的事情。个别村民不理解兴办教育的重大意义，竟然趁深更半夜到学校工地偷建筑材料，运回家去准备为自己盖房。王克昌听说这种现象以后十分伤心，不禁回忆起了1943年发生的那件纠纷，愚顽不化的学生家长竟然勾结土匪要来绑架教师。半个世纪后的今天，一些村民仍然如此自私愚昧，实在太叫人寒心了。他真想站在村头大喊：人人都有私心，但要有个限度，不能过于自私啊！我为村里盖小学，是为你们的孩子上学啊！你偷学校的砖瓦灰沙，就是偷你自己的东西，就是偷你孩子的东西啊！这就太没道理啦！学校是你们自己的，是孩子们的，难道连这一点常识都没有吗……

然而，他什么也没有说，只有继续出资完成学校工程。从这些事情上，他进一步坚定了自己的信念，这只能说明农民的教育水平太低，说明兴办教育的重要性和紧迫性。为了孩子们，为了故乡的未来，为了提高乡亲们的文化素质，必须把学校建成办好。

1992年金秋，正心小学举行了隆重的落成典礼，各方面人士几百人参加了剪彩仪式。小学生们穿着漂亮的衣服整齐地列队而立，学生家长们站在外圈欢笑着。在少年鼓乐队嘹亮的鼓号声中，王克昌和几位著名人士共同剪了彩，然后来宾们参观了这所漂亮的学校。

八十二岁高龄的华泽泉老校长也专程赶来出席了庆典，他和王克昌互相搀扶着，激动地在教室林立的长廊上走着。望着宽敞明亮的课堂，摸一摸漆得油亮的桌椅，攀上几层洁净的楼梯，来到楼顶阳台上。这里高高耸起一座钟楼，紫红色的楼顶在阳光下熠熠生辉。悠扬的钟声响起来了，音波穿透了岁月的长廊回到五十年前的正心课堂，回到了那些师生种树的河堤上，几位年轻的有识之士为了兴办教育的身影历历在目，如今他们的梦想已经实现……在学校楼门口的大厅里，悬挂着三位老校董的照片。华老先生一见刘少波、陈锡华两位老友的遗像，久久地凝视着，内心里十分感动。本来，乡亲们为了感谢王克昌的捐款，建议小学建成后命名为"王克昌小学"，他本人却表示："当年热心办学的有三位校董，应该恢复正心小学校的校名，悬挂三位校董的照片。"华老先生含着热泪望着刘、陈两位老校董的遗像喃喃低诉："你们二位早已作古，现在得到了永远的承认与尊重。这说明王先生只有兴学造福故土之意，毫无突出个人沽名钓誉之心，这正是一颗正心啊……"

人们看到设备齐全的校舍，也不免忧心忡忡，王先生花了这么多的心血和钱财盖成的这所漂亮的学校，在大郑村这个缺乏文化氛围的落后环境中能够保持下去吗？一旦管理无方，崭新的门窗桌椅会受到乡野顽童和个别村民的破坏，自动冲水的厕所会变得肮脏不堪，甚至连锅炉和暖气管道都会有人偷拆了去卖废铁……人们的这种担心不是多余的，前不久还发生过盗窃输电电线的案件。自私的农民仅仅为了剥出铜丝去卖废品换取蝇头小利，不惜造成大片地区断电，工厂停产的巨额经济损失。

1994 年的金秋，王克昌又来到大郑村，赵校长和教师们像接待久别亲人一样欢迎他，请他又视察了学校。他欣喜地发现，建校两年来管理得很好，教室、走廊、楼梯、厕所，保持得干干净净，和城市里的学校相差无几。单就卫生面貌这一项来说，这就是了不起的进步啊！他向校长和教师员工们表示感谢，大家则说：我们得替学生们谢谢您啊，我们会再接再厉，把正心办成优秀小学，多培养人才。

除了东丽区教育局发给正心小学的事业经费之外，王克昌为了补助学校其他开支，捐赠五十万日元。他又请日本朋友寒藤善文先生捐赠五十万日元，共同设立了"校董基金会"。

除此以外，"王克昌奖学金基金会"每年给正心小学拨一万元人民币，支援教学费用。乡政府担负了每年冬季的暖气费一万多元，村里担负了水电费一万元。这些钱虽然不多，却体现了社会各方面支援教育的热心。王克昌心底涌起一阵暖流，他不再是孤军奋战了。现代文明的春天虽然姗姗来迟，毕竟没有忘记这块贫瘠的土地。他饱经风霜的脸上绽开了欣慰的笑容，犹如春花般灿烂。

校舍长长的走廊上，排列着一块块醒目的牌子：一年一班，一年二班，三年一班，四年二班……自然教室，音乐教室，电脑教学室……图书馆的书架上，陈列着一排排书籍，《科学寻根丛书》《少年百科知识问答》《世界童话画库》《儿童短篇小说选》《中华五千年》《智慧树》《故事大王》……

在另一侧走廊上，悬挂着一些著名人物的画像，他们是詹天佑、邓稼先、竺可桢、茅以升、华罗庚、李四光、牛顿、居里夫人、爱因斯坦……在这些科学家充满智慧的目光抚爱下，孩子们迎来他们一个又一个金色的清晨，送走他们一个又一个金色的晚霞……在通往楼梯的过厅墙壁上，《乡村小画家》画展选登着本校学生的绘画作品，《鱼快上钩了》《树丛中的农舍院落》《我眼中的世界》……跳跃的色彩，稚拙的线条，生动的想象，展示了一颗颗纯真的童心。和画展遥相呼应，对面墙壁上则是学生们的书法作品，令人瞩目的是，小小的乡村小学的小书法家们，竟能捧回"双龙杯全国少年儿童书法大赛"优秀作品奖等五个奖状……

重建正心只有短短的两年，新一代农家子弟已经像小鸟一样展翅摇翎蓝天试飞了！

王克昌兴奋地在校园里徜徉，所有的学生都认识他，见了他都鞠躬喊道："王爷爷好！"孩子们不惧怕来参观的陌生人，小小年纪已应答自如，落落大方，眼睛里闪着聪慧灵动的光，再也不是那种呆滞愚钝的村野顽童了。几十年之后，谁能说他们中间不会出现华罗庚、杨振宁式的英才呢？

王克昌看到操场周围仍然光秃一片，询问赵校长："去年运来的樱花树一棵也没有种活？"

赵校长遗憾地告诉他："因为这里土质盐碱含量太高，地下水位又太高，我们找苗圃师傅来想了许多办法，可惜……"

王克昌并不灰心，他说明春还要从日本空运来一些樱花树苗，种在正心小学的院墙内。他叮嘱村干部们多运些好土来，深挖坑换上优质土壤，请园艺专家来指导种活樱花树。他盼望有一天校园里开满灿若云霞的樱花，让他的第二祖国的花树在他的故乡扎根成长。那时，他的人生之晨和人生之暮就融汇在花的海洋里了……

尾　声

　　一年一度的东京樱花盛期又来临了，游人如织，花树如海，好一番春日佳景。

　　花簇丛中，站着一位八旬老翁。王克昌过上了半退休的生活，终于有闲暇来观赏这名花八重樱了。现在他爱上了园艺，每天清晨在自家花园里侍弄花卉，修剪草坪。公司的事情，交给两个女儿和女婿们打理了，老伴身体尚健，她的心思仍然扑在公司里，那就随她去好了，那是她一生热爱的事业啊！

　　他还常常去公司里指导业务，仍然像一位巡回大使一样突然出现在某地分店店长面前。他仍然没有私家小汽车，乘坐公共汽车、地铁去办事。他仍然在东京、香港、天津、北京之间飞来飞去，品尝名菜，搜寻名厨，回到东京和同仁们讨论公司的改进和发展。

　　他仍然腰板挺直，步履稳健，毫无龙钟老态。别看他的头发花白稀少了，但仍然眼珠黑亮，眼白发蓝，并不混浊昏花。他年轻时认为自己很漂亮，现在仍然觉着自己是个不赖的老头。他笑起来仍然仰面张口，让笑声直出胸腔，随着他那洪亮的大笑，人家甚至能够看到他那震颤的嗓腔。

　　他逛百货店时，仍然会在玩具柜台驻足，孩童似的留连忘返。他尤其喜欢电动玩具火车，每当看见这种在小轨道上会自动运行的列车时，他便又回到了那个欢乐的圣诞节……

　　那年圣诞节的下午，他带着小外孙大佑去逛街。外孙和外孙女都喜欢让外公领着去逛商场，实际上是要外公给他们买玩具。今天，他要给大佑挑选一件圣诞礼物，祖孙二人在玩具柜看了又看，挑了又挑，仍然委决不下，可爱的玩具实在太多了。

忽然，他发现了一套会钻"山洞"过"大桥"的电动小火车，眼睛立刻发亮了。大佑也着迷地瞅着这列跑个不停的小火车，却不敢求外公买下它。因为价格牌上标着几万日元，小火车虽好玩实在太昂贵了。

外公望着望着，把手一拍："买啦！"

大佑喜出望外地搂住爷爷欢叫起来。

祖孙二人抱着小火车兴冲冲地回到家里，立刻趴在地板上组装它。得子夫人和大佑的妈妈一见这一整套的火车啦，铁轨啦，山洞啦，桥梁啦，便都埋怨起来。大佑妈妈斥责儿子："怎么叫外公给你买这么贵的礼物？"

大佑委屈地辩解："不是我要买的，是外公自己要买的！"

得子夫人也摇头说："虽然过圣诞节，也不必给孩子买这么贵的礼物。"

"只要喜欢，只要喜欢！"王克昌敷衍着夫人和女儿，只顾低头组装火车。母女二人以为他只是说孩子喜欢，她们并不知道他童年时对火车的向往。

电动火车组装好了，汽笛鸣叫着转了起来。祖孙二人跪在地板上开心地玩着，完全失去了老者与稚童之间的区别。

王克昌把耳朵伏在小铁轨上倾听着，倾听着，他听到了故乡土地上从远方传来的音响，由远而近，由远而近，一列火车风驰电掣般地隆隆驶过，奔向远方，奔向远方……

后　　记

王克昌

　　我一向不善于讲述自己。如果让我讲自己的经历，几十年里所做的事，我恐怕十分钟就能讲完，尽管我这一生像永不歇息的大海一直动荡着，深藏了许多或者悲伤或者欣喜或者惊险或者平淡的故事。

　　每天，我只是尽可能多，尽可能好地做我该做的事情。从青年做到中年，又从中年做到老年。现在，我已是年届八旬的高龄者，可对于我的故国、我的同胞、我的朋友们来说，仍旧有许多该干好的事情在等待着我。我不善于讲自己，也许是因为没有讲述自己的时间，也许是因为我自己的经历，我所做的事情，实在没有什么好讲的。

　　真难为航鹰先生了，在这种情况下，在我不能生动地向她讲述自己经历的情况下，先生仍能生动地叙述了我所经历的事情。在这里，我向航鹰先生表示我由衷的敬意与谢意。

　　人进入老年之后，是不是都爱回头看自己所走过的路呢？我已经很老了，可还一直没有好好地看自己的过去。现在，是应该好好总结一下自己了。

　　我还年轻的时候，我的人生旅程中所遇到的困难、挫折，我当时所处的环境与现在年轻人所面临的问题，所置身的世界已经有了很大的差别。但我认为有一条还是相同的，那就是要成功就得克服困难，战胜挫折，得有百折不挠的气概和勇气。

　　我不敢说自己已经成功了。这些年，我为我的故国、我的家乡修建了学校，出资设立了"奖学金"，我所希望的就是有越来越多的年轻人成才成功。

我想，看过去，为的是更好地看未来，大家的未来。

如果我的过去，我在人生道路上的种种经历能给年轻的朋友一点启示，一点借鉴，一点帮助，那便是我最大的欣慰了。

谢谢诸位。

一九九四年十一月

航鹰文学传略（节选）

盛　英

　　上世纪70年代"文革"后的新时期天津剧坛、文坛和影视界，航鹰是颗璀璨的明星。她出身编剧，话剧《计划计划》《婚礼》打响后，小说《金鹿儿》《明姑娘》《东方女性》《前妻》迅速使她蜚声全国文坛，根据同名话剧和小说改编、她亲自担任编剧的电影《婚礼》和《明姑娘》，以及反映天津旧城改造和弱智儿童生活的电视连续剧《乔迁》和《启明星》，又让她饮誉于影视界。航鹰还是位出色的社会活动家，在她铺写孤残儿童题材长篇小说《普爱山庄》的时候，同好友李玉林一起创办了中华慈善总会的刊物《慈善》；千禧年之后，她又不辞辛劳地用了十几年时间创办"近代天津博物馆"。她的创作体裁多样，小说、报告文学、散文、传记文学、喜剧、正剧等无所不为；创作题材广泛，市井的、伦理的、慈善的、青春题材的、老年题材的、女性题材的，此起彼伏，样样出彩。她不仅是位多栖的开放型作家，又是一位行动知识分子，热心于公共事务、公益事业，担任第六、七届全国人民代表和第十三、十四届天津市人大常委期间，用于为百姓和朋友排忧解难、为政府献计献策的时间，不少于创作时间。她既竭诚服务于社会，又推进了自己创作，是个典型的行动作家。

　　航鹰本名刘航英，乳名行婴。1944年在天津鼓楼医院降生，满月不久，就随八路军父母奔赴太行山根据地，故起名"行婴"，取"太行山婴儿"之意，两岁到六岁的幼年时代回到母籍山东老家，由姥爷、姥姥抚养。姥姥是她文学的首位启蒙老师。老人家讲述的民间传说、精灵神怪故事，培育了她的好奇心和想象力；讲述的有关她出生后一次又一次"大难不死"的传奇故事，又为她注入了许多良好的自我感觉。航鹰自述，这些"史前童话"使她变得自信、坚强、乐观、相信奇迹，期盼生活中发生戏剧性变化，并由此青睐于浪漫主义文艺作品。但是，她的童年也不全是幸福的回忆。六岁半随父母进城来到天津后，八岁时，父母在新中国第一次离婚高潮中离异，她成为了"第一代不幸的孩子"。她撞见过父亲和继母的婚礼，在母亲改嫁后的家庭里也只是个"多余人"。她从上小学时就读寄宿学校，不到成年、戴着红领巾就进入社会，顽强地靠自己独立谋生。无论是山东老家充满乡趣、野趣的童年生涯，还是到天津后过早的孤独、漂泊感受，以及学校集体生活所带来的愉快，都促成了她多面性格的形成：外在豪爽、热情、风趣、豁达；内在却孤傲、尖刻、细致、敏感。可以说，特殊的童年、少年经历，无不为她日后创作提供了丰富的生活记忆和情感宝库，而早熟和敏感的气质却为她开启了特定的文学禀赋。

1959 年，航鹰 15 岁时初中毕业，考上了天津人民艺术剧院舞台美术班，不久得到了去天津工艺美术学院进修的机会。研修美术期间，老师要求大家为大自然"记日记"，倘若当天画不完某个景色，就须用文字把它写完。她迷上了记"大自然日记"，感到用文字描摹花卉树林、云彩河流、夏雨冬雪的姿态、光线和色彩，简直是一种神奇的享受。她回到剧院从事舞美工作，后改任编剧。在剧院工作的二十三年，一直生活在浓郁的艺术氛围中。除了学习美术理论和临摹油画外，她还对两件事有兴趣：一是阅读和摘录世界文学名著，尤其钟爱雨果、屠格涅夫和梅里美，也喜欢普希金、契诃夫、莫泊桑、夏洛特·勃朗特……；二是在剧院自己的剧场看话剧和电影很方便，尤其对由国内外名著改编的影片，她会观看、揣摩很多次，稔熟于心。1970 年她改任编剧以后，全身心地投入创作，认真地深入生活，工厂、农村、部队、学校、街道、医院、建筑工地、监狱牢房、孤儿院、福利院等等，都留下过她的身影和足迹。人们对航鹰剧作的印象是紧贴生活和社会心理思潮，为群众所喜闻乐见。

1982 年，航鹰 38 岁时调入天津作家协会，专事文学创作。届时，正是她的《金鹿儿》（1981 年）、《明姑娘》（1982 年）荣获全国短篇小说奖之际。航鹰作品最大特点在于，既不重复他人，也不重复自己，常绕过他人和自己走过的路前行。她果然引领过某些题材的风气之先。

航鹰的文学世界（包括小说、散文、戏剧文学、影视文学）题材广阔、风格各异。虽说歌颂青春和理想的《金鹿儿》《明姑娘》使她声名鹊起，其实市井文学如短篇《开市大吉》、电视连续剧《乔迁》等，才是她文学创作的缘起和实力之所在。在各种社会思潮涌动下，她既探究家庭伦理问题，更不忘追逐真正的社会人生价值，伦理道德系列小说如《前妻》《丧事》《东方女性》，社会人生系列小说，从中篇《枫林晚》、短篇《宝匣》到纪实文学《商旅——华人实业家王克昌的一生》，都为天津文学谱系添上了浓重的笔墨。20 世纪 90 年代后，航鹰的慈善题材崛起，和谢晋导演合作拍摄了描写弱智儿童命运的电影《启明星》；向读者奉献了"普爱山庄系列"中篇，后又推出长篇小说《普爱山庄》。

航鹰文学的风格，时而优美诗意，时而凝重悲凉，时而幽默风趣，时而荒诞戏谑；各种风格的投射和展示，致使其文学色彩纷呈，煞是好看。一个作家能独自凝聚如此多的题材及其社会含量，如此多的风格及其艺术情调，在天津文学史上实属罕见。

一、关于市井民俗文学

航鹰创作初始，就善于将当下现实生活和社会心理思潮化为世相人情，铺衍出市井细民的生态景观，从而构成出色的市井文学。十年"文革"在十几亿中国人只能看八个样板戏的萧瑟中，航鹰于 1970 年的处女作独幕喜剧《计划计划》，将主题置于日常生活中展开：老太太一边催促儿子快成亲，一边却因照料女儿的双胞胎忙得团团转，出尽洋相，把观众逗得乐开了怀。不料，一出只有 40 分钟的小戏，竟被扣上"阶级斗争熄灭论""无冲突论"等大帽子。但是，演出场次竟达六百场之多，巨大的轰动效应促成航鹰成为了剧院的专业编剧。

她于 1979 年创作的短篇《开市大吉》，同样来自市井生活。小说结合改革开放初期解决青年就业诸社会问题，铺衍了一段街道创办综合商场的故事。街道主任钱高升为了筹办榴花综合商场，不辞辛劳、广招贤才。百余名待业青年随之走街穿巷，从筹办筹钱到开市运营，一派昌盛繁荣景象。各具历史背景和个性特征的市井人物，推出的则是一幅幅中国改革开放初期的商业民俗图画：社会经济活跃的一派市井风光，既生动又活泼。

　　此后，航鹰一直致力于市井小说探索，1989 年岁末创作的《过街雨掉钢镚儿》最为精彩。小说所叙述的一群个体户大多是"污点人物"，很符合当时的社会真实。当他们会聚在醉八仙酒家吹牛斗法比高低的时候，却难以同另一张餐桌上的秦爷相颉颃。秦爷原先蹲过几年班房，出狱后走上商道。他行商的绝招就是"看报"，从报纸的字里行间摸到官方的"脉儿"。具有讽刺意味的是，他认为只要摸准了"脉儿"就等于测准了渔汛。"文革"期间他帮好友出主意，套购纸张与红漆，就是从"第一张大字报"和"红海洋"思潮得来的商业灵感。他发现政府号召消灭老鼠，立即从事耗子药生意赚了上百万。在秦爷看来，做生意就像赶一场"过街雨""车辙雨"，全要看你能否赶上这个"巧"了。秦爷这个市井人物，塑造得活灵活现，成为市井文学中难得的典型形象。小说中"过街雨"作为文学意象，对社会潮流的"一阵风"现象给予了犀利的讽刺。

　　航鹰笔下的市井人物不仅出现在街头巷尾的商业活动里，更活跃于日常社会生活和家庭生活中。写于 1983 年的小长篇《倾斜的阁楼》，以韩玉霞母亲"四袋面"为首的韩氏家族嫌贫贪财、自私庸俗的小市民习气，正是通过一幕幕市井闹剧点染出来的。"四袋面"教唆女儿对只会诚实劳动的女婿梁根柱发动了轮番攻势。市井人物的闹腾和俗气，被描摹得戏谑遍布、谐趣盎然。另一部中篇《寻根儿》，侯根男在养母临终时，得悉自己的所谓日本血统，乐得天昏地暗，而丈母娘和老婆则随之也一改常态，"众星捧月"般地侍敬起这个可怜虫来，光怪陆离的小市民风情被刻画得入木三分。航鹰对市井人物的刻画，着力于一个"俗"字和一个"闹"字，因而鲜活生动、栩栩如生。

航鹰编剧兼制片人的八集电视连续剧《乔迁》（1989 年）取材于天津老城改造工程，展示的正是天津卫的世态风情——老城市民在动迁过程全景式的、"天津味"的市井民俗，荣获第十届全国优秀电视剧飞天奖。《乔迁》运用影视蒙太奇等各种艺术手段，花样翻新地、高潮迭出地演绎各阶层的"乔迁"流程，并不落俗套地呈现以岳岱为首的拆迁指挥部动员拆迁户搬迁的艰难曲折历程。三街一窝（针鼻儿街、歪脖街、嗓子眼街以及马蜂窝工人宿舍区）的居民们，从拆迁登记开始，就已显露出他们各自不同的生存状和性格态，居民们的家长里短、婚丧嫁娶、民风陋习布满全剧，正像动迁停车场上摆放的财神爷、观音菩萨、妈祖像、圣母像、维纳斯、济公像、毛主席瓷像、寿星佬组成的博览会一样，多神论、多元化的世态民俗使乔迁之喜、乔迁之难显得格外地热闹和混乱。

航鹰的市井文学也决非为市井而市井，它始终在滚滚时代车轮中行进，烙有鲜明的时代特征与历史印迹，《乔迁》所留下的天津旧城改造大规模搬迁的历史性镜头就是明证。

航鹰善于颇具特色地表现正面力量。《乔迁》成功地塑造了拆迁指挥部指挥岳岱这一人物形象，善人善事占有上风，去恶除陋成为趋势。如此市井文学所透出的气息，不像当今流行的底层书写或贱民歌唱，而是具有明亮和欢快的特色。

中篇小说《老喜丧》是篇纯粹的民俗小说。通过对李家 95 岁老太太丧事追踪蹑迹的铺叙，把中国农村传统丧葬风俗"老喜丧"的悲喜剧，形象、立体地呈现出来。李家各支脉或进城当干部，或留守乡村，都在为老太太举行老喜丧的各项仪式中相聚了。老喜丧故事既荒唐又沉重，一幅幅黑色幽默的图景里，流淌着的是嘲笑和眼泪。

航鹰市井民俗文学的艺术风貌，以喜剧、闹剧形态为胜，或热闹喜庆，或诙谐幽默，或戏谑滑稽，或荒唐虚幻，"天津味"特色浓重。航鹰对市井细民的描摹，大多置其于当下现实生活，因而不同于冯骥才、林希所抒写的清末、民国的俗世奇人和杂色闲人，她写的现实气息更浓郁一些。市井是小市民赖以托身的生存空间、文化空间；稔熟于天津民风民俗的航鹰，既了解天津市井民俗的历史沿革，又关注其同周边农村的内在联系。因而，她能驾轻就熟地突现其不土不洋、亦土亦洋的特色，将天津市井风情和市民千姿百态的生态景观，表现得自然、亲切和到位。还有，航鹰敏于语言，她对市井人物街谈巷议的口语、俗语，对三教九流的粗话、俚语，基本上都能准确地予以把握和运用，笔下市井人物个性化、通俗化和口语化的鲜明特征，让人有一种如见其人、如闻其声、如临其境的绝妙感觉，其精妙的语言艺术在此亦可见一斑。

二、关于青年、青春题材文学

航鹰因话剧《婚礼》（1979 年）、短篇小说《金鹿儿》（1981 年）和《明姑娘》（1982 年）而扬名剧坛、文坛；又因三部作品均由她自己改编为同名电影，影响遍及海内外。时隔 26 年，根据小说绘制的连环画《明姑娘》（金城绘，人民美术出版社 2008 年版）再度走红风行，据悉画家金城的美术公司也因此而火爆。足见航鹰青年题材作品，因其人性的光泽为各代青年所青睐，未来也可能具有久远的文学价值。

话剧《婚礼》诞生于打倒"四人帮"后第三年，荣获文化部国庆 30 周年汇演创作二等奖。剧中将三对青年男女的爱情生活，浓缩在丙辰清明前后悼念周恩来总理的活动中，既呈现出当时尖锐复杂的政治斗争，又把爱情同正义、真理交融一体，礼赞为正义而战的爱情。当盛敏宣告同即将被捕的斗士岳志鹏提前举行婚礼时，全剧达到高潮。三个姐妹不同的幸福观和爱情观，是全剧的基本情节。颇具现实针对性，给人以深刻启示。

短篇《金鹿儿》，是"文革"过后首篇描摹女性爱美的小说。糖果柜售货员金鹿儿，是由顾客投票选举出来的"最满意的售货员"。这个"先进"人物，在"左"倾思潮尚未退潮的时代确实是个特例。她一直被认为"讲究穿戴，举止轻浮""不安心商业工作，热衷于去文化宫排戏"等，同"先进"毫不沾边。小说还原了这位青春少女美丽的内心世界。

如今个个爱美的青年读者或许看不懂这个故事，但早在上世纪 80 年代初时，金鹿儿突破"左"的束缚，渴求自由发展，鄙弃虚假荣誉，公开宣言："我爱美！爱美的人才爱生活！"得到了广大青年读者的共鸣。航鹰收到了几百封读者来信，许多信中说"我就是金鹿儿！"1981年全国优秀短篇小说评奖时，《金鹿儿》以全国读者投票第四名高票入选。雄辩地说明了金鹿儿这个青年形象，在社会生活中起到了捅破僵硬之壳的作用，开启了女性爱美题材的先河。

《明姑娘》同《金鹿儿》一样，也是荣获全国短篇小说奖的名作；电影《明姑娘》还获得了文化部优秀影片奖和全国首届人道主义精神优秀影片奖。在航鹰青春题材系列里，《明姑娘》影响最大。当时，小说发表于《青年文学》创刊号上，即刻就有四家刊物转载；不久许多省市的报纸连载；各地电台或作了转播，或改编成广播剧播出；有画家还将它画成连环画予以传播。小说被译成英文、法文传到欧美，比利时一位盲姑娘就写信给航鹰表示感谢，《文学报》（1984年11月的第189期）曾发表了这封信。

《明姑娘》铺衍了两位盲青年的故事。叶明明是先天性失明，一生下来就没见过光和色；赵灿是在大学二年级时突然失明的，他绝望于再也没有灿烂的未来。明姑娘理解赵灿刚从光明世界跌入黑暗，精神痛苦会更大，适应过程会更难，于是，她耐心地接送他上下班，帮助他自理生活和疗养伤痛，鼓励他学习盲文，动员他上业余大学和参加残疾人运动会。当明姑娘得悉自己无法复明而赵灿却有一丝希望时，宁可赵灿因复明而不再爱她，仍要帮助他重见光明。赵灿复明后向她求婚，明姑娘却希望他别把诺言当成束缚自己的绳索，一切应让生活自己去回答！明姑娘的故事催人泪下。明姑娘极富神性的人性——超常的理想色彩和意志力，天使般的美丽和聪慧，得到了广大读者的热情赞誉。但是，也有专家觉得这个形象过于理想化、过于完美。航鹰对此曾谈过自己的看法。她一方面重申自己写作《明姑娘》的目的是想通过明姑娘的人生道路，给当下某些对生活丧失信念的青年有所鼓舞。另一方面，她则强调这个人物形象来自生活，盲人绝非是低能儿，他们有独到的灵慧！其实，青睐于浪漫主义的航鹰，对明姑娘的塑造，集中于对她人性美的挖掘和烘染，得益于她对意境美的追求和想象；《明姑娘》是一篇抒情性的浪漫主义作品，若以严格现实主义原则去要求它，当然会出现异议。

这一类青年题材小说，大多追求诗意美。《明姑娘》中人美、情美、景美极富诗意。盲人游园一节堪称一首优美的散文诗，作者回避了视觉描写，让盲人通过听觉、嗅觉、触觉和想象去领略阳光、空气、森林、草地；两人投身在大自然怀抱里讨论"绿色"，赞美"绿色"一段尤为动人。关于"闪电"那段同样激动人心。两人在急雨中搀扶行走相拥相抱，渴望自己化作强大电流，成为撞击黑暗和困难的"闪电"！航鹰运用早年嵌于心间的色彩学知识，在小说的景色描写上很见功力。她还运用诗意的细节点染人物之美，如金鹿儿戴的金色发卡，明姑娘编织的绿背心等，都为人物的生活、生命情致增添了分量。

诗意美是航鹰自觉的艺术追求，她有时还会突发奇想，发现他人尚未发现的美。如发表于 1981 年的《杨树的眼睛》把杨树树干上的疤纹，看作是孩子的"眼睛"，让"眼睛"在春夏秋冬不同季节里，以不同眼神，翘盼革命队伍里的妈妈早日回家。情景交融的景象，既具画面感，又富于诗意。

三、关于家庭、婚姻、爱情道德伦理小说系列

1982 年，航鹰在发表《明姑娘》的同时，推出中篇《前妻》(《文汇月刊》1982 年 5 期)，让人惊奇的是如此不同题材、不同艺术手法的作品，怎么会出自同一个作家之手？《前妻》的影响并不亚于《明姑娘》，正是从《前妻》开始，航鹰用了四年多时间，写出十几篇道德伦理题材小说，成为她的文学世界极其重要的组成部分。该题材系列，因为突破了当时"无爱文学"的某些禁区，既受到热烈欢迎，又引起争议不断。像涉及婚外情、第三者的《东方女性》所引起的争论，至今仍有余波。相关争论真切地反映了新时期初始，人情人性、人道主义思潮来临之际，人们对家庭、婚姻、爱情伦理问题的思索和困惑。应该讲，航鹰以伦理写人生，探索人生真谛，挖掘人性奥秘，铺衍社会文化心理变迁，正是对当时写政治、写社会宏大叙事的补充和拓展，自有其历史价值和贡献。她自己把该系列分为三类：第一类，偏重于对传统道德的探究，如《前妻》《丧事》《红丝带》《地久天长》等；第二

类，向现代爱情进军的中间地带，如《枫林晚》《东方女性》等；第三类，对现代性爱的追逐和思考，如《倘若房间没有第四堵墙》等。

《前妻》是航鹰构思时间较长的作品。人物原型源于她自己的家族，而动用"自传体"素材在她的作品中并不多见。《前妻》主人公春花是封建包办婚姻的牺牲品，她"离婚不离家"，不仅放弃了改嫁机会，还坚守"老屋"，伺候公婆、抚养孩子，自愿守活寡几十年。

前夫与城里妻子的儿子面临下乡当"知青"的困境，"文革"知识青年上山下乡政策规定，一个家庭里只有在务农子女多于留城子女的条件下，该学生才能留城。后妻不得不派人向前妻求助，用她在农村的两个子女充当"分母"。前妻尽管心灵深处有着说不尽的苍凉和悲痛，却依然用她淳朴宽厚之心，给人以善良和仁爱，帮助后妻开具了证明信。作家对前妻是"爱其善良，怜其不幸，怨其麻木，怒其不争"，并由此展开了对几千年封建文明堆积层的思考。小说对封建主义投影于当今社会的铺叙是逼真的，对封建主义残余意识的抨击也是主动的。然而，评坛依然认为，航鹰对前妻传统美德过于怜爱，以致将人物身上某些应抛却的东西也给予了容忍，让那些同"现代文明的不协调音"，留下了频振的空间。

航鹰以其真实经历为素材的小说并不多，仅有《前妻》《丧事》《红丝带》几例。因此她本人对《前妻》十分偏爱。为同父异母的弟弟留城一事，赴继父故乡找其前妻开证明信，是她在"文革"时的真实经历。她多次遗憾的申辩："评论家们似乎不太注意故事发生的大背景，《前妻》的社会背景是不人道的'文革'，《东方女性》的社会背景是阶级斗争扩大化。前妻、林清芬的人道、善良，是对当时大的不人道环境的控诉。"

《丧事》（1983年）副标题为"《前妻》姊妹篇"。小说通过一位老局长的丧事，铺叙了前妻子女同后妻以及子女之间，对待丧事、家庭财产继承以及死者的不同态度，歌颂了前妻子女的善良、孝道和忍让，抨击了后妻，尤其她儿子小聪的利己主义、金钱至上。局长夫人一直担忧从农村赶来奔丧的前妻子女，会来"闹丧"争遗产，不料前妻子女只是要求拿些父亲进城前的衣物和部分骨灰，在母亲坟茔边修个"衣冠冢"，以安慰她孤单的灵魂。作家对"前妻"和"大姐"身上的传统美德和因袭重负乏于辨析和把握；在真切同情与感动中，对前妻的精神苦难，大姐的恪守孝道，受封建道德毒害的一面也给予了笼统的赞美；在现代性面前，呈现出一种滞后性。

《红丝带》和《地久天长》都是航鹰精心之作。前者写于 1984 年春，她四十岁生日的日子，取材于对自己童年生活的伤感回忆，具自传元素。后者写于 1984 年夏她结婚十六周年的纪念日，虽取材于演员生活，但其所呈露的爱情婚姻感受却属于作家自身。《红丝带》以女主人公雪妮解不开的红丝带情结，铺衍了一个痛苦的童年记忆及其对她前半生感情生活的重大影响。雪妮六岁时父母离异，撞上过父亲同继母的婚礼，因继母头上结着红丝带，致使她把红丝带看成了一条蛇，从此见到红色就会产生颤栗感。对恋爱、婚姻带着一种病态的恐惧心理。有了女儿后，同样不准她系戴红丝带蝴蝶结。儿童时代的创伤实在太深刻了，伤口经过反复的愈合和开裂，最后，雪妮还是明白了生活美应是全色的，既然爱孩子，就应给她以"全颜色的生活"。《地久天长》展开了儿童剧演员真真和她丈夫肖医生的故事。真真在舞台上扮演儿童，在生活中也像个永远长不大的孩子。肖大夫也一直像对待孩子那样对待她，以博大胸怀信任她，谅解她，亲自操持家务呵护她。她生下孩子后，丈夫坚决不让她哺乳，以保持她儿童演员的艺术青春。真真同样热爱、体贴丈夫，丈夫面临逆境，发配山沟时，她毫不犹豫地随同他上山下乡，风雨同舟，共同肩负起苦难的历程。她愿像俄国"十二月党人"的妻子那样，奉献伟大牺牲精神。两部中篇尽管视角不一，但对家庭、婚姻和爱情中的纯洁、善良和美好，充满着同样的期待。

《枫林晚》是一幅"老人图"，以花匠杜芒种与郭奶奶（贺望蓝），从黄昏恋到暮年婚的故事为主线，刻画了十几位老年人的生动形象。同《前妻》《丧事》中两位前妻的命运相比，贺望蓝跨出了关键性一步，挣脱了守节、老年不婚、哺育儿孙等绳索束缚，初步完成了对封建伦理的"道德超越"；她比起那两位前妻来，完成了一种超越、嬗变和递进。航鹰期盼在我们这个封建积淀层极其深厚的古老土地上，能够迎来鲜花烂漫的春天，看来，贺望蓝是一朵报春花。

《东方女性》是"新时期文学"第一部直面"第三者"问题的小说。故事情节是"文革"期间产科医生林清芬在得悉丈夫老余（外科医生）婚外情后，对第三者方我素由嫉妒、复仇到拯救、感化的故事。它的现代性意义，似乎超乎之前的几个中篇。老余出事后被下放到农村。林清芬为了两个大学生孩子的前途，接受老余建议先不离婚，在家里也隐瞒下他的问题。而对于方我素，她则去剧团告发了这个情敌。但不久，当这位产科医生发现方我素企图以"死"来洗涤自己灵魂污垢的时候，她进行着激烈的内心搏斗，终于将情敌拉回求生之路。尔后，又亲自为她接生，迎来了她同自己丈夫的私生女。当时"阶级斗争"大环境和方我素的小环境都难以抚养这个小生命，林清芬再次伸出援手，收养了这个小女儿。二十年后，老余故去，小女儿余小朵却重蹈她生母覆辙放纵感情，介入到他人家庭充当起第三者。小说正是由林清芬对这段生活的回忆，以帮助余小朵返回正常生活轨道，构成了作品框架。《东方女性》在《上海文学》首发，争论也由上海波及天津、北京等地。应该说1983年冬到1984年春，对《东方女性》的讨论是颇具开放性意义的。对其持肯定意见的评论者认为，小说领先涉及"第三者"问题，呈现出小说家的勇气，它毕竟打破了以往文学不写隐私的禁区；而林清芬这位富于理智、涵养有素的东方女性，以人间友爱、温情，以及医生的人道主义精神拯救第三者的行为，则是她更新和完善自我，向现代道德观转化的表现。来自"左"的方面的批评文章认为小说属"张资平之流"写的"艳情小说"，一些文章说小说"同情第三者"，另一些文章又批评小说"美化传统道德"，这场争论尽管有些被困于如何对待"第三者"和私生子等社会学问题，但却从另一个角度承认了《东方女性》是家庭、婚姻、爱情题材的一次有益尝试和突破。小说既带来社会学的相关信息，也为以伦理写人生的文学拓展了思路，对现代性爱中的道德观有所转折。

　　《倘若房间没有第四堵墙》（1985年）（以下简称《墙》），航鹰将其称为《东方女性》姊妹篇，副标题给予了直接注明。两部作品确实都以人性为内核，铺写现代性爱。《东方女性》抒写妻性与母性、性爱与博爱的冲突，《墙》则着力于刻画灵与肉的搏斗。《墙》的男主人公王榆根是位老干部，妻子潘解放曾是他的老上级营长之妻。战争年代，营长临终前将妻子托付给他时，他才是个小通讯员。潘解放比王榆根大八岁，两人关系无法论及爱情；而王榆根在家庭内又一直改变不了通讯员、勤务员兼男仆的地位。王榆根正是在这样背景下，才跌入同女儿好友金楠楠的爱网的。金楠楠不稀罕市长公子的追逐，却偏偏同情并爱上了这个终身未能享受到爱情的好人，甘愿充当爱情战场上的义士和英雄。这场爱情短暂而苦楚，王榆根一直无法挣脱负罪感，金楠楠的献爱又难以挣脱潘解放的布控和世俗舆论的制约，结局当然只能是个悲剧。小说对这场轰轰烈烈的老少畸恋，既细腻地铺衍了婚姻内部的隐私和悖论，又真实地突现了人在灵肉搏斗中现代意识的觉醒。同《前妻》等小说相比，《墙》对传统道德里陈腐部分的批判不再迟疑，对无爱婚姻的否定和鞭挞也变得大胆起来，并开始涉及现代性爱的灵肉之战了。

航鹰表示愿意在政治开明、创作自由的氛围里，多写些富于人性、人情、人道主义的伦理道德小说，因而在艺术上对该系列尤为用心。航鹰一方面继续拿出戏剧家的看家本领，使小说在情节结构方面得以出新；一方面对心理描写也希望能闯出一条路子来，较为成功地丰富了小说的叙述方式，或使其情节发展形成张力，或使其结构花样翻新。对于心理描写，航鹰谈及《东方女性》时，说过她期待自己小说能带些"茨威格味儿"，因而作了把"'意识流、心理描写'和我国传统的小说技法结合起来"的尝试。无论《东方女性》铺叙林清芬由暴戾、狂怒到理智、施善的心理流程，还是《墙》抒写王榆根和金楠楠单独接触时灵肉交战的过程，都由心理流程来推动情节发展，致使心理和故事休戚相关、融为一体。这样的心理小说，为广大读者所欢迎，航鹰的尝试是成功的。该系列的叙述节奏理应张弛相兼为宜，但某些篇什却过于舒缓，或因过多议论如《前妻》，或因过多抒情如《红丝带》，致使小说整体尚欠含蓄和紧凑。这个缺憾在其他系列也有存在。

四、关于社会人生系列

航鹰创作偏胜于写人生，通过人生百态的描摹，或反射社会变迁，或追逐真善美境界，或挖掘人性弱点；其对社会人生的观照，可谓"面"广而"点"深。老人篇《枫林晚》、女人篇《岸与流》以及传记文学《商旅》等，尽管题材、体裁迥异，追问的却都是人生价值和价值人生题旨；短篇《宝匣》、中篇《大墙内外》等，尽管反映的社会历史阶段有别，但其所涉及的民生和以人为本的思想却具内在联系；还有不少幽默作品，如《寻根儿》《地毯》《上镜头》《耳朵》等，尽管铺衍的是各色人等的人生况味，但其对人性弱点或国民劣根性的思虑，却同样悲凉和酸楚。

名篇《枫林晚》专注于对老人内心世界的探测，当时少有作家对老人世界作如此描绘，因而题材上起了领先作用。在小香山花园会聚的老人，除了花匠杜芒种和看了十四个孩子的郭奶奶（贺望蓝）外，还有提着鸟笼来的谭爷、曾为名演员拉琴的琴师陈爷和爱好京剧的赵爷、相濡以沫的方爷爷和方奶奶、给大户人家当过管家的侯奶奶和靠卖冰棍过日子的于奶奶等。其中，一家出版社前社长、现任《寿星》顾问的郑社长，是这些老人的主心骨。他们经历不同，性格迥异，但都碰到了相同的子女问题。背叛了父母的年轻人，不是冷淡老人、离弃老人，就是盘剥老人劳动、争夺老人财产，大多因"钱"在"弃"老或"啃"老。对此，老人们是心知肚明的。郑社长认为，老人犹如秋天枫叶，该落叶的时候就应慷慨而去，为新的绿色让出位置。当他发现一位青年作家的写作，与他的创作计划"撞车"后，竟然无私地将自己积累多年的史料、卡片、构思统统给了这位青年作家，帮助他完成了一部优秀之作。郑社长还认为，老人"在落叶之前"，应像枫树那样"蕴足了全身的血液，升华到叶子上去，作一次总的、最后的爆发，染红了寒林，染红了秋天，染红了一心灵！"

《写了遗嘱的人不该再活着？》（1985 年）沿用了《枫林晚》的场景和部分人物，铺写儿童剧演员丁蕴同她三个非亲生子女的故事。丁蕴青年时代因收养了密友的私生女雷雷而中断了恋爱，后来只得嫁给进城干部老赵，并当起他前妻留下的儿女的继母。丁蕴在一次重病后立下遗嘱，要把自己五十年舞台生涯所得的个人积蓄全部捐出，以筹建儿童剧团。对此，老赵两个儿女，就再也不认这位母亲了；雷雷也怕陷入遗嘱纠纷而躲开了她。丁蕴写了遗嘱却又活了过来，她就此而备受精神煎熬，甚至站立不起来了。这时，雷雷的一位企业家朋友林汉聪得到一笔遗产，也愿将它捐出作为繁荣儿童剧的基金，但是极不顺利，甚至被有关部门进行"政审"，唯恐他有复杂背景，他感到备受侮辱。丁蕴的捐款是为了克服自己对死亡的恐惧，并希望自己的事业后继有人。林汉聪的捐款是为了进行道德的自我完善，并愿为公益事业尽些力量。遗产的捐赠尽管遭遇阻力，但最后他们的善举、义举到底得以实现。由雷雷主持的儿童剧团筹备组成立了并开始招收新学员。大家在小香山举行联欢会，郑社长前来祝贺，丁蕴也站立了起来，雷雷重新喊丁蕴"妈妈"了。小香山展开的"童叟谐趣图"，比那幅"枫林晚老人图"更其生动、更让人看到了希望。

《岸与流》（1986 年）中"岸"和"流"是姐妹俩不同生存状的比喻。妹妹瑾原本也是职业女性，对宋词有特殊兴趣和研究；但自嫁给小城里的秀才老陈后，她的热情、理想、兴趣和事业一并被家务所洗刷，剩余甚微。久而久之，她对如此稳定如岸的生活，变得烦恼乃至痛恨起来，期盼来个突变、爆发，甚至背叛。姐姐璇早年因出众的美丽被一家电影厂导演看中，从此进入影坛。尽管她有过一个又一个情夫，甚至还为他人生过儿子，但她始终只能当情人而无法成为妻子。流动的生活，流迁的情事几乎成为她的宿命。多少年后，姐妹俩会聚在家乡，她们多么希望各自把自己生活打碎，尔后，将岸般与流般的日子调和起来，成为既有独立自我、又有美好家庭的女人。

《商旅——华人实业家王克昌的一生》（1994 年）是一部传记文学。传主王克昌，旅日实业家，20 世纪 90 年代初，在故乡天津设立"王克昌奖学金基金会"，以奖励天津各高等学校及东郊区中学德智体全优的学生。南开大学校长母国光希望航鹰能写写这位不平凡的实业家，她由此同他相识。在一系列采访活动后，她被王克昌人格魅力所吸引，《商旅》与其说是一部商人的经商史，不如说是一部成功人士的艰难创业史、百折不挠的奋斗史。她以情感化文字铺衍王克昌少年时代的梦想和当卖油郎的经历，以生花之笔凸显他商旅途中的"险"和"难"，他在天津、上海、香港、韩国、日本等地的创业生涯惊险起伏，悲凉沧桑。七次创办公司的遭遇和失败，难以言尽的磨难和困苦，都给读者留下深刻印象。后来他由商贸改做餐饮，商旅终于进入顺道。二十多年时间里，他的"天津饭店"发展到了36家，遍布日本全国。她在铺写王克昌个人生活时，既如实地写了他三次婚姻和分布在天津、香港、日本的三个家（三位夫人从未相晤与接触），也不失机智地表达了她对原配夫人郑氏的深切同情。最为精彩的是，《商旅》在铺写王克昌丰富曲折的经历中，突现出他如何将精明与宽厚、竞争与信用、盈利与正派、富有与奉献统一起来的奥秘。因而，冯骥才在为《商旅》作序时说道："一个财富的拥有者，又具有正直的为人和高尚的品德，应该说是现代文明社会理想的典范。这个典范现在航鹰笔下活生生又不失真实地树立起来了。"

　　《宝匣》是1984年短篇小说中的上乘之作，评坛曾为它未能获得年度奖而深表遗憾。小说把一位老奶奶的生命历程浓缩在一个被她称作"龙匣"的匣子里，实在是缩龙成寸式的杰出短篇。老奶奶年轻守寡，终生勤劳，一辈子"围着锅台转"。临终前，她去了一次北京，因神经兴奋而亡。临终前，她嘱咐要把"龙匣"留给孙子。孙子好不容易把蟒皮宝匣打开，里面装的竟然是各种票证：粮票、布票、肉票、糖票、香烟票、麻酱票、青菜票、肥皂票等等，还有好多册副食品购货本。全家人面对宝匣，感慨万千，由宝匣回忆起物质匮乏配给制年代对人们心灵的冲击和震荡。这篇小说让人体味到民生问题的历史前行是多么的局促和艰难。

　　法制小说《大墙内外》由《黑管》《狮舞》《鸽子》和《杜鹃》一组作品组成，从标题看，它们同大墙生活似乎搭不上调，但恰恰是这些颇具诗意的意象，才把新时期监狱改革所带来的新气象表现得令人鼓舞。陈监狱长对于监狱管理抱有以人为本的思想，他对服刑人员实施感化政策，以美育提高犯人道德品质和文化修养，促使他们真正做到出自内心的反省和悔悟。《黑管》里的程立自幼喜欢音乐，陈监狱长请来音乐学院老师教他吹黑管。在亲切关怀、高度信任和音乐感化下，程立蛮横的心被软化了。《狮舞》中耍狮子舞的犯人，在狮子皮假面掩护下，回忆起自己的童年和青春，自己同当年那个手拿绣球的引狮姑娘的爱情……小说以细腻的心理刻画表现了人性苏醒的时刻。《鸽子》中犯人的母亲临终前渴望见儿子一面，狱方同意了。养信鸽的弟弟和其妻约定,哥哥进村时母亲还没咽气,就放信鸽为号。故事就在这个牵动人心的悬念下展开,假释犯人一路上的心理波澜层层叠起。结尾以一大群鸽子冲上蓝空,浪子回头达到了心灵的释放与升华。《杜鹃》中的犯人出于爱花却把李管教最心爱的一盆杜鹃花给浇死了。李管教外出归来后并没有处罚他,谈心引出了他犯罪缘由:原来他爱过的姑娘名字就叫鹃子,他想娶她未遂而强奸了她。这次杜鹃花之毁,也是因爱花浇水过多而死。大墙里呈现的爱美和毁美的故事,格外引人沉思。

1985年,航鹰在《人民文学》发表《谐谑二题》(《地毯》《上镜头》),没想到她又出新招,以别样叙述表现杂味人生。1995年,《航鹰幽默小说选》出版,较大面积地呈现她不俗的幽默才能,以及她对人生况味的感受。《地毯》里的迟教授,用稿费买了一条地毯送给总在楼上制造噪音的邻居大戴铺地,笑道:"值得,再贵也值得!"老教授虽对大戴不文明行为的干扰不着一字,却一切尽在不言之中。《耳朵》中的"黄昏恋"夫妻翁与妪都是聋子,喜欢彼此倾诉,显得恩爱;但有了助听器,真实却让他们彼此埋怨。《后台趣谈》通过小舞台上的失真、破绽、疏漏等可笑的事故,折射社会大舞台种种时弊,荒谬与真实往往联盟。她对人间百态的展示,几乎遍及她所有作品,而幽默作品给人的联想和思考,似乎更耐人寻味些。

航鹰社会人生系列的文学风貌,以叙述手法的多样性为其主要特征。《枫林晚》为多人多事的"人像展览式"结构,《写了遗嘱的人不该再活着?》为一人多事式结构;《大墙内外》和《宝匣》的叙述,颇具象征意味;由于作家把宝匣、黑管、狮舞、鸽子、杜鹃花等物件,当作一种意象来进行铺叙,致使人物被点化,情节被串联,又增添了审美情趣;她的意象叙述相当出彩,象征性和寓意性尤甚。她总是运用横向的艺术知识丰富自己作品的内涵和艺术表现力,《商旅》对商业知识、《大墙内外》对音乐、鲜花知识的了解和通透,非常人所能及,这点也正是她创作优长之所在。社会人生系列的叙述语言同样缤纷多彩,平实的、抒情的、幽默的、讽喻的,样样来得。抒情小说的叙述语言得益于作家善将各种艺术养分熔于一炉的本事,而幽默小说的叙述语言,则赖于作家自身心智的超拔了。

五、关于普爱慈善系列

航鹰因为《明姑娘》涉及盲人生活领域，便同民政、残联、慈善机构结下不解之缘。她在天津还和友人创办了《慈善》杂志，她始终觉得弘扬人道主义是自己的追求，为弱势群体呼号呐喊适合于她的写作风格。她于1988年出访欧洲时去了维也纳SOS儿童村，萌动起要写儿童村的念头；1997年发表了救助孤儿、礼赞播爱事业的普爱山庄系列中篇，三年后出版长篇小说《普爱山庄》。1990—1992年，航鹰兼任编剧和制片人，完成了反映弱智儿童命运的电视剧和电影《启明星》。翌年该片荣获中国儿童少年电影童牛奖、全国首届"奋发·文明·进步"电影奖金奖，她任编剧的《明姑娘》获全国人道主义优秀影片奖，同时荣获三项国家级电影奖项，堪称一个作家的殊荣。

1996年11月，航鹰赴台湾讲学，去花莲拜见了佛教慈济功德会创始人证严法师，花莲之缘促使她完成长篇报告文学《俗眼观佛门》，于1998年7月至1999年9月由《慈善》杂志连载。2008年，该作同李玉林《慈济的世界》一并由中国社会出版社出了单行本《俗眼观佛门·慈济的世界》。

航鹰的普爱慈善系列在文学影视界颇具影响，原民政部长、中华慈善总会会长阎明复亲切地称她为"慈善作家"。她因《启明星》结识了残联主席邓朴方和著名导演谢晋。从她撰写的《善哉，邓朴方》和《好人谢晋》来看，正是他们的竭诚合作，启用了众多弱智小演员，才使《启明星》整个拍摄过程成就了一桩杰出的大型慈善文化活动。邓朴方还将《启明星》推向了国际社会。2008年谢晋导演谢世，她在悼念文章《〈启明星〉耀慈父心》中，再次叙述谢导与《启明星》的善缘。

中篇系列《普爱山庄》，由《白蝴蝶的复活节》《蒺藜女》《弃婴》《归来的柏拉图》《眼睛的多雨季节》等组成，1997年陆续在《人民文学》《当代》《中国作家》《十月》《小说》《北京文学》《海峡》刊出，《文艺报》以《航鹰小说六炮齐鸣》为题发布消息并予以激赏。其实，中篇系列和长篇《普爱山庄》基本上是一回事。她为使自己第一部长篇《普爱山庄》趋于成熟，先将其主要情节演化为中篇，提前刊发以征求意见。从 2000 年正式出版的长篇（百花洲文艺出版社、21 世纪出版社联合出版成人版和儿童版两种）看，经过了细致打磨，其内容已有所丰富，结构也作了些调整，但二者对孤儿题材的主题阐发、情节设置和人物塑造，还是颇为一致的。

报告文学《俗眼观佛门——我拜见了台湾证严法师》，并非是拜见证严法师的简单实录，而是对大量佛学资料阅读、思考后所结出的精神果实。对于佛教，航鹰既非信仰者，又非反对者，但确实好感于它的大爱和慈悲。她对证严法师的认识是逐渐加深的，通过对其提倡"菩萨人间化"理念的认可，追溯其出家的心路历程，热情地赞赏了其现世行善的功德。尤其盛赞慈济功德会到大陆赈灾，证严法师承诺"配合彼岸制度""赈灾不传教"，受到大陆民众的衷心拥戴。证严法师对佛理出众的阐释："诸佛皆出人间，终不在天上成佛也"；"人生没有所有权，只有使用权"；佛就住在人的心里，人的祈愿应突破为了一己之利狭隘之心，在佛的感召下，通过自己努力自求多福，这就是人的"自助"阶段；随着人性的不断提升，大家应一起行动起来，现世行善，普救他人，以达到"互助"的境界。航鹰除了对佛家之善的叙述外，对证严法师的佛学美学、生活美学，叙述得也生动感人，将宗教的约束与诗意的优美绝妙地集于一体了。证严所著《静思语》，其圆融睿智有一种母性的抚摸感。证严"不受供养""不化缘"的自力更生行动，体现的是华夏女儿坚韧的品格。《俗眼观佛门》所呈现的证严，亦真，亦善，亦美，作品的魅力和说服力也正在于此。

航鹰以浓重的母性之笔，竭诚反映慈善播爱事业，致使作品的审美洋溢着伟大母爱的温柔之情、暖人之意。《启明星》对弱智儿童群体的关注，《普爱山庄》对孤儿命运的感叹，《俗眼看佛门》对证严法师大爱的赞美，无不因母性的诗情生发出不俗的艺术魅力。她对"母性"的张扬，总能给予流畅柔妙的叙述，并编织出许多诗意的情节与细节，洋溢着浓郁的浪漫主义色彩，但它到底还是属于现实主义之列的。新时期文坛并不张扬浪漫主义，而航鹰在现实主义中，注入如此多的浪漫主义元素，凡此经验具有相当的价值和意义。

六、散文

航鹰文学世界还有一块不容忽视的领域——散发于报刊杂志的为数不少的散文。有作家对自己身世的回顾，有对自己人生旅途的感悟，有对师长友人的人物素描，有对大自然的礼赞膜拜，也有国内外旅游途中传奇性见闻……1995 年出版的散文集《欧罗巴之梦》由"忆潭微澜""绿海拾叶"、"名人印象""欧罗巴之梦"四个专辑组成。航鹰散文名篇还有《雾里看冰心》（1999 年）、《大师往生》（2002 年）、《高歌壮别百岁将军》（2009 年）等，悼念冰心和孙犁的文字，同写谢晋、吕正操、邓朴方等人的人物印象记一样，由于"自我"的投射，真挚的感情，达到了比较高远的境界。航鹰散文大多以自我为叙述起点和归宿，其间一瞬间的感悟或深沉的哲思，几乎都是作家自身的生命体验和心理描述，为之，"情化"和"心化"，可谓航鹰散文创作的主要特点。

进入新世纪以来，航鹰文学创作中心转移，投入到天津历史文化保护事业中去。2000 年，她原本想写个有天津历史特色的"洋楼故事"，不料由此一下子坠入了历史文化的隧道，兴趣点由文学转向历史，挖掘起了天津旧租界文化遗存。这是个难碰的领域，作为天津作家则有责任去开发这块有待开垦的文化荒地。2000 年，她在外国朋友的帮助下，开始了长达七八年的"洋长征"，出访德国、奥地利、荷兰、比利时、美国、英国、法国、意大利，追踪采访众多曾在老天津生活的西方侨民或其后人。"洋长征"所得丰厚史料，大多已进入她筹建的近代天津博物馆内。2002 年，她在天津寻求各方支持举办了"外籍同乡回访天津"活动，迎来 30 多位"洋老乡"重返故地，产生了很好的国际影响。2004 年，她联合几位文化人发起了纪念天津建卫筑城600 周年活动，又主创、领衔编写和录制了百集电视片《话说天津》。她创办的近代天津博物馆推出"百项中国第一——近代中国看天津"展览及中、英、日三种文字的同名画册，荣获全国社会科学成果奖和天津市社会科学成果奖。她主持的历史文化保护促进会、博物馆，还举办过《桥——16—18 世纪中国文化对欧洲的影响》展览、"2006·城市空间与人"国际研讨会等中外文化交流活动。

2009 年冬，患有 40 多年风湿性心脏病的航鹰心力衰竭病危，做了心脏换瓣大手术。文友们都以为这下子她该解甲归田了。不料一年以后，她又为博物馆重建工程而奔走了。新楼落成之后，她率领人数不多的团队重新布置展览。别人为她牺牲写作去做那些事觉得可惜，她却说："我 15 岁考入天津人艺，学舞台美术出身，喜欢自己动手设计、制作。人生是个圆，老了又回归起点了，干起老本行来啦！"

人生是个圆？老了回归起点？这真是航鹰的奇思妙想。不过略作梳理，她由舞台美术转而编剧，转而文学、间或影视，转而历史，兼而文化活动家……历经多次华丽转身，样样出彩，她的人生确实是圆满的。

原载天津社会科学院文学研究所主编《天津文学史》

附录：航鹰作品出版概览

单 行 本

《倾斜的阁楼》	中国青年出版社	1984 年 5 月
《东方女性》	人民文学出版社	1985 年 7 月
《名演员》	百花文艺出版社	1987 年 8 月
《前妻》	花城出版社	1988 年 6 月
《枫林晚》（法文版）	中国文学出版社	1990 年
熊猫丛书《枫林晚》（法文版）	中国文学出版社	1990 年
《东方女性》（台湾版）	台湾新未来出版社	1991 年 2 月
《商旅》（传记）（精装版、平装版）	天津社会科学出版社	1995 年 2 月
《航鹰幽默小说选》	百花出版社	1995 年 5 月
《欧罗巴之梦》（散文集）	百花出版社	1995 年 5 月
《普爱山庄》（长篇小说）	百花洲文艺出版社	2000 年 4 月
	21 世纪出版社	
《中国作家经典文库·航鹰》	光明日报出版社	2002 年 6 月

两 人 合 集

《智商的误区——〈启明星〉拍摄散记》	航鹰 维佳	青岛出版社	1996 年 4 月
《俗眼观佛门——慈济的世界》（报告文学）	航鹰 李玉林	中国社会出版社	2008 年 5 月

入选合集

《1981 年全国优秀短篇小说评选获奖作品集》	《金鹿儿》入选	上海文艺出版社	1982 年
《飘逝的花头巾》	《开市大吉》入选	四川人民出版社	1982 年 4 月
《1981 年短篇小说选》	《金鹿儿》入选	人民文学出版社	1982 年 4 月
《当代女作家作品选》	《开市大吉》入选	花城出版社	1982 年 8 月
《中国文学》（法文版）	《金鹿儿》入选	中国文学出版社	1982 年第 1 期
《中国文学》（英文版）	《金鹿儿》入选	中国文学出版社	1982 年第 2 期
《中国文学》（法文版）	《明姑娘》《前妻》《访女作家航鹰》入选	外文出版社	1983 年第 3 期
《归来的儿子》	《明姑娘》入选	四川人民出版社	1983 年 6 月
《1982 年全国优秀短篇小说评选获奖作品集》	《明姑娘》入选	上海文艺出版社	1983 年 8 月
《青年佳作：1982 年优秀小说选》	《明姑娘》入选	新华书店北京发行所	1983 年 8 月
《中国获奖短篇小说选（1980—1981）》（英文版）	《金鹿儿》入选	外文出版社	1985 年
《1984 年全国短篇小说佳作集》	《宝匣》入选	上海文艺出版社	1985 年 4 月
《小说拾珠》	《前妻》入选	百花文艺出版社	1985 年 10 月
《新时期女作家百人作品选》	《明姑娘》入选	海峡文艺出版社	1985 年 10 月
《凝结着爱的死亡》	《演员二题》入选	时代文艺出版社	1986 年 8 月
《鲁班的子孙》	《东方女性》入选	时代文艺出版社	1986 年 11 月
《妇女小说选》	《前妻》入选	宁夏人民版社	1986 年 11 月
《中国当代女作家文选》	《我与书的初缘》入选	香港新亚洲出版社	1987 年 3 月
《小说与小说家》	《前妻》入选	重庆出版社	1987 年 5 月
《新笔记小说选》	《后台趣谈七题》入选	作家出版社	1992 年 9 月
《美丽的天空·20 世纪华夏女性文学经典文库》	《宝匣》入选	中国文联出版公司	1995 年 8 月
《百家文粹　文学报 1000 期》	《蜗居》入选	上海文艺出版社	1998 年 5 月
《百年大观奇人绝事》（中）	《老喜丧》入选	漓江出版社	1998 年 9 月

《中国当代精品文库—— 绝妙·幽默小说卷》	《后台趣谈七题》入选	中国文学出版社	1999 年 7 月
《百年烟雨图》	《点与线》入选	中国文联出版社	1999 年 9 月
《华人世界英才传略大系》	《商旅》入选	中国言实出版社	2003 年 1 月
《读者人文读本（初三）》 （上册）	《生命之水》入选	甘肃人民出版社	2004 年 8 月
《滚滚红尘中拈花微笑： 名家谈佛缘》	《俗眼观佛门：我拜见 了证严法师》入选	中国青年出版社	2005 年 1 月
《名家名作 微型小说集》	《地毯》入选	京华出版社	2006 年 5 月
《唐山大地震亲历记》	《目睹震后唐山实录》 入选	团结出版社	2006 年 7 月
《世界华文微型小说精选》 （中国卷·上）	《地毯》入选	上海外语教育出 版社	2007 年 11 月

航鹰文集（9 册）

《东方女性》（航鹰文集·小说卷一）	文汇出版社	2017 年 11 月
《航鹰幽默小说选》（航鹰文集·小说卷二）	文汇出版社	2017 年 11 月
《宝匣》（航鹰文集·小说卷三）	文汇出版社	2017 年 11 月
《倾斜的阁楼》（航鹰文集·小说卷四）	文汇出版社	2017 年 11 月
《普爱山庄》（航鹰文集·小说卷五）	文汇出版社	2017 年 11 月
《误攀穹顶》（航鹰文集·散文卷一）	文汇出版社	2017 年 11 月
《绿魂》（航鹰文集·散文卷二）	文汇出版社	2017 年 11 月
《商旅——华人实业家王克昌的一生》 （航鹰文集·长篇传记）	文汇出版社	2017 年 11 月
《火凤凰》（航鹰文集·电视喜剧文学剧本）	文汇出版社	2017 年 11 月